21世纪高等院校规划教材 · 经济管理系列

统计学实务（第5版）

TONGJIXUE SHIWU

梁俊平 主 编
董海华 马海涛 副主编

電子工業出版社
Publishing House of Electronics Industry
北京 · BEIJING

图书在版编目（CIP）数据

统计学实务 / 梁俊平主编. —5 版. —北京：电子工业出版社，2019.5
21 世纪高等院校规划教材. 经济管理系列
ISBN 978-7-121-35621-6

Ⅰ. ①统… Ⅱ. ①梁… Ⅲ. ①统计学－高等职业教育－教材 Ⅳ. ①C8

中国版本图书馆 CIP 数据核字(2018)第 263648 号

策划编辑：刘露明
责任编辑：刘淑敏
印　　刷：三河市君旺印务有限公司
装　　订：三河市君旺印务有限公司
出版发行：电子工业出版社
　　　　　北京市海淀区万寿路 173 信箱　邮编 100036
开　　本：787×1092　1/16　印张：14.25　字数：356 千字
版　　次：2002 年 8 月第 1 版
　　　　　2019 年 5 月第 5 版
印　　次：2019 年 5 月第 1 次印刷
定　　价：46.00 元

凡所购买电子工业出版社图书有缺损问题，请向购买书店调换。若书店售缺，请与本社发行部联系，联系及邮购电话：（010）88254888，88258888。
质量投诉请发邮件至 zlts@phei.com.cn，盗版侵权举报请发邮件至 dbqq@phei. com.cn。
本书咨询联系方式：（010）88254199，sjb@phei.com.cn。

前言

本书继承了第 4 版的基本风格，继续沿用每章节内容结构知识导向图，以便读者从整体上了解和掌握每章重点内容。同时考虑到很多学校课时设置限制，对内容进行了删减，把课外拓展知识内容通过二维码提供给学有余力的同学；其次，对每个章节标题进行了重新梳理，以便读者很容易地想到本章节解决的主要问题。

本书继承了第 4 版理论性和实践性相结合的特色，注重对实际经济现象的分析，同时引入了新案例数据，突出事务性操作，在保持统计学知识体系完整性的基础上删减了部分章节内容，更新了引导案例，充分体现教材的时效性和实用性。

本书可以作为高等院校经济、管理及财会专业课程的教材，也可以作为统计爱好者自学统计知识的参考书籍。

本书由梁俊平副教授担任主编，董海华副教授和马海涛老师担任副主编。各章执笔人分别是：第 1 章由常州工学院梁俊平编写，第 2～4 章由董海华编写，第 5～7 章由马海涛编写，第 8 章由梁俊平在原来的基础上进行了改编，第 9～10 章由马海涛在原来的基础上进行了改编，第 11 章由常州工学院苏频编写。特别感谢南京审计学院贾超同学和常州工学院龚敏茹同学对本书习题编写付出的辛勤劳动。

在本书再版过程中，得到电子工业出版社刘露明女士的大力帮助和支持。在此，谨向帮助与支持本书编写与出版的所有人士表示衷心的感谢和祝福！

由于编者水平所限，书中难免有疏漏或错误之处，恳请广大读者多提宝贵意见，以便我们进一步完善和修订。

编　者

目录

第 1 章　数据统计凭什么成为最强的商业武器

引导案例

威尔斯的预言[1]

威尔斯于 1903 年预言，统计思维和读写能力一样，终将成为良好公民所需具备的必要条件。

这段文字就写在哈佛大学医学院使用的统计学教材的开头。

作者 H.G.威尔斯人称“科幻小说之父”，也是一位思想家。时光机器及透明人等概念都是因其著作而闻名的。据说，他的科学知识之广博、眼光之高远，早就预言了核子武器和国际联盟的出现，甚至还预言了类似现在流行的维基百科全书的问世。

在现代统计学仍处于黎明期的 1903 年，我们无法确认威尔斯为何会如此预言。但经过了 100 年之后，正如读写能力的重要一样，我们也确实需要统计学的思维。读写能力视为教养或素养，因此，缺乏统计学方面的识读能力，即缺乏“统计学素养”，尤其对于现今社会发展与时代潮流所趋，是极为不智的。

不具备读写能力就无法了解合约及法律等内容，不具备统计学素养则无法了解概率及数据资料的运用。无论是以上何者，都可能陷入弱势族群的处境。

1.1　统计是什么

统计是对某一现象有关数据的收集、整理和分析。

统计是描述、总结某种现象的数据或其他信息。

统计学的目的：统计学有很多目的，而它最重要的目的是我们在面对不确定问题时做出决策的依据。

统计是这样一些数字：它们通过某种有意义的方式对原始事件和数字进行提炼，使得仅仅通过观察原始数据无法立即水落石出的一些理念得以昭示。这里的数据指的是我们能够据其做出结论的事实或数字。

“统计”一词从字面上理解，是指对大量事物的数量进行汇总和计数，即“统而计之”的意思。后来，从反映社会活动方面理解，“统计”一词延伸为用数字反映现象，表明统计还有用数字说明问题的作用。现

拓展 1

1　摘自日本西内启《统计学，最强的商业武器》2016 年 3 月。

代的“统计”一词，可以从三个不同方面理解，即统计工作、统计资料、统计学。

拓展 2

统计资料是统计工作的成果，统计学是统计工作和统计资料的理论概括，而统计学形成的理论对统计工作起着指导作用。统计工作一方面受统计理论指导，另一方面也检验着统计理论的正确与否，促进统计理论的不断发展。统计学与统计工作、统计资料之间的关系表明，理论来源于实践，又反过来为实践服务，被实践检验，体现着理论与实践辩证统一的关系。

几乎所有学科都要依赖统计学的方法和数据分析。

1.2　统计的研究对象、特点、方法和过程

1.2.1　统计的研究对象

统计、统计学是从研究社会经济的数量方面开始的，随着统计实践的发展，统计方法的不断完善，统计学得以不断前进。这种理论与实践的关系，决定了统计学与统计工作的研究对象最终是一致的，都是社会经济现象总体的数量方面，即在质与量的辩证统一中研究大量社会经济现象总体的数量方面，反映社会经济现象发展变化规律性在具体时间、地点和条件下的数量表现，揭示事物的本质、相互联系、变动规律性和发展趋势。它们又有区别：统计工作是从实践上研究具体的社会经济现象发展规律；统计学则是从理论角度为统计工作提供数量研究和认识规律的科学方法，包括指导统计工作的原理原则，统计过程所应用的核算和分析方法，以及组织方法。其核心内容是数据的收集、整理、归纳、分析的原理和方法，这些方法论构成了统计学的科学体系。所以统计学就其性质来说，是研究如何收集数据、分析数据，以便从中做出正确推断的方法论学科。

1.2.2　统计的特点

1．总体性

统计的研究对象不是个体现象的数量方面，而是许多个体现象构成的总体的数量方面。当然统计研究又必须是从个体入手然后经过分组、汇总，过渡到对总体特征的了解与认识。在认识和研究方法上遵循个体到总体的路径。

2．数量性

统计的研究对象是社会经济现象的数量方面，即用大量数字资料说明现象的规模、水平、现象间的数量关系，以及决定现象质量的数量界限等。统计研究对象的数量性，是区别于其他社会经济调查研究活动的根本特点。必须指出，统计对现象数量方面的认识，是与现象的本质紧密结合在一起的，是以定性认识为基础，遵循定性—定量—定性的科学的认识规律。

3．具体性

统计工作研究的总体数量是一个有具体时间、具体地点、具体条件限定的数值。具体性就是指统计指标在时间、地点、条件三方面有着明确的规定性。

统计固然是研究具体的数量，但为了进行复杂的定量分析，还需要借助抽象的数学模型和数理统计方法，遵循一定的数学规则。因此，在统计中对具体数量的研究需要密切联系抽象的数学方法。以抽象方法为手段，以具体数量为目的，体现了统计中具体和抽象的辩证关系。

1.2.3　统计的研究方法

统计是一门方法论科学，它提供对社会经济现象调查研究的理论、原则和方法。统计研究具有多阶段性，每个阶段都有许多特定的统计方法，归纳起来主要有以下几种基本方法。

1．大量观察法

> 大量观察法是指对所研究现象总体中的足够多数的个体单位进行观察，以期认识具有规律性的总体数量特征的方法。

大量观察法常见的有统计报表、普查等，主要用于统计调查阶段。

2．统计分组法

> 统计分组法是指根据统计研究的任务，将所研究的社会经济现象总体按照一定标志划分为若干组的方法。

由于所研究现象本身的复杂性、差异性及多层次性，需要我们对所研究现象进行分组或分类研究，以期在同质的基础上探求不同组或类之间的差异性。在统计分析阶段，可以通过统计分组法来划分现象类型、研究总体内在结构、比较不同类或组之间的差异（显著性检验）和分析不同变量之间的相关关系。

3．综合指标法

> 综合指标法是指从总体范围角度研究现象数量特征和数量关系的范畴及其数值的方法。

统计研究现象的数量方面的特征是通过统计综合指标来反映的。常见的有总量指标、相对指标、平均指标和标志变异指标等。综合指标法用来描述统计学的核心内容。

4．统计模型法

在以统计指标来反映所研究现象的数量特征的同时，我们还需要对相关现象之间的数量变动关系进行定量研究。在研究这种数量变动关系时，需要根据具体的研究对象和一定的假定条件，用合适的数学方程来进行模拟，这种方法就叫作统计模型法。

5．统计推断法

> 统计推断法是指研究如何利用样本数据来推断总体特征的统计方法，包含参数估计和假设检验。

它可以用于总体数量特征的估计，也可以用于对总体某些假设的检验，所以在统计研究中应用很广泛，已成为现代统计学的基本方法。

以上五种方法相互联系，相辅相成，构成了一个完整的统计研究方法体系。

1.2.4 统计的研究过程

一次完整的统计活动过程，要经过统计设计、统计调查、统计整理和统计分析四个阶段。

1．统计设计阶段

统计设计是对统计活动各个方面和各个环节所做的通盘考虑和合理安排，如确定调查对象，设计指标体系，编制分类目录，制订调查、整理和分析方案等。优良的统计设计是科学、有效地组织统计研究活动的前提。

2．统计调查阶段

统计调查是根据一定的目的，通过科学的调查方法，收集社会经济现象的实际资料的活动，是认识客观经济现象的起点，也是统计整理和统计分析的基础。

3．统计整理阶段

统计整理是对调查来的大量统计资料加工整理、汇总，使之系统化、条理化，成为能够说明总体特征的综合资料的过程。它既是统计调查的延续，又是统计分析的前提，起着承前启后的作用。

4．统计分析阶段

统计分析是将加工整理好的统计资料加以分析研究，采用各种统计方法，计算分析指标，来揭示现象的本质及其发展变化的规律性，是统计工作的最后阶段。

统计研究过程的四个阶段并不是孤立、截然分开的。它们是紧密联系的一个整体，其中各个环节常常是交叉进行的。例如，小规模的调查，常把调查和整理结合起来，在统计调查过程中就有对事物的初步分析，在整理和分析过程中仍须进一步调查（见图1-1）。

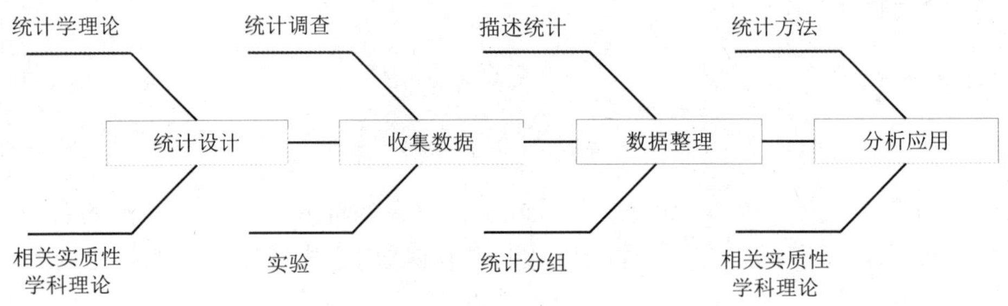

图1-1 统计研究的过程

1.3 统计学中的一些基本概念

1.3.1 统计总体、总体单位和样本

1．统计总体

统计总体是指根据一定目的确定的所要研究事物的全体。它是由客观存在的、具

有某种共同性质的许多个别事物构成的整体（集合体），简称总体。

在统计研究中，总体是所研究的人或事物的完整集合。

统计要研究客观现象总体的数量特征和数量关系，首先要对统计总体有明确的认识。

例如，我们要研究全国乡镇工业企业发展情况，全国的乡镇工业企业就组成一个总体。这些乡镇工业企业尽管资产规模、产品品种、技术力量、设备状况、经济效益等各不相同，但它们都是乡镇企业，都是工业生产单位，向社会提供工业产品或劳务服务，在这方面具有共同性，或称同质性，是统计总体赖以形成的客观基础。

拓展 3

总体具有三个特征：①大量性；②同质性；③变异性。

2．总体单位

总体单位是构成总体的每个事物或基本单位，也称个体（元素）。

原始资料最初就是从各个总体单位取得的，所以总体单位是各项统计数字最原始的承担者。例如，研究某个工业部门的生产情况时，该工业部门的所有工业企业可以作为一个总体，每个工业企业是总体单位，将每个工业企业的某些数量特征加以登记汇总，就取得该工业部门的统计资料。

总体和总体单位是相对而言的，随着研究目的不同，同一事物在不同情况下，可以作为总体，也可以作为总体单位。

3．样本

样本是从某个总体中抽取部分单位所组成的整体。样本中个体的数目称为样本容量。

样本是总体的一个子集，它的数据是进行实际测量而获得的。

一般情况（不同领域标准不一）下，样本中个体的数目大于 30 称为大样本；样本中个体的数目小于或等于 30 称为小样本。在有些情况下，大样本和小样本所用的统计处理方法不一样。

▶▶ 1.3.2　标志和标志表现

1．标志

标志是反映总体各单位属性和特征的名称。

每个总体单位从不同方面考察都具有许多属性和特征。例如，每个工人都具有性别、工种、文化程度、技术等级、年龄、工龄、工资等属性和特征，这些就是工人总体单位的标志。

2．标志表现

标志表现是总体各单位的某一标志之后所表明的属性或数值。标志分为品质标志和数量标志两种。

凡是只能用文字表示的、表明单位属性方面的特征，如工人的性别、设备的种类、企业的经济类型等称为品质标志。性别标志具体表现为男女；设备的种类标志具体表现为车床、铣床、冲床等。凡是可用数值表示的、表明单位数量方面的特征，称为数量标志，如工人的工龄、工资，企业生产设备的能力，职工人数，产品产值等。工龄标志具体表现为不同的年数，某工人工龄是 15 年，则工龄是数量标志，15 年是该标志的数值表现。

不论是品质标志还是数量标志，如果在一个总体的各单位具体表现都相同，就称为不变标志。例如，在工人总体中，职业这一标志各单位表现都是工人，所以职业便是不变标志。在一个总体中，当一个标志在各单位的具体表现有可能不同时，这个标志便称为可变标志。例如，在工人总体中，各单位的工龄可能表现不同，所以工龄便是可变标志。可变标志的属性或特征的具体表现由一种状态变到另一种状态，统计上称为变异，所以可变标志也称为变异标志。在一个总体中不变标志和变异标志各自发挥重要的作用。一个总体至少要有一个不变标志，才能使各单位结合成一个总体。

▶▶ 1.3.3 统计指标和指标体系

1. 统计指标

统计指标是反映统计总体数量特征的概念和数值。例如，2016 年江苏省常州市人均国内生产总值 122 721 元，反映了常州市经济发展的状况和水平。

由此可见，完整的统计指标是由 5 项基本要素构成的：时间范围、空间、指标名称、指标数值及计量单位，其中指标名称和指标数值是核心要素。

指标概念（名称）是统计所研究的社会经济现象的科学概念，表明社会经济现象的质的规定，反映某一社会现象内容所属的范围。

指标数值是统计所研究现象的具体数量综合的结果，对某一社会经济现象总体特征从数量上加以说明。

统计指标必须包括时间状态、空间范围、计量方法等限定，不能随意变动，同时必须注意由于上述条件的变化而引起数值的可比性问题。总之，统计指标是统计名称及其指标数值的有机结合，是统计研究对象的具体化，也是统计对客观事物认识过程由质到量、质量结合的起点。

2. 统计指标的分类

统计指标按照指标属性差异，分为数量指标和质量指标。

凡是反映现象总规模、总水平和工作总量的统计指标都称为数量指标，如人口总数、企业总数、职工总数、工资总额、国内生产总值、商品流转额、商品进出口总额等。这些指标不论是总体单位总量还是总体标志值总量，都反映现象或过程的总规模和水平，所以数量指标也称为总量指标，用绝对数来表示。

凡是反映现象相对水平和工作质量的统计指标都称为质量指标，如粮食平均亩产量、职工平均工资、人口密度、出生率、死亡率、工人出勤率等。质量指标是总量指标的派生指标，用相对数或平均数来表示，以反映现象之间的内在联系和对比关系。

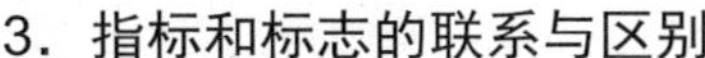

3. 指标和标志的联系与区别

两者的主要联系：

- 许多统计指标的数值是从总体单位的数量标志值汇总而来的。例如，我国钢产量（统计指标）是由我国每个钢铁企业（总体单位）的钢产量（数量标志）的具体数值汇总而来的。所以，数量标志是统计指标的基础。
- 有些统计指标与数量标志之间在一定条件下存在着变换关系。由于研究目的不同，原来的统计总体可以变为总体单位，相应的统计指标就变成数量标志。例如，当把某企业作为统计总体时，其产量、职工人数、工资总额都是统计指标；当把该企业作为总体单位时，其产量、职工人数就成了数量标志。

两者的主要区别：

- 说明的对象不同。指标是说明总体特征的，标志则是说明总体单位特征的。
- 表示方法不同。标志有不能用数值表示的品质标志与能用数值表示的数量标志两种，而指标都是用数值来表示的，没有不能用数值表示的指标。

4. 指标体系

> 指标体系是由一系列相互联系的统计指标所组成的有机整体，用以反映所研究现象各方面相互依存、相互制约的关系。

单个统计指标只反映总体某个数量特征，说明现象某一侧面情况。但是客观现象是错综复杂、具有多方面联系的。要反映客观现象的全貌、描述现象发展的全过程，只靠单个统计指标是不够的，应该设立统计指标体系。

例如，工业企业是在一定生产经营主体的组织下，由资本金、劳动力、物资、技术、设备、生产、供应、销售等相互联系的整体活动。为了反映企业生产经营的全貌，就应设立产量、产值、品种、质量、职工人数、劳动生产率、工资总额、原材料、设备、财务成本等指标群，来组成工业企业统计指标体系，其中，产品产量、总产值、增加值、品种、质量指标又构成企业生产统计指标体系，而固定资金、流动资金、生产费用、产品成本、销售利润又构成企业财务指标体系等。

社会经济统计指标体系大体上可以分为两大类，即基本统计指标体系和专题统计指标体系。基本统计指标体系是由社会指标体系、经济指标体系、科技指标体系三个子系统构成的，每个子体系又可以设若干门类指标或指标群，以反映其基本情况和相互联系。专题统计指标体系是针对社会经济专门问题而制定的专项指标体系，如经济效益指标体系、国际收支指标体系、小康生活水平指标体系等。

拓展 4

指标体系的设置不但是客观现象的反映，而且是人们对客观认识的结果。随着客观形势的发展变化及实践经验和理论研究的积累，指标体系也将不断更新，渐臻完善。

本章小结

1．“统计”一词有三种含义：统计工作、统计资料和统计学。统计工作是对客观事物数量方面的调查研究。在社会经济领域，通过统计调查、资料的整理和分析，以综合指标的形式反映社会经济现象在一定时间、地点、条件下的数量特征和数量关系，揭示现象发展变化的规律，为社会和各级政府管理部门提供信息和咨询，对国民经济和社会发展进行监测。在当今信息时代，统计信息是社会信息的主体。统计不只是认识社会的有力武器，也是科学决策和管理的重要工具。

2．统计研究对象：在质与量的辩证统一中研究大量社会经济现象总体的数量方面规律。具有总体性、数量性和具体性的特征。

3．统计研究的基本方法。从统计工作过程看，统计在各个不同阶段有着不同的工作内容和要求，相应地，就需要运用各种不同的统计研究方法，其中基本方法有大量观察法、统计分组法、综合指标法、统计模型法和统计推断法。

4．统计研究过程。一个完整的统计研究过程一般包括统计设计、统计调查、统计整理及统计分析四个阶段。

5．统计学中最基本的概念是统计总体和样本、标志和指标。对这些概念必须正确理解，根据具体的研究任务和对象加以确定。

复习思考题

一、名词解释

统计　统计学　总体　总体单位　样本　标志　标志表现　统计指标　指标体系　数量标志　品质标志　数量指标　质量指标

二、简答题

（1）怎样理解统计的含义？它们之间有什么关系？

（2）统计研究对象是什么？它有哪些特点？

（3）统计研究过程分为哪几个阶段？

（4）统计研究的基本方法包括哪些？

（5）什么是统计总体和总体单位？试举实际例子说明。

（6）什么是指标？指标和标志有什么区别和联系？

（7）什么是指标体系？

三、判断题（把“√”或“×”填在题后的括号里）

（1）统计调查过程中采用的大量观察法，是指必须对研究对象的所有单位进行调查。（　）

（2）社会经济统计所研究的领域必须是社会经济现象总体的数量方面。（ ）

（3）对某市中小学教师的收入状况进行普查，该市中小学教师的工资水平是数量标志。（ ）

（4）品质标志说明总体单位的属性特征，质量指标反映现象的相对水平或工作质量，二者都不能用数值表示。（ ）

（5）由女学生组成的总体中“性别”这个标志是不变标志，不变标志是构成总体的基本条件。（ ）

四、单选题

（1）社会经济统计的主要特点是（ ）。

A．社会性、总体性　　B．抽象性、数量性

C．具体性、总体性　　D．数量性、总体性

（2）社会经济统计现象形成总体的必要条件是（ ）。

A．总体单位的大量性　　B．总体单位间的同质性

C．总体单位间的差异性　　D．总体单位的社会性

（3）对某城市工业企业未安装设备进行普查，总体单位是（ ）。

A．工业企业全部未安装设备　　B．工业企业每台未安装设备

C．每个工业企业的未安装设备　　D．每个工业企业

（4）已知每位教师的工龄是 15 年，这里的“工龄”是（ ）。

A．变量　　B．指标　　C．品质标志　　D．数量标志

（5）以产品等级来反映某种产品的质量，则该产品的等级是（ ）。

A．数量标志　　B．数量指标　　C．品质指标　　D．品质标志

（6）总体的两大特点是（ ）。

A．同质性和大量性　　B．同质性和数量性

C．大量性和数量性　　D．同质性和变异性

（7）下列属于品质标志的是（ ）。

A．工人年龄　　B．工人性别　　C．工人体重　　D．工人身高

（8）统计一词的基本含义是（ ）。

A．统计调查、统计整理、统计分析　　B．统计设计、统计分析、统计计算

C．统计方法、统计分析、统计计算　　D．统计科学、统计工作、统计资料

（9）要了解某市工业企业生产设备情况，则统计总体是（ ）。

A．该市全部工业企业　　B．该市每个工业企业

C．该市工业企业的某一台设备　　D．该市工业企业的全部设备

（10）数量指标一般表现为（ ）。

A．平均数　　B．相对数　　C．绝对数　　D．众数

（11）统计指标的特点是（ ）。

A．综合性、具体性　　B．准确性、及时性、全面性

C．同质性、差异性　　D．科学性、客观性

（12）下列指标属于质量指标的有（ ）。

A．合格品数　　B．职工总数　　C．资金产值率　　D．工资总额

（13）调查某大学5 000名学生学习情况，则总体单位是（　　）。

A．5 000名学生　　B．5 000名学生的学习成绩

C．每名学生　　D．每名学生的学习成绩

五、多选题

（1）统计学的研究方法主要有（　　）。

A．实验设计法　B．大量观察法　　C．统计分组法

D．综合指标法　E．统计推断法

（2）在全国人口普查中（　　）。

A．全国人口总数是统计总体　　B．每户是总体单位

C．某人的具体年龄是变量　　D．性别男或女是品质标志表现

E．人口的平均寿命是统计指标

（3）在下列各项中，属于统计指标的有（　　）。

A．某企业总资产额2 000万元　　B．某学生统计学考试成绩85分

C．某地区国民生产总值150亿元　　D．某居民户的人均支出500元/月

E．某市年末就业人口数

（4）在下列统计指标中，属于质量指标的有（　　）。

A．工资总额　　B．单位产品成本　　C．出勤人数

D．人口密度　　E．合格品率

（5）有一统计报告如下：某市国有商业企业650家，职工总数41万人，上月的商品零售总额90亿元，职工平均工资额为1 500元。其中，A企业的零售额为39万元，职工人数820人，则报告中出现有（　　）。

A．统计总体　　B．总体单位　　C．标志　　D．指标　　E.变量

（6）品质标志表示事物的质的特征，数量标志表示事物的量的特征，所以（　　）。

A．数量标志可以用数值表示　　B．品质标志可以用数值表示

C．数量标志一般不用数值表示　　D．品质标志不可以用数值表示

E．两者都可以用数值表示

（7）指标按其数值形式不同，可以分为（　　）。

A．总量指数　　B．相对指标　　C．平均指标

D．描述指标　　E．评价指标

（8）指标按其反映的数值特点不同，可以分为（　　）。

A．综合指数　　B．数量指标　　C．质量指标

D．全及指标　　E．样本指标

第2章　如何获取神秘的商业领域数据——统计调查

引导案例

国务院总理李克强在2017年3月5日第十二届全国人民代表大会第五次会议上所做的政府工作报告中提到：

过去2016年，我国发展面临国内外诸多矛盾叠加、风险隐患交汇的严峻挑战。在以习近平同志为核心的党中央坚强领导下，全国各族人民迎难而上，砥砺前行，推动经济社会持续健康发展，全年经济社会发展主要目标任务圆满完成，“十三五”实现了良好开局。

经济运行缓中趋稳、稳中向好。国内生产总值达到74.4万亿元，增长6.7%，名列世界前茅，对全球经济增长的贡献率超过30%。居民消费价格上涨2%。工业企业利润由上年下降2.3%转为增长8.5%，单位国内生产总值能耗下降5%，经济发展的质量和效益明显提高。

就业增长超出预期。全年城镇新增就业1 314万人。高校毕业生就业创业人数再创新高。年末城镇登记失业率4.02%，为多年来最低。13亿多人口的发展中大国，就业比较充分，十分不易。

经济结构加快调整，服务业增加值占国内生产总值比重上升到51.6%。

基础设施支撑能力持续提升。高速铁路投产里程超过1 900公里，新建改建高速公路6 700多公里、农村公路29万公里。城市轨道交通、地下综合管廊建设加快。新开工重大水利工程21项。新增第四代移动通信用户3.4亿、光缆线路550多万公里。

人民生活继续改善。全国居民人均可支配收入实际增长6.3%。农村贫困人口减少1 240万，易地扶贫搬迁人口超过240万。棚户区住房改造600多万套，农村危房改造380多万户。国内旅游快速增长，出境旅游超过1.2亿人次，城乡居民生活水平有新的提高。

全面推开营改增试点，全年降低企业税负5 700多亿元，所有行业实现税负只减不增。制订实施中央与地方增值税收入划分过渡方案，确保地方既有财力不变。扩大地方政府存量债务置换规模，降低利息负担约4 000亿元。稳健的货币政策灵活适度，广义货币M2增长11.3%，低于13%左右的预期目标。国内有效发明专利拥有量突破100万件，技术交易额超过1万亿元。科技进步贡献率上升到56.2%，创新对发展的支撑作用明显增强。

资料来源：李克强《2017年中国政府工作报告》。

那如何去收集经济和社会现象资料，又如何去整理资料信息呢？这正是本章所要回答的问题。让我们带着这些问题，一起进入本章的学习吧！

2.1 统计数据分类

2.1.1 定性数据和定量数据

在统计学中，根据数据反映的测量水平，可把数据区分为名称数据（定类数据）、顺序数据（定序数据）、等距数据（定距数据）和比率数据（定比数据）四种类型。

（1）定类数据（Nominal）：表示个体在属性上的特征或类别上的不同变量，仅仅是一种标志，没有序次关系。例如，“性别”，“男”编码为1，“女”编码为2。

（2）定序数据（Ordinal）：用数字表示个体在某个有序状态中所处的位置，不能做四则运算。例如，“受教育程度”，文盲半文盲=1，小学=2，初中=3，高中=4，大学=5，硕士研究生=6，博士及其以上=7。

（3）定距数据（Interval）：具有间距特征的变量，有单位，没有绝对零点，可以做加减运算，不能做乘除运算。例如，温度。

（4）定比数据（Ratio）：数据的最高级，既有测量单位，也有绝对零点，如职工人数、身高。

名称变量不说明事物与事物之间的差异的大小和先后。顺序变量可以就事物的大小多少按照次序对事物进行排列。等距变量具有相等的单位，能表明量的相对大小。它观测数据的单位是相等的，但是零点是相对的。比率变量除了具有量的大小、相等单位，还有绝对零点。它的数据可以进行加减乘除运算。

通常在统计实践中，统计数据简单分为两种基本类型：定性数据和定量数据。

定性数据是指非数值类别的数据（定性数据有时也称为分类数据）。
定量数据代表一定的数量和尺度，它是有数值的。

例如，眼睛颜色属于定性数据，因为眼睛颜色分为蓝色、棕色、淡褐色等。又如，冰激凌的口味、雇员的姓名、动物的性别及电影和餐馆的等级，如不好、一般、好、非常好。

定量数据，如运动员在比赛中跑步的时间、大学毕业生的收入，以及不同班级的学生人数等。

拓展1

2.1.2 连续数据和离散数据

定量数据又可以进一步分为连续数据和离散数据。

连续数据是指数据能够在一个给定的区间内取任何一个值，相邻两个数值可作无限分割，只能用测量或计量方法取得。
离散数据是指数据只能够取自然数或整数单位，一般用计数方法取得。

连续数据，如一个人的体重可以是零到几百克中的任何一个值，所以表示体重的数据是连续的。

离散数据，如班里同学的学号是离散的 ，因为学号必须是整数。鞋子的尺码也是离散的数据，因为它只包含整数和半整数值。

拓展2

2.1.3　横截面数据和面板数据

横截面数据是在同一时间，不同统计单位相同统计指标组成的数据列。横截面数据是按照统计单位排列的。因此，横截面数据不要求统计对象及其范围相同，但要求统计的时间相同。也就是说，必须是同一时间截面上的数据。

面板数据是横截面数据与时间序列数据综合起来的一种数据类型。其有时间序列和横截面两个维度，当这类数据按两个维度排列时，是排在一个平面上的，与只有一个维度的数据排在一条线上有着明显的不同，整个表格像一个面板，所以把“Panel Data”译作“面板数据”。

拓展 3

时间序列数据是指在不同时间点上收集到的数据，这类数据反映了某一事物、现象等随时间的变化状态或程度。

2.2　统计调查

2.2.1　统计调查的意义

统计调查就是数据资料的收集。它是根据统计研究预定的目的、要求和任务，运用科学的调查方法，有计划、有组织地收集资料的过程。

在统计工作的四个阶段中，统计设计是第一阶段，是对统计全过程的规划，而统计调查是统计整理和统计分析的前提。统计调查工作的好坏不仅说明本身的工作质量，而且直接影响整个统计工作的质量。如果统计调查收集的资料不可靠，统计信息就会失真，统计分析很难做出正确的判断，用以指导实际工作，必然会产生误导，甚至造成严重的损失。

2.2.2　统计调查方案设计

在统计调查工作正式开始之前，必须事先设计一个切实可行、周密细致的调查方案。统计调查方案主要包括如下几项内容。

1. 调查目的

调查目的是调查所要达到的具体目标，它所回答的是为什么调查，要解决什么问题，调查具有什么样的社会经济意义等。

在调查方案中首先应明确本次调查的目的、任务、意义。只有这样才能确定向谁调查、调查什么，以及采用什么调查方法。确定调查目的时，应做到具体明确，突出中心，避免面面俱到，以提高统计调查的质量。

2. 调查对象和调查单位

调查对象是指需要调查的现象的总体，是由许多性质相同的总体单位组成的。

调查单位是构成调查对象的每个个体单位，它是进行调查登记的标志表现的直接承担者。

确定调查对象，就是要确定调查的总体范围界限，避免因界限不清而导致调查登记的重复与遗漏，保证资料的准确性。确定调查单位，就是要确定向谁调查来取得所需的有关标志表现的具体资料。

明确调查单位，还必须把它与报告单位相区别。例如，进行工业企业普查，每个工业企业既是调查单位又是报告单位；进行工业企业职工基本状况普查，调查单位是工业企业的每位职工，而报告单位是每个工业企业。

3．调查项目

调查项目就是要确定调查的内容，即向调查单位调查什么。

调查项目应根据调查目的和调查对象的性质、特点、变化来确定，它是由调查单位的一系列品质标志与数量标志构成的体系，即调查过程中应该获得答案的各种问题的清单。

4．调查表和调查问卷

调查表是将各个调查项目按照一定的顺序排列在一定的表格上。
调查问卷是采用问答式的调查表格。

利用调查表，能够有条理地填写需要收集的资料，便于调查后对资料进行汇总整理。

调查表一般有两种形式，一种是一览表，是把许多调查单位填写在一张表上。在调查项目不多时，采用该类表式，较为简便，便于合计和核对数据，如表 2-1 所示。

表 2-1　身体发育状况调查表　　编号

检查序号	姓 名	性 别	出生年月日	年 龄	身 高	体 重	胸 围	呼吸差	肺活量	坐 高

填表人　　填表日期

另一种是单一表，是每个调查单位填写一份，可容纳较多标志，又便于整理分类，一般用于调查项目较多的场合，如表 2-2 所示。

表 2-2　年末职工家庭就业人口调查表

家庭人口：　人　就业人口：　人

姓 名	与户主关系	性 别	年 龄	工作单位	职 业	职务职称

被调查户主姓名　　填表人　　填表日期

拓展 4

统计调查要采用哪种表式，是由调查目的、任务而定的。

问卷调查一般不要求被调查者签署真实的姓名，这样可以减轻被调查者的心理压力，回答问题自然坦诚，从而保证调查结果符合客观实际情况。此类调查适合对意识形态或个人隐私方面问题的调查。

5．调查时间和调查期限

调查时间是指调查资料所属的时间，包括时期资料调查时间（明确规定调查资料所反映的起止日期）和时点资料调查时间（规定的时点现象统计标准时点）。

调查期限是进行调查工作的时限，包括收集资料和报送资料的工作所需的时间。调查期限应尽可能短。

在统计调查中，如果所调查的是时期现象，例如，调查 2017 年第一季度的石油产量，则调查时间是从 1 月 1 日起至 3 月 31 日止。如果所要调查的是时点现象，如我国的第六次人口普查调查时点是 2010 年 11 月 1 日零时。

调查期限，如 2010 年人口普查规定 2010 年 11 月 1 日至 11 月 10 日现场登记完毕，则调查期限为 11 月 1 日至 10 日共 10 天。

6．统计调查方法

统计调查方法是指收集调查对象原始资料的方法，即调查者向被调查者收集答案的方法。

任何一种调查都必须采用一定的调查方法去收集原始资料，即使调查的组织形式相同，其调查方法也是可以不同的。常用的方法有直接观察法、报告法、采访法、问卷调查法、登记法、卫星遥感法等。

7．确定调查的组织实施计划

调查组织工作主要包括：调查领导机构和调查人员的组织；调查步骤、调查的方式方法；调查前的各项准备工作，如调查教育工作、人员培训、文化印刷等；调查经费的来源和开支办法；调查资料的报送方法和公布调查结果的时间。对于规模较大而又缺少经验的统计调查，还需要进行试点调查，通过试点，检验和修正原调查方案，积累组织实施的经验。

改革开放以来，我国第二、第三产业发展很快，在国民经济中所占的比重越来越高，而以传统农业为主的第一产业在国民经济比重中逐年降低。由于对第二、第三产业特别是一些新兴服务业发展状况的把握还不够全面，了解还不够深入，我国在 2003 年、2008 年、2013 年分别进行了 3 次经济普查工作。2018 年，我国进行了第四次全国经济普查工作。这对研究、制定国民经济和社会发展规划，优化经济结构，改进宏观调控，开拓新的就业渠道，提高人民生活水平，全面建设小康社会，具有重要意义；对改革统计调查体系，完善国民经济核算制度，健全统计监测和预警、预报系统，将发挥重要作用。

2.3 统计调查的组织方式

社会经济现象是复杂的，调查对象是千差万别的，统计研究的任务是多种多样的，因此，为了准确、及时、全面、经济地收集所需资料，就应根据不同的调查对象和调查目的，灵活地运用各种不同的统计调查的组织方式，它们各有不同的特点和作用，可以从不同的角度对其进行分类，本书只介绍按调查范围分的统计报表和专门调查，其中专门调查又分为普查、重点调查、典型调查和抽样调查。

1. 统计报表

统计报表是按照国家有关法规的规定，自上而下地统一布置，逐级提供基本统计数据的一种调查方式。它要以一定的原始记录为基础，按照统一的表式、统一的指标、统一的报送时间和报送程序进行填报。

统计报表是我国政府部门收集统计数据的主要方式，是统计数据的主要来源。我国已经形成一整套完备的统计报表制度。

统计报表的类型较多，有全面与非全面、定期与临时之分，大部分及主要的统计报表都是全面的、定期的报表。定期的报表按报送时间不同可分为日报、月报、季报、年报等。按报送范围不同可分为国家级统计报表、部门和地方统计报表。

虽然统计报表制度作为我国收集统计资料的一种主要调查组织形式，发挥了重要的作用，但也有局限性。例如，在逐级汇总上报过程中由于中间环节多，易受人为因素干扰，较难保证数据的准确性；报表内容固定，不能反映出现的新情况等。所以有必要开辟多种调查渠道，采用各种不同的调查方法才能收集到所需的资料。

2. 专门调查

专门调查是为了某些特定目的、研究某些专门问题而组织的调查。

专门调查多属一次性调查，如普查、重点调查、典型调查和抽样调查。

（1）普查。

普查是专门组织的一次性全面调查，如人口普查、工业设备普查、库存物资普查等。

普查所收集的资料主要是表明某一现象在某一时点的情况，时间性要求很强。普查工作多在全国或较大范围内进行，需要耗费大量人力、物力和财力。因此，一般用来收集那些不能够或不适宜用定期的全面统计报表收集的统计资料，以摸清国家国情、国力情况，为国家制定有关政策和措施提供依据。

普查的组织方式一般有两种：一种是组织专门的普查机构，配备一定的普查人员，对调查单位进行直接的登记，如人口普查等；另一种是利用调查单位的原始记录和核算资料，颁发一定的调查表格，由填报单位进行填报，如库存物资普查等。

快速普查是一种特殊的普查。就其进行的方式而言，属于第二种普查方式，它的目的

主要是满足国家社会经济发展的迫切需要，普查任务布置和资料报送越过中间一切环节，普查资料直接报送到最高一级普查机构集中汇总。

（2）重点调查。

重点调查是指只在调查对象中选择一部分重点单位进行调查，借以了解总体基本情况的一种非全面调查。

通过对重点单位的调查，就能取得反映总体的基本情况。例如，鞍钢、上钢、武钢、太钢、宝钢等几个钢铁企业，虽然在全国钢铁企业中只是少数，但它们的产量占绝大比重。对这些重点企业进行调查，比全面调查要省时省力，且更能及时地了解全国钢铁生产的基本情况。

重点调查的应用条件：总体中要有部分单位能较集中地反映所要研究的问题；调查的目的是了解总体的基本情况。重点调查可以是专门组织的调查，也可以布置统计报表由重点单位填报。由于重点单位与一般单位差别很大，重点调查的结果不能用来推断总体的指标数。

（3）典型调查。

典型调查就是根据调查的目的和要求，在对研究对象进行全面分析的基础上，有意识地选择部分有代表性的单位进行调查，以认识事物发展变化规律性的非全面调查。

典型调查有两种选典方式：

- 在调查单位之间差异较小时，可选择一两个典型单位进行“解剖麻雀”式的调查。
- 如果作为调查对象的各单位之间差异较大时，可采用“划类选典”的办法，把总体分成若干类型，然后在每类中选择典型进行调查。

（4）抽样调查。

抽样调查是指根据随机原则从总体中抽取部分单位形成样本的非全面调查。抽样调查的目的是通过计算样本统计量来推断总体数量特征或者验证总体数量特征。

与其他调查方式相比，抽样调查既能节省人力、物力、财力，又可以提高资料的时效性，而且能取得比较正确的全面统计资料，具有许多优点。因此，抽样调查是非全面调查中较完善和具有科学依据的方式，在商业领域使用非常广泛。

有关抽样调查的理论和方法将在本书第 6 章中进一步详述。

本章小结

1．统计学中有四种类型的数据：名称数据（定类数据）、顺序数据（定序数据）、等距数据（定距数据）和比率数据（定比数据）。通常在统计实践中，我们会将统计数据简单地分为两种基本类型：定性数据和定量数据。按照数据本身连续性分为连续型数据和离散型数据；还要能区分横截面数据和面板数据。当我们研究统计数据时，首先要对数据的类型有清晰的认识。

2. 在进行统计调查时，首先要做的是统计设计。一份详尽的设计方案应该包括调查目的、调查对象和单位、调查项目、调查表和调查问卷、调查时间和期限、调查方法的选择及计划的实施等内容。

3. 统计调查有普查、统计报表制度、重点调查、典型调查和抽样调查等多种组织方式，它们都有各自的特点和适用的条件，共同组成统计调查的方法体系。在实际工作中，必须根据调查研究目的和具体条件选择调查方式。

复习思考题

一、名词解释

定性数据　定量数据　连续数据　离散数据　面板数据　统计调查　统计报表　普查　抽样调查　重点调查　典型调查

二、简答题

（1）什么是定性数据？请举例说明。

（2）什么是定量数据？请举例说明。

（3）什么是统计调查，它的目的是什么？

（4）统计调查的常用方法有哪些？

（5）什么是调查对象、调查单位和报告单位？三者关系如何？

（6）普查、重点调查、典型调查和抽样调查各自的含义和特点是什么？

（7）什么是统计报表？它的作用是什么？

（8）什么叫面板数据？面板数据和横截面数据有什么区别？

三、判断题（把“√”或“×”填在题后的括号里）

（1）为了研究某市的超市经营情况及存在的问题，需要对全市的超市进行全面调查。那么，该市所有的超市就是调查对象，每个超市是调查单位。（　）

（2）全面调查就是对调查对象的各方面都进行的调查。（　）

（3）我国人口普查的总体单位和调查单位都是每个人，而填报单位是户。（　）

（4）我国第五次人口普查规定 2000 年 11 月 1 日零时为登记的标准时点，要求 2000 年 11 月 10 日以前完成普查登记。调查期限为 10 天。（　）

（5）对连续大量生产的某种产品进行质量检查，最恰当的方法应该为抽样调查。（　）

四、单选题

（1）某地区商业企业数、商品销售总额是（　）。

A．连续变量　　B．离散变量

C．前者是连续变量，后者是离散变量　　D．前者是离散变量，后者是连续变量

（2）重点调查、典型调查、抽样调查的根本区别是（　）。

A．调查对象包括的范围不同　　B．调查的组织形式不同

C．确定调查单位的方法不同　　　　D．收集资料的方法不同

（3）下列调查属于全面调查的是（　　）。

A．到某大豆产地了解油料作物的生产情况

B．就宝钢、鞍钢、首钢等重点钢铁企业进行调查

C．对一批出口水果罐头的质量进行抽查

D．对某市全部工业企业生产经营情况的调查

（4）连续调查与不连续调查的划分依据是（　　）。

A．调查的组织形式不同　　　　B．调查登记的时间是否连续

C．调查单位包括的范围是否全面　　　　D．调查资料的来源不同

（5）对某地区饮食从业人员的身体健康状况进行调查，调查对象是该地区饮食业的（　　）。

A．全部网点　　B．每个网点　　C．所有从业人员　　D．每个从业人员

（6）受人们主观认识影响较大的调查是（　　）。

A．抽样调查　　B．重点调查　　C．典型调查　　D．统计报表调查

（7）如果数据分布很不均匀，则应编制（　　）。

A．开口组　　B．闭口组　　C．等距数列　　D．不等距数列

（8）重点了解我国农村经济的具体情况，最适合的调查方式是（　　）。

A．普查　　B．抽样调查　　C．重点调查　　D．典型调查

（9）对无限总体进行调查的最有效、最可行的方式通常是（　　）。

A．抽样调查　　B．全面调查　　C．重点调查　　D．典型调查

（10）统计指标的特点是（　　）。

A．数量性、综合性、具体性　　　　B．准确性、及时性、全面性

C．大量性、同质性、差异性　　　　D．科学性、客观性、社会性

（11）组距变量数列的全距等于（　　）。

A．最大组上限与最小组上限之差　　　　B．最大组上限与最小组下限之差

C．最大组下限与最小组上限之差　　　　D．最大组下限与最小组下限之差

五、多选题

（1）专门调查具体包括（　　）。

A．普查　　B．统计报表　　C．重点调查

D．抽样调查　　E．典型调查

（2）下列论述中正确的有（　　）。

A．普查和统计报表都是全面调查

B．重点调查、典型调查、抽样调查都是非全面调查

C．经常性调查都是定期调查

D．一次性调查都是不定期调查

E．抽样调查是我国收集资料的主要方法

（3）下列情况的统计调查，属于经常性调查的有（　　）。

A．商品销售额　　　　B．运输部门货物周转量

C．每年新出生人口数　　　　　　D．某高校毕业生数

E．突发性自然灾害损失情况与善后处理

（4）下列情况的统计调查，属于一次性调查的有（　　）。

A．某地区耕地面积　　　　　　　B．某县的粮食总产量

C．学校年底在校学生数　　　　　D．某工业局企业数

E．企业拥有的固定资产总额

（5）抽样调查方式的优越性表现在以下几个方面：（　　）。

A．全面性　　　B．经济性　　　C．时效性

D．准确性　　　E．灵活性

（6）统计调查的方式主要有（　　）。

A．普查　　　B．重点调查　　　C．典型调查

D．抽样调查　　　E．统计报表

（7）我国第六次人口普查规定的标准时间是2010年11月1日零时，下列情况不应计算人口数的有（　　）。

A．2010年11月2日出生的婴儿

B．2010年10月29日21时出生，11月1日8时死亡的婴儿

C．2010年10月29日23时死亡的人

D．2010年10月29日8时出生，20时死亡的婴儿

E．2010年11月1日1时死亡的人

第 3 章　如何用简单图表展现数据

引导案例

在日常生活中大家多多少少都会使用数据：在商务领域，每天的客户数量和销售额是最重要的数据；对学生来说，考试成绩的数据在升学问题上发挥重要作用；成年人会对每年的定期健康检查中血压和血液成分的数据很关心，生活中与数据没有关系的人是不存在的。

但是，光是浏览原始数据（单纯列举的数字）恐怕什么也弄不明白。确实，数据在一定意义上是体现"现实本身"的。但是，在"打眼一瞧什么也不明白"这一点上，"数据"也好，"现实"也罢，都有相同之处。比如，请浏览一下图 3-1。

151	154	158	162
154	152	151	167
160	161	155	159
160	160	155	153
163	160	165	146
156	153	165	156
158	155	154	160
156	163	148	151
154	160	169	151
160	159	158	157
154	164	146	151
162	158	166	156
156	150	161	166
162	155	143	159
157	157	156	157
162	161	156	156
162	168	149	159
169	162	162	156
150	153	159	156
162	154	164	161

图 3-1　80 位女大学生身高（cm）数据

这是 80 位女大学生的身高数据（从石村贞夫的《话统计解析》中刊登的 200 个数据中抽取的最初 80 个）。

从这 80 个数据中能得到什么?

首先能确认“女大学生的身高各不相同，数据参差不齐”。

作为“日本成年女性”的一部分，这些女大学生的身高数值是多种多样的。这种“多种多样的数值”，用术语来说叫作“分布”。分布的产生，是决定数值背后的某种“不确定性”作用的结果，除此别无其他。不确定性的结构会产生参差不齐的身高数值。但是即使概括地说这些数据是“不确定的”，它们也有自己固有的“特征”和“特点”。这种固有的特征和特点叫作“分布特性”。

那么，这些身高数据固有的特征和特点是什么？对于熟悉数据解析的人来说，即使从列举的数值中也能抽取出很多的特征和特点。普通人则只能看到简单的数字罗列。

所以，从这些原始数据，也就是“原始的现实”中，抽取出分布的特征和特点的手法就很有必要。这就是统计的手法。

统计学使用的方法叫作“压缩”。所谓压缩，是指“将作为数据列举的大量数字，以一定的基准进行整理，只抽取有意义的信息”。大致来说有如下两种手法：

1）以图画捕捉其特征；

2）以一个数字来代表特征。其代表数字叫作“统计量”。

本章主要给大家介绍整理数据的手法。

3.1 数据分组

3.1.1 统计分组

统计分组是根据统计研究的目的和任务，按照一定的标志将统计总体划分为若干个组成部分的一种统计方法。

例如，社会经济结构可按产业发生的时序，划分为第一产业、第二产业和第三产业；全国人口按性别可分为男性人口和女性人口。

通过统计分组，能够达到组间差别性、组内同质性的分组效果。统计分组实际上就是在统计总体内进行的一种定性分类，它能够将一个较大范围的同质总体划分为若干个性质不同的、范围较小的同质总体（组）。

3.1.1.1 统计分组的要求

根据统计分组的定义可知，统计分组有三个要素：母项，需划分的总体；子项，划分以后的类（组）总体；分组标志，进行统计分组的标准和依据。

进行统计分组，在技术上有三个基本要求：周延性、互斥性、分组标志的同一性。遵守以上要求，就能达到组内同质性、组间差别性的分组效果，反之，就可能出现分组上的混淆和矛盾，这是统计分组中必须注意的事项。

周延性：要求分组以后各子项项数之和应等于母项项数。

互斥性：组与组之间内容和数值要相互排斥，不能重合。

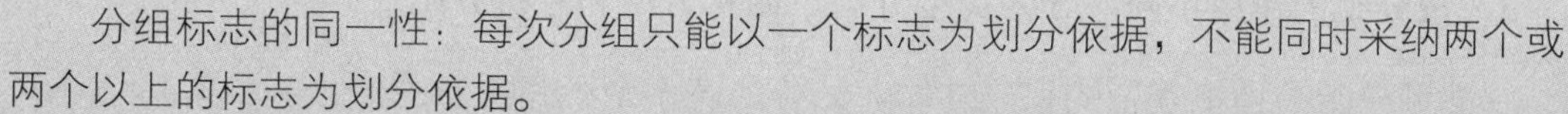

分组标志的同一性：每次分组只能以一个标志为划分依据，不能同时采纳两个或两个以上的标志为划分依据。

3.1.1.2　统计分组的种类

统计分组可以按照不同的标志进行分类。分组的标志是划分资料的标准和依据，分组的标志选择是否得当，关系到能否正确地反映总体数量特征及其变化规律。统计分组主要有如下几种。

1．按分组标志的多少，可分为简单分组和复合分组

（1）简单分组与平行分组体系。

简单分组就是对研究现象按一个标志进行分组，它只能从某一方面说明和反映事物的分布状况和内部结构。

例如，为了了解企业职工基本情况，可以选择年龄、工龄、文化程度等标志进行简单分组。

对同一总体选择两个或两个以上的标志分别进行简单分组，就形成平行分组体系。

例如，为了深入了解我国固定资产构成的基本情况，可以按照经济领域、物质生产部门、经济类型、经济用途、使用情况及所有权进行分组，这六个简单分组相互联系、相互补充便构成平行分组体系。

（2）复合分组与复合分组体系。

复合分组是指许多场合要用两个或两个以上标志分组，即先按第一个标志分组，在此基础上再按第二个标志分小组，又再层叠地按第三个标志分成更小的组。

两个或两个以上复合分组可以形成复合分组体系。

例如，固定资产投资项目，先按经济类型分组，再按投资规模分组，形成复合分组。

复合分组和复合分组体系将多个标志层叠起来分组，能全面深入地说明问题。但当分组标志数目较多时，复合分组的组数将随分组标志的增加而成倍地增加，反而不易揭示出问题的实质。一般不宜采用太多的标志进行复合分组。

2．按分组标志的性质不同，分为品质分组（或称属性分组）和数量分组（或称变量分组）

品质分组就是按品质标志进行分组。一般来说，对于类别数据，采用品质分组。

数量分组就是按数量标志分组，数量标志的变异性体现在它不断变动自身的数量上，故也称为变量分组。

例如，职工按性别分组，企业按经济类型分组等就是品质分组。企业按产值、工人数分组就是数量分组。

3．按分组的作用不同，分为类型分组、结构分组和分析分组

类型分组是指把复杂的现象总体，划分为若干个不同性质的部分。

结构分组是指在对总体分组的基础上计算出各组对总体的比重，借此研究总体各部分的结构。

分析分组是指为研究现象之间依存关系而进行的统计分组。

分析分组的分组标志称为原因标志，与原因标志相对应的标志称为结果标志。原因标志不同，结果标志也会不同；同一原因标志由于分组不同，结果标志也会不同。例如，工人的劳动生产率与产值之间、商品流通费用率与商品销售额之间的依存关系，都可以按分析分组法进行研究，如表3-1所示。

表3-1　某地区部分商店按商品销售额分组的商品流通费用率

商店按商品销售额分组（万元）	商店数（个）	商品流通费用率（%）
100以下	10	9.8
101～300	12	8.7
301～500	11	7.5
501～700	9	6.5
701～900	8	5.8
901以上	6	5.4

从表中可看出，随着商品销售规模的扩大，其商品流通费用率相应降低，两者表现出负依存关系。

3.1.1.3　统计分组的方法

统计分组的关键在于选择分组标志和确定各组的界限。

1．正确选择分组标志

统计分组的核心问题就是如何正确地选择分组标志，这关系到能否确切地反映总体的特征，体现分组的科学性，实现统计研究的任务。因此，为了正确地选择分组标志，必须注意以下几点。

（1）应选择与统计研究任务密切相关的、最为符合统计研究目的的标志作为分组标志。同一研究对象研究目的不同，采用的分组标志也就不同。例如，为了研究某地区各类不同规模工业企业的生产经营状况时，可选择职工或生产能力作为分组标志。研究目的在于确定该地区各种经济类型的工业企业在整个工业部门中所占的比重时，可选择经济类型作为分组标志。

（2）在总体若干个可供选择的标志中，要选择最能反映事物本质特征的标志作为分组标志。例如，研究居民的生活水平状况，可按城乡居民或不同收入的居民分组，也可按居民的职业分组，还可以按脑力劳动者与体力劳动者分组等。在这些标志中，要注意选择主要的、起决定性的、能反映事物本质特征的标志作为分组标志。如上述城乡分组和职业分组都是重要的分组。

（3）要结合现象所处的具体历史条件和经济条件动态地选择分组标志。例如，企业按规模分组，而反映企业规模的标志很多，如职工人数、产品产量、产值、生产能力、固定资产价值等。选择哪个作为分组标志，则必须结合企业所处的具体条件确定。在劳动密集型或技术不发达的条件下，宜选择职工人数作为分组标志；在技术密集型或技术装备比较先进的条件下，宜采用生产能力或固定资产价值作为分组标志，这样才能确切地反映现象的本质特征。

注意：同一个分组标志适合某一时间、地点、条件下的某现象，但不一定适合另一时间、地点、条件下的该现象。因此，分组标志不能固定不变，即使研究同类现象，也要视具体时间、地点、条件的不同，动态地加以选择，这样选择的分组标志才具有现实意义。

2．正确确定各组的界限

分组标志确定后，就可以进一步在分组标志的变异范围内，具体划分各组的界限。分组标志按其形式，可分为品质标志和数量标志。统计总体可按品质标志分组，也可按数量标志分组。

▶▶ 3.1.2　统计数据的整理程序

统计整理是统计研究过程中一个十分重要的中间环节，起着承前启后的作用。通过整理，可以将说明个体的、局部情况的原始资料转化为反映总体的、全局情况的综合资料，是统计分析之前的必要步骤。统计数据的整理主要分为以下几个程序。

1．根据研究目的设计整理汇总方案

统计汇总方案的设计包括两方面：一是对于总体的处理方法，即对总体进行各种分组，达到对总体具体而深刻的了解，便于以后的分析研究。因此，汇总方案要确定统计分组与分组体系。二是确定用哪些统计指标来说明总体，即根据研究目的，设计一套汇总表，用以对调查项目进行汇总。

2．汇总前对统计数据资料的审核

在对统计数据整理之前，必须对原始数据进行严格的审核，主要检查数据的完整性与准确性，检查方法有逻辑性检查和计算检查。逻辑性检查，比如，性别为“女”的人所填的与户主的关系是儿子，对于这种违背逻辑的项目应予以纠正。计算检查，例如，各分项数据之和是否等于相应的合计数，各结构比例之和是否等于 1 或 100%，出现在不同表格上的同一指标数值是否相同，等等。

3．对数据资料的分组与汇总

按照一定的组织形式和方法，根据调查资料的性质与特点，划分为若干组并加总，计算出各组的单位数和合计数，计算出各组指标和综合指标的数值。分组和汇总是统计数据整理的中心工作。

4．编制统计表、绘制统计图

将整理结果用统计表和统计图的形式反映出来，它可清晰地、简明扼要地表述统计资料的内容。

5．统计资料的积累和保管

加工整理后的统计资料必须妥善保管，不得损坏和遗失。对已过时的统计资料，如认为确无保管价值，呈请单位主管领导核准，并经统计员会签后，方可销毁。

3.1.3 次数分布与变量数列编制

1. 次数分布

在按某一标志进行统计分组的基础上，将总体的所有单位按组归类排列，形成总体中各单位在各组间的分布，称为次数分布或频数分布、分布数列。

它是统计整理的一种重要形式，可用以研究总体各组分布状况、分布特征及总体的构成状况，还是进一步分析总体集中趋势和离散程度的基础资料。因此，编制分布数列，不仅是反映统计整理结果的需要，也是进行统计分析的需要。其一般形式如表 3-2 所示。

表 3-2 次数分布的一般形式

分组标志	单位数（频数次数）	比率（或频率）(%)
	⋮	
合 计	总体单位数	100.00

根据分组特征的不同，分布数列可分为品质分布数列和变量分布数列两种。

（1）品质分布数列。

品质分布数列是指按品质标志分组所形成的分布数列，简称品质数列。

例如，根据我国第五次人口普查资料，大陆人口按性别标志分组，可编成品质数列，如表 3-3 所示。

表 3-3 第五次人口普查大陆人口的性别分布

性 别	人数（万人）	比率（%）
男 性	65 355	51.63
女 性	61 228	48.37
合 计	126 583	100.00
分组名称	频 数	频 率

品质数列属定类测定资料，如果分组标志选择得好、分组标准定得恰当，则事物的差异表现得就比较明确，总体各组划分就容易解决。品质分布数列一般比较稳定，通常均能准确地反映总体分布特征。

（2）变量分布数列。

变量分布数列是指按数量标志分组形成的分布数列，简称变量数列。

例如，我国大陆人口按年龄分组可编制如下变量数列，如表 3-4 所示。

表 3-4 第六次人口普查大陆人口年龄分布

按年龄分组（岁）	人数（万人）	比率（%）
0～14	28 979	22.89
15～64	88 793	70.15

续表

按年龄分组（岁）	人数（万人）	比率（%）
65 及 65 以上	8 811	6.96
合 计	126 583	100.00
各组变量值	频 数	频 率

在表中，第 1 列是变量 x；第 2 列是各组单位数出现的次数 f，即频数，各组频数之和等于总体单位数；第 3 列是频率，是各组频数与总体单位总和之比，各组频率之和为 1。

$$频率 = f / \sum f$$

变量数列按照用来分组的变量的表现形式，可以分为组距式变量数列和单项式变量数列两种。

- 组距式变量数列是指按一定的变化范围或距离进行分组的变量数列，又称组距数列。
- 单项式变量数列是指数列中每个组的变量值都只有一个，即一个变量值就代表一组，如表 3-5 所示。

表 3-5　某大学学生年看电影次数情况

按年看电影次数分组（次）	学生数（人）	比率（%）
0	200	4.44
1	500	11.11
2	1 500	33.33
3	2 000	44.44
4	300	6.66
合 计	4 500	约 100.00

在组距式变量数列中，每组的最大变量值称为该组的上限，最小变量值称为该组的下限。上限与下限之间的距离或差数就是该组的组距，即组距=上限−下限。组距变量数列又有等距数列和不等距数列之分。各组组距都相等，称为等距数列；各组组距大小不等，则称为不等距（或异距）数列。

2．变量数列的编制

（1）整理原始资料。

变量数列的分组是按数量大小作为分组标准的。这样，就必须先对原始资料按从小到大的顺序排列，确定最大值和最小值，并计算**全距**。

例：江苏某外资企业 2017 年第一季度 50 名工人月平均收入资料如下（单位：美元）：

1 250	1 320	1 230	1 100	1 180	1 580	1 210	1 460	1 170	1 080
1 050	1 100	1 070	1 370	1 200	1 680	1 250	1 360	1 270	1 420
1 180	1 030	870	1 150	1 410	1 170	1 230	1 260	1 380	1 510
1 010	860	780	1 130	1 140	1 190	1 260	1 350	930	1 420
1 080	1 010	1 050	1 250	1 160	830	1 380	1 310	1 270	880
780	830	860	870	880	930	1 010	1 010	1 030	1 050
1 050	1 070	1 080	1 080	1 100	1 100	1 130	1 140	1 150	1 160

1 170	1 170	1 180	1 180	1 190	1 200	1 210	1 230	1 230	1 250
1 250	1 250	1 260	1 260	1 270	1 270	1 310	1 320	1 350	1 360
1 370	1 380	1 380	1 410	1 420	1 420	1 460	1 510	1 580	1 680

上述资料比较零乱，不易直接看出其基本特征，若将这些数据按由大到小的顺序排列（竖排列），可得到如下阵列：

1 680	1 420	1 360	1 270	1 250	1 190	1 160	1 100	1 050	880
1 680	1 420	1 360	1 270	1 250	1 190	1 160	1 100	1 050	880
1 580	1 410	1 350	1 260	1 230	1 180	1 150	1 080	1 030	870
1 580	1 410	1 350	1 260	1 230	1 180	1 150	1 080	1 030	870
1 510	1 380	1 320	1 260	1 230	1 180	1 140	1 080	1 010	860
1 510	1 380	1 320	1 260	1 230	1 180	1 140	1 080	1 010	860
1 460	1 380	1 310	1 250	1 210	1 170	1 130	1 070	1 010	830
1 460	1 380	1 310	1 250	1 210	1 170	1 130	1 070	1 010	830
1 420	1 370	1 270	1 250	1 200	1 170	1 100	1 050	930	780
1 420	1 370	1 270	1 250	1 200	1 170	1 100	1 050	930	780

它反映出资料的某些特征：首先，说明月收入的波动幅度较大，其全距为 900 美元。其次，说明多数工人的月收入在 1 000～1 400 美元。通过整理，可以对该资料的某些特征和基本状况有一个初步了解。

（2）确定变量数列的形式。

对于离散型变量，因其所描述对象的数量特征，可以按一定的顺序一一列举数值，相邻两个变量之间不可能有小数。例如，高校的学生人数、机器台数、废品件数等。所以，对于这些变量，如果项数不多、变异幅度不大，可编制单项式变量数列；否则，应编制组距式变量数列。

对于连续型变量，因其所描述对象的数量特征，在一个区间内可以有无限多个数值，无法按一定次序一一列举，其变量值可以用小数表示。例如，粮食的亩产量、职工工资等。所以连续型变量不能编制单项式变量数列，只能编制组距式变量数列。

（3）编制组距式变量数列应注意的问题。

1）确定组距。组距的大小要适度，要能正确地反映总体的分布特征及其规律。组距与组数成反比例关系，组距越大，组数就越少；组距越小，组数就越多（组数=全距÷组距）。组数过少，容易把不同质的单位归在一个组内；组数过多，又容易把同质的单位分散在不同的组内，两者都不符合分组的要求。至于是采用等距分组还是采用不等距分组，要根据现象的特点、统计研究的目的及所收集的资料分布是否均匀来确定。如果资料分布比较均匀，就可采用等距分组，否则应采用不等距分组。如上面所举工人月工资一例，宜编制等距数列。等距数列的组数、组距可以采用下列公式计算。

$$K = 1 + 3.322\lg n$$

$$i = R / K$$

式中，K 是组数；i 是组距；R 是全距；n 是数据个数。

2）确定组限。上限和下限统称为组限。确定组限的基本原则：按这样的组限分组后，要能使性质相同的单位归入同一组内，使不同性质的单位按不同的组别划分。

对于离散型变量，其变量值都是整数，变量值之间有明显的界限，因而，组的上下限可用肯定性的数值表示，组限非常清楚。例如，工人按职工人数分组，其组限可表示为：

100 人以下

100～499 人

500～999 人

1 000 人以上

对于连续型变量，其变量值有小数，组限不能用肯定的数值表示，只能用前一组的上限与后一组的下限重叠的方法表示。例如，工厂按职工工资分组，可以表示如下：

900 美元以下

900～1 100 美元

1 100～1 300 美元

1 300～1 500 美元

1 500 美元以上

一般原则是把达到上限值的单位划入下一组内。例如，当工资为 1 100 美元时，该单位应属第三组而不是第二组。

在上述组限的表示方法中，数列的首末两组用“××以下”和“××以上”表示的叫开口组，首末两组上下限俱全的叫闭口组。在分组时是采用开口组还是闭口组，要根据现象的实际情况而定。

3）组中值的确定。组中值是上限和下限之间的中点数值，它是代表各组标志值平均水平的数值。计算组中值的公式：

组中值=(上限+下限)/2

开口组的组距和组中值的确定，一般以其邻近组的组距为准，其计算公式：

缺下限开口组的组中值=上限 −(邻组组距/2)

缺上限开口组的组中值=下限 +(邻组组距/2)

（4）频数分布表的具体编制。

如前所举，该企业工人月平均收入的全距为 900 美元，组距=全距÷组数=900÷5=180（美元），可近似取 200 美元。这里，组数取 5 组是根据研究的目的而定的。第 1 组为 900 美元以下，表示最低收入；第 2 组为 900～1 100 美元，表示较低收入；第 3 组为 1 100～1 300 美元，表示收入为中等；第 4 组为 1 300～1 500 美元，表示收入较高；第 5 组为 1 500 美元以上，表示收入高者，如表 3-6 所示。

表 3-6　50 名工人月平均收入频数分布

按工人月平均收入分组 x（美元）	频数 f（人）	频率（%）$f/\sum f$	向上累计		向下累计	
			频数（人）	频率（%）	频数（人）	频率（%）
900 以下	5	10	5	10	50	100
900～1 100	9	18	14	28	45	90
1 100～1 300	22	44	36	72	36	72

续表

按工人月平均收入分组 x（美元）	频数 f（人）	频率（%） $f/\sum f$	向上累计		向下累计	
			频数（人）	频率（%）	频数（人）	频率（%）
1 300～1 500	11	22	47	94	14	28
1 500 以上	3	6	50	100	3	6
合　计	50	100	—	—	—	—

有时为了研究次数分布的状况，因计算分析的需要，常需要计算累计次数或累计频率。计算累计次数或累计频率的方法有两种：一种是向上累计，如表 3-6 中，第三组的向上累计次数和累计频率分别为 36 人和 72%，表示月平均收入低于 1 300 美元的工人有 36 人，占全部工人的 72%。另一种是向下累计，如表 3-6 中第二组的向下累计次数和累计频率分别为 14 人和 28%，表示月平均收入高于 1 300 美元的工人有 14 人，占全部工人的 28%。

通过对总体各单位分组而形成的变量数列，显示了各单位标志值在各组间的分布状况，从而使杂乱无章的原始数据显示出一定的规律性，从表中可看出，月平均收入在 1 100～1 500 美元的工人占全部工人的 66%，而较低收入和高收入的工人所占比重较小，表现出近似“两头小，中间大”的分布特征。

3.2　统计表

统计调查所得来的原始资料，经过整理，得到说明社会现象及其发展过程的数据，把这些数据按一定的顺序排列在表格上，就形成了统计表。广义的统计表包括统计工作各个阶段中所用的一切表格。狭义的统计表专指分析表和容纳各种统计资料的表格，即通常所说的统计表。

1．统计表的结构

统计表的结构可以从形式和内容两个方面来认识。

（1）统计表的形式。

统计表是由纵横交叉的线条组成的一种表格，表格包括总标题、横行标题、纵列标题和指标数值四个部分。

1）总标题：扼要地说明该表的基本内容，并指明时间和范围，置于统计表格的正上方。

2）横行标题：表示各组的名称，它说明统计表要说明的对象，是横行的名称，一般放在表格的左方。

3）纵列标题：表示汇总项目即统计指标的名称，一般放在表格的上方。

4）指标数值：各组、各汇总项目的数值。列在各横行标题与各纵列标题交叉处，即统计表的右下方。用来说明总体及其组成部分的数量特征，它是填写统计表格的核心部分。

（2）统计表的内容。统计表由主词栏和宾词栏两个部分组成。主词栏是统计表所要说明的总体及其组成部分；宾词栏是统计表用来说明总体数量特征的各个统计指标。主词一般列在表的左方，宾词一般列在表的右方。必要时，主宾词可以变换位置或合并排列，如表 3-7 所示。

表 3-7 2016 年全国 GDP 构成表

按产业分组	绝对数（亿元）	占总 GDP 百分比（%）
第一产业	636 71	8.6
第二产业	296 236	39.8
第三产业	384 221	51.6
合　计	744 128	100.0

主词栏　　　　宾词栏

此外，统计表还有补充资料、注解、资料来源、填表单位、填表人等。

2. 统计表的种类

（1）按用途分类。广义的统计表可分为如下几类：

- 调查表，即在统计调查中用于登记调查项目的表格。
- 整理表或汇总表，即在统计整理汇总过程中使用的表格和用于表现统计汇总或整理结果的表格。
- 分析表，即用于统计分析的表格。这类表往往与整理表结合在一起，成为整理表的延续。

（2）按主词的结构分类。根据主词是否分组和分组的程度，分为简单表、分组表和复合表。

- 简单表：主词未经任何分组形成的统计表，也称一览表。主词罗列各单位的名称。
- 分组表：主词只按一个标志进行分组形成的统计表，也称简单分组表。
- 复合表：主词按两个或两个以上标志进行分组的统计表，也称复合分组表。

表 3-8 是复合表，表中国内生产总值分别按产业和国民经济行业分组。在复合分组表中设计横行标题时，应在第一次分组的各组组别下退一、二字填第二次分组的组别，这时第一次分组的组别就成为第二次分组的各组小计。若需再进行第三、第四次分组，均可以此类推。如表 3-8 所示，按产业进行第一次分组，分为第一、第二和第三产业。对第二产业又进行第二次分组，按行业分为工业和建筑业。

表 3-8 国内生产总值及其分组表

国内生产总值按产业和行业分组	国内生产总值（亿元）	比重（%）
第一产业		
第二产业		
工　业		
建 筑 业		
第三产业		

续表

国内生产总值按产业和行业分组	国内生产总值（亿元）	比重（%）
交运仓储邮电通信业 批发和零售贸易餐饮业		
合　计		

3. 统计表编制应注意的问题

统计表编制总的要求是简练、明确、实用、美观、便于比较。

（1）统计表形式设计注意事项：

- 统计表应设计成由纵横交叉线条组成的长方形表格，长与宽之间保持适当的比例。
- 线条的绘制。表的上下端应以粗线绘制，表内纵横以细线绘制。表格的左右两端一般不画线，采用“**开口式**”。
- 合计栏的设置。统计表各纵列若须合计时，一般应将合计列在最后一行，各横行若需要合计时，可将合计列在最前一栏或最后一栏。
- 栏数的编号。如果栏数较多，应当按顺序编号，习惯上，主词栏部分分别以“甲、乙、丙、丁……”为序号，宾词栏以（1）、（2）、（3）、（4）等为序号。

（2）统计表内容设计注意事项：

- 标题设计。统计表的总标题，横行、纵列标题应简明扼要，以简练而又准确的文字表述统计资料的内容、资料所属的空间和时间范围。
- 指标数值。表中数字应该填写整齐，对准位数。当数字因小可略而不计时，可写上“0”；当缺某项数字资料时，可用符号“…”表示；不应有数字时用符号“－”表示。
- 计量单位。统计表必须注明数字资料的计量单位。当全表只有一种计量单位时，可以把它写在表头的右上方。如果表中各栏的指标数值计量单位不同，可在横行标题后添一列计量单位。
- 注解或资料来源。为保证统计资料的科学性与严肃性，在统计表下，应注明资料来源，以便查考。必要时，还可在统计表下加上注解或说明。

4. 统计表的主要作用

①用数量说明研究对象之间的相互关系；②用数量把研究对象之间的变化规律显著地表示出来；③用数量把研究对象之间的差别显著地表示出来。这样便于人们用来分析问题和研究问题。

3.3　统计图

运用统计图描述次数分布的类型特征，常用的图形有三种：直方图、折线图和曲线图。

现以某班 40 名学生统计学考试成绩资料（见表 3-9）为例，说明如何采用图示法来描述学生考试成绩的分布状况。

表 3-9 某班学生统计学考试成绩资料

按考分分组（分）	次数 f_i（人）	频率 $f_i/\sum f$	向上累计		向下累计	
			次数（人）	频率（%）	次数（人）	频率（%）
60 分以下	2	5.0	2	5.0	40	100.0
60～70	7	17.5	9	22.5	38	95.0
70～80	11	27.5	20	50.0	31	77.5
80～90	12	30.0	32	70.0	20	50.0
90～100	8	20.0	40	100.0	8	20.0
合计	40	100.0	—	—	—	—

1. 直方图

直方图是用直方形的宽度和高度来表示次数分布的图形。绘制直方图时，横轴表示各组组限，纵轴表示次数（一般标在左方）或比率（或频率，一般标在右方），若没有比率的直方图只保留左侧的次数。依据各组组距的宽度与次数的高度绘成直方图。

根据表 3-9 绘制的直方图，如图 3-2 所示。

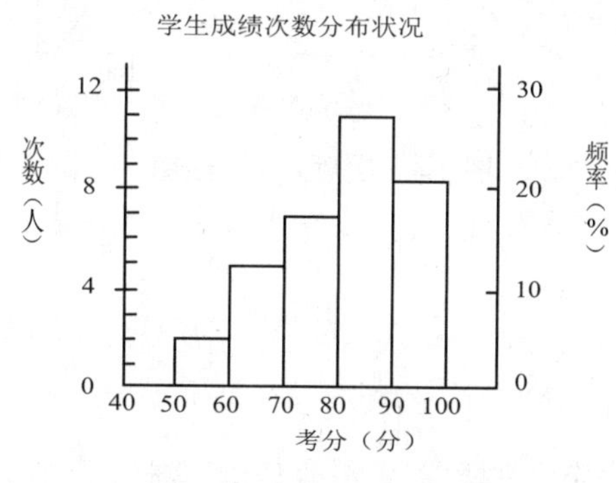

图 3-2 次数分布直方图

图 3-2 是依据等组距式变量数列绘制的直方图。对于不等组距式变量数列，则通常按次数密度（频数密度）绘制直方图以表示其分布。

2. 折线图

折线图可以在直方图的基础上，用折线将各直方高位中点依顺序连接而成。

图 3-3 是根据表 3-9 绘制的次数分布折线图。

3. 曲线图

当变量数列的组数无限增多时，折线便近似地表现为一条平滑曲线。曲线图的绘制方法与折线图基本相同，只是在连接各组次数坐标点时应当用平滑曲线，而不用折线。对图 3-3 的折线平滑化，即得次数分布曲线图，如图 3-4 所示。

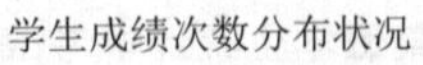

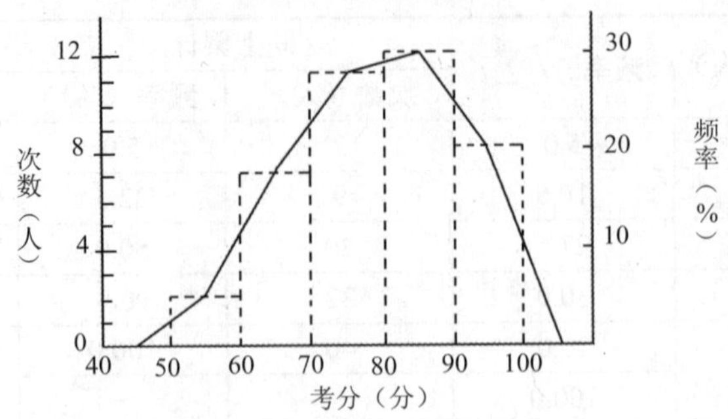

图 3-3　次数分布折线图

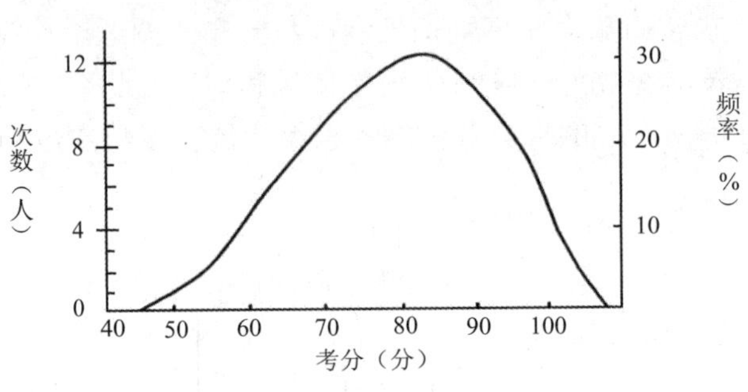

图 3-4　次数分布曲线图

本章小结

1．统计分组能够使本来杂乱的数据变得有条理，统计分组按分组标志的多少，可分为简单分组和复合分组；按分组标志的性质不同，分为品质分组（或称属性分组）和数量分组（或称变量分组）；按分组的作用不同，分为类型分组、结构分组和分析分组。选择正确的分组标志、正确地确定各组的界限是做好统计分组的关键。

2．统计整理是连接统计调查和统计分析的重要阶段。统计资料整理的核心是分组。按品质标志分组的关键是界定各类型组的性质差异；按数量标志分组的关键是正确确定各组的数量界限，即确定组数和组距。必须使组与组之间的量的差异能够反映出局部的质的差异，通过分组形成的变量数列能够显示出数据的分布特征。

3．现代统计调查的大量数据主要靠计算机进行整理，这是统计工作现代化的重要标志之一。无论是手工整理还是应用计算机进行数据处理，制作统计表和统计图必须注意规则，力求规范；否则，不仅统计资料不便于利用、开发，还可能引起误解，甚至得出错误的结论。

4．统计表的编制要做到简练、明确、实用、美观、便于比较。

5．常用的统计图有直方图、折线图和曲线图，绘制好统计图能够帮助我们更清晰、直观地观察数据。

复习思考题

一、名词解释

统计分组　品质分组　数量分组　类型分组　结构分组　分析分组　次数分布　品质分布数列　变量分布数列　统计表

二、简答题

（1）统计分组有哪些种类？

（2）统计分组的关键是什么？如何确定？

（3）试述统计分组的意义和作用。

（4）统计整理有哪些程序？

（5）简述次数分布。

（6）统计表的结构如何？

（7）统计表有哪些种类？

（8）在编制统计表时应注意哪些问题？

（9）常见的统计图有哪些？如何绘制？

三、判断题（把“√”或“×”填在题后的括号里）

（1）统计分组的关键是确定组距和组数。（　　）

（2）凡是将总体按某个标志值分组所形成的数列，都叫变量数列。（　　）

（3）变量数列中的开口组不能确定组中值。（　　）

（4）统计分组后，掩盖了各组内部各单位的差异，而突出了各组之间单位的差异。（　　）

（5）利用组中值计算均值是假定各组数据在各组中是均匀分布的，计算结果是准确的。（　　）

（6）确定连续变量的组限时，相邻组的组限是交叉的。（　　）

四、单选题

（1）统计分组是统计资料整理中常用的统计方法，它能够区分（　　）。

A．总体中性质相同的单位　　B．总体标志

C．一总体与它总体　　D．总体中性质相异的单位

（2）统计分组的关键在于确定（　　）。

A．组中值　　B．组距　　C．组数　　D．分组标志和分组界限

（3）全国总人口按年龄分为 5 组，这种分组方法属于（　　）。

A．简单分组　　B．复合分组

C．按品质标志分组　　D．平行分组

（4）对某校学生先按年级分组，在此基础上再按年龄分组，这种分组方法是（　　）。

A．简单分组　　B．复合分组

C．再分组　　D．平行分组

（5）对某校学生分别按年级和年龄分组，由此形成的分组体系是（　　）。

A．平行分组体系　　B．复合分组体系

C．二者兼而有之　　D．二者都不是

（6）组距数列中的上限一般是指（　　）。

A．本组变量的最大值　　B．本组变量的最小值

C．总体内变量的最大值　　D．总体内变量的最小值

（7）组距和组数是组距数列中的一对基本要素，当变量的全距一定时，组距和组数（　　）。

A．没有关系　　B．关系不确定

C．有正向关系　　D．有反向关系

（8）某企业职工月工资收入最高者为4 260元，最低者为2 700元，据此分为6个组，形成闭口式等距数列，则组距应为（　　）元。

A．710　　B．260　　C．1 560　　D．3 480

（9）在组距数列中，对各组的上限与下限进行简单平均，得到的是（　　）。

A．组中值　　B．组平均数　　C．组距　　D．组数

（10）在分组时，如遇到某单位的标志值刚好等于相邻两组上下限数值时，一般是（　　）。

A．将此标志值单列一组　　B．将此值归入作为上限的那一组

C．将此值归入作为下限的那一组　　D．将此值归入作为上限的组或下限的组均可

（11）将企业按资产总额分组，使用的分组形式为（　　）。

A．单项式分组　　B．组距式分组

C．既可以是单项式分组，又可以是组距式分组　　D．以上均不对

（12）统计整理主要是整理（　　）。

A．历史统计资料　　B．统计分析资料

C．原始调查资料　　D．综合统计资料

（13）简单分组与复合分组的主要区别在于（　　）。

A．分组对象的复杂程度不同　　B．分组组数的多少不同

C．各自采用的分组标志个数不同　　D．分组的目的和方式不同

（14）次数分布中的次数是指（　　）。

A．划分各组的数量标志　　B．分组的组数

C．分布在各组的总体单位数　　D．标志变异个数

（15）变量数列中各组变量值在决定总体数量大小时所起的作用就其实质而言（　　）。

A．与比重、频率或比率大小无关

B．与次数或频数大小有关

C．与比重、频率或比率大小有关

D．与次数或频数大小有关，与比重、频率或比率大小无关

（16）我国五座名山的海拔高度如下所示：

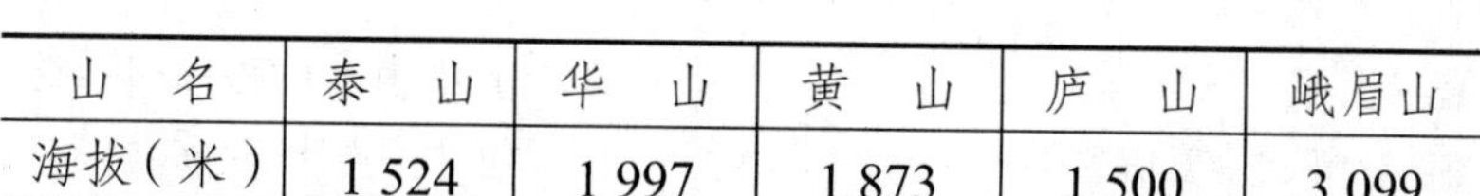

山　名	泰　山	华　山	黄　山	庐　山	峨眉山
海拔（米）	1 524	1 997	1 873	1 500	3 099

根据表中的数据作成统计图，以便更清楚地对几座名山的高度进行比较，应选用(　　)。

A．扇形图　　B．条形图　　C．折线图　　D．直方图

五、多选题

（1）统计分组是将统计总体按一定标志区分为若干部分的统计方法。它（　　）。

A．是统计研究中的基本方法　　B．是在统计总体内部进行的

C．是在统计总体之间进行的　　D．对总体而言是分

E．对个体而言是合

（2）统计分组的主要作用有（　　）。

A．说明总体单位的数量特征　　B．反映总体内部结构

C．研究现象之间的依存关系　　D．划分现象的类型

E．反映总体的基本情况

（3）对一些企业按计划完成程度不同分为三组：第一组为 80%～100%，第二组为 100%～120%，第三组为 120%以上，则（　　）。

A．若将上述各组组别及次数依次排列，就是变量分布数列

B．该数列的变量属于连续变量，所以相邻组的组限必须重叠

C．此类数列只能是等距数列，不可能采取异距数列

D．各组的上限分别为 80%、100%、120%，某企业计划完成 100%应归第一组

E．各组的下限分别为 80%、100%、120%，某企业计划完成 100%应归第二组

（4）统计分组是（　　）。

A．在统计总体内进行的一种定性分类

B．在统计总体内进行的一种定量分类

C．将同一总体区分为不同性质的组

D．把总体划分为一个个性质不同的、范围更小的总体

E．将不同的总体划分为性质不同的组

（5）在次数分配数列中（　　）。

A．总次数一定，频数和频率成反比

B．各组的频数之和等于 100

C．各组频率大于 0，频率之和等于 1

D．频数越小，则该组的标志值所起的作用越小

E．频率又称为次数

（6）选择分组标志应考虑（　　）。

A．研究目的与任务　　B．能反映事物本质或主要特征

C．现象所处历史条件与经济条件　　D．与过去的分组标志一致

E．现象之间的依存关系

（7）组中值的计算公式为（　　）。

A．组中值=(上限+下限)÷2　　B．组中值=上限+下限÷2

C．组中值=下限÷2+下限　　D．组中值=下限+(上限−下限)÷2

E．组中值=上限−(上限−下限)÷2

（8）将某班学生的统计学考试成绩分为 60 分以下、60～70 分、70～80 分、80～90 分、90～100 分 5 个组，下列说法正确的是（　　）。

A．某学生的成绩如果是 80 分，他应归入 70～80 分这一组

B．第一组的假定下限是 50 分

C．相邻组组限是重叠的

D．第三组组中值为 75 分

E．它属于等距分组

（9）对统计总体进行分组时，采用等距分组还是异距分组，决定于（　　）。

A．现象的特点　　B．变量值的多少　　C．次数的多少

D．数据分布是否均匀　　E．组数的多少

（10）对连续型变量编制次数分布（　　）。

A．只能用组距数列　　B．相邻组的组限必须重合

C．组距可相等也可不相等　　D．首末两组一定得采用开口组限

E．首末两组一定得采用闭口组限

六、计算题

1．对 50 只灯泡的耐用时数进行测试，所得数据如下（单位：小时）：

886	928	999	946	950	864	1 050	927	949	852
1 027	928	978	816	1 000	918	1 040	854	1 100	900
866	905	954	890	1 006	926	900	999	886	1 120
893	900	800	938	864	919	863	981	916	818
946	926	895	967	921	978	821	924	651	850

要求：

（1）试根据上述资料编制次（频）数分布数列。

（2）编制向上或向下累计频数、频率数列。

（3）根据所编制的次数分布数列绘制直方图、折线图与曲线图。

（4）根据所编制的累计频数、频率数列绘制累计曲线图。

（5）根据累计曲线图，指出灯泡耐用时数在 1 000 小时以上的有多少？占多大比重？灯泡耐用时数在 900 小时以下的有多少？占多大比重？

（6）根据频数分布曲线图说明灯泡耐用时数的分布属于哪种类型？

2．试将所在学校的某个现实问题作为选题，进行一次调查，调查单位不少于 30 个，写出调查方案，将收集的数据进行整理，编制成统计表和统计图，并简要说明其分布特征。

第 4 章　对现象综合性的数据反映——综合指标

引导案例

同学们还记得第 3 章的引导案例吗？如何对那 80 位女大学生身高的数据进行整理，以方便我们找出其特征和特点，我们在第 3 章用第 1 种手法——以图画捕捉其特征来对数据进行了整理，那么这一章我们将向同学们介绍第 2 种手法——以一个数字来代表特征。

4.1　总量指标

1. 基本概念

总量指标是统计资料经过汇总整理后得到的反映总体在一定时间、一定地点的总规模和总水平的统计指标，用绝对数表示，因此也称为绝对数指标。

总量指标数值的大小受总体范围的制约，即总体范围大，指标数值就大；总体范围小，指标数值就小。

拓展 1

2. 总量指标的作用

总量指标是统计中最基本的指标，在社会各领域的研究和管理中有重要作用。

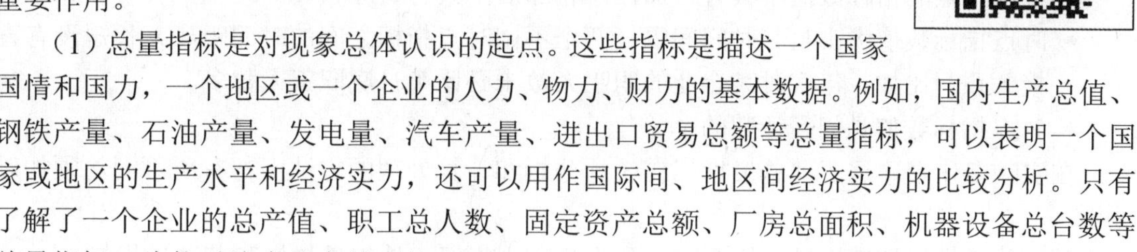

（1）总量指标是对现象总体认识的起点。这些指标是描述一个国家国情和国力，一个地区或一个企业的人力、物力、财力的基本数据。例如，国内生产总值、钢铁产量、石油产量、发电量、汽车产量、进出口贸易总额等总量指标，可以表明一个国家或地区的生产水平和经济实力，还可以用作国际间、地区间经济实力的比较分析。只有了解了一个企业的总产值、职工总人数、固定资产总额、厂房总面积、机器设备总台数等总量指标，才能对该企业有基本的认识。

（2）总量指标是制定政策、编制计划、进行科学管理的重要依据。例如，一个国家的城乡居民储蓄存款余额、全社会固定资产投资总额、货币流通量等总量指标是国家制定货币发行量、存贷款利率、存贷款额度、基本建设投资规模等各项金融政策和财政政策的基础。

（3）总量指标是计算相对指标和平均指标的基础。相对指标和平均指标一般是两个有联系的总量指标对比的结果，它们是总量指标的派生指标。如果总量指标计算不科学，统计范畴不合理，将直接影响相对指标和平均指标的准确性。

3．总量指标的种类

（1）总量指标按其反映总体的内容不同，分为总体单位总量和总体标志总量。

总体单位总量表明总体在一定时间、地点条件下所包含的个体单位的总数，反映的是总体达到的总规模，如商店数、企业数、学校数、职工数、学生数等。总体标志总量是指总体内各单位某一标志值的总和，表明总体的某一特征在一定时间、地点条件下达到的总水平，如总产量、总产值、工资总额等。

一个总量指标究竟是总体标志总量还是总体单位总量，随研究目的不同和研究对象的变化而定。比如，医生人数这一总量指标，当医院作为研究总体时，它就是总体标志总量；如果医生作为总体，它就是总体单位总量。

（2）总量指标按其反映总体的时间状态不同，分为时期指标和时点指标。

时期指标表明总体在一段时间内累积的总量，如产品的产值、国内生产总值、商品销售额等。

时期指标的特点：

- 不同时期的指标数值具有可加性，相加后表示较长时期现象总的发展水平。
- 时期指标数值大小与所包含的时期长短有直接关系，一般情况下，所包含的时期越长，指标数值越大；时期越短，指标数值越小。比如，一年的总产值一般比某一月的产值要大。
- 时期指标是连续登记、累计的结果。

时点指标表明总体在某一时刻的数量状态，如人口总数、资金占用余额、库存总额等。

时点指标的特点：

- 不同时点的指标数值不具有可加性，相加后不具有实际意义。
- 时点指标数值大小与其时间间隔（两个不同时点指标之间的时间距离）长短没有直接关系。比如，年底时某企业的职工人数未必比某月底职工人数多。
- 时点指标数值是间断计数的。

在实际工作中，这两种总量指标在统计分析和计算处理的方法上都有所不同，须加以区别。

（3）总量指标按其计量单位不同，分为实物量指标、价值量指标和劳动量指标。

实物量指标可以反映现象总体的使用价值总量。它根据现象的自然属性和特点采用实物单位计量，其实物单位有自然单位、度量衡单位和标准实物单位等。不同的实物指标表示不同的质，因此不同的实物指标不能相加。

价值量指标用价值单位反映现象总体的价值总量，具体用货币单位表示。价值量指标能将任何种类、用途的产品或商品数量加总，因为不同现象之间的价值量指标没有质的差异，所以具有可加性，应用也最为广泛。

拓展 2

劳动量指标是用劳动时间为单位计算的产品产量或完成的工作量。企业常用这种定额工时产量指标安排作业计划和核定工人的劳动成果。

4.2　相对指标

4.2.1　基本概念

相对指标是用两个有联系的指标进行对比的比值来描述现象数量特征和数量关系的综合指标，常用来反映现象的发展程度、结构、强度、普遍程度或比例关系。相对指标以相对数形式表示，所以也称作相对数或相对量。

4.2.2　相对指标的作用和计量形式

相对指标有以下几个作用：

（1）说明总体内在的结构特征，为深入分析事物的性质提供了依据。例如，一个地区的第一产业、第二产业、第三产业增加值之间的比例，可以说明该地区经济的发展情况；一个地区城镇人口占该地区总人口的比重，可以说明该地区城市化水平；等等。

（2）将现象的绝对差异抽象化，使原来不能直接相比的总量指标可以进行比较。由于不同企业的生产规模、生产条件、职工人数不同，直接用总产值或利润总额等总量指标进行比较与评价意义不大，但用各自的计划完成程度、资金利润率、资金产值率、发展速度等相对指标进行比较，就可以对其生产经营的结果做出较为合理的评价。

（3）说明现象的相对水平，表明现象的发展过程和程度，反映事物发展变化的趋势。例如，人均国民收入、人均粮食产量、人均钢铁产量、每千人医生数量、每百人大学生数量等相对指标，可以反映一个国家或地区的国情、国力，表明经济实力和医疗、教育的相对水平；发展速度则可以揭示经济发展变化的趋势和方向等。

相对指标的计量形式有两大类：一类是无名数，它是被抽象化的数值，大多采用系数（倍数）、成数、百分数和千分数等表示；另一类是有名数，它把计算相对指标的分子和分母的计量单位同时使用，形成复合单位，如人均国民收入就是用“元 / 人”来表示，人口密度是以“人 / 平方千米”表示，等等。

4.2.3　相对指标的种类及计算方法

在各实际应用领域中，相对指标按其作用和计算方法不同可分为结构相对指标、比例相对指标、比较相对指标、动态相对指标、强度相对指标与计划完成相对指标六种。

1. 结构相对指标

结构相对指标是将总体按某一标志分组，然后将各组指标数值与总体指标数值对比的比值，反映总体内部的构成，也叫比重指标。一般用百分数或成数表示。

计算公式为：

$$结构相对指标=\frac{各组(或部分)总量}{总体总量}\times 100\%$$

【例 4-1】

2017 年，江苏省常州市国民经济继续保持平稳较快增长，国内生产总值达到 5 773.9 亿元，按照可比价格计算增长 8.5%，其中第一产业增加值 152.7 亿元，占国内生产总值 2.64%，比去年下降了 0.9%；第二产业增加值 2 682.3 亿元，占国内生产总值 46.46%，比去年增长 7.4%；第三产业增加值 2 938.9 亿元，占国内生产总值 50.90%，比去年增长 10.1%。

由此可见，在研究社会经济现象时，结构相对指标具有重要意义。它经常用来分析现象总体的内部构成情况，说明事物的性质和特征。把不同时间的结构相对指标进行对比分析，可以说明现象的变化过程规律。

2．比例相对指标

比例相对指标是描述总体内部各个组成部分之间的数量对比关系的相对指标。一般用百分数表示，也可用一比几或几比几的形式表示，分析总体中若干部分的比例关系时可采用连比形式。

计算公式为：

$$比例相对指标=\frac{总体中某一部分数值}{总体中另一部分数值}\times 100\%$$

例如，我国第六次人口普查的结果显示，城市人口与乡村人口的比例可以表示为 49.68∶50.32。再如，【例 4-1】中的第一、第二和第三产业的增加值的比为 3.3∶55.3∶41.4。

比例相对指标能够反映总体内部各部分之间的数量联系程度。社会经济中的许多重大比例关系，如人口的性别比例关系、积累和消费的比例关系、产业的比例关系，都可以用比例相对指标来反映。分析研究这些比例关系，有助于发现社会经济现象中的规律，调整不合理的比例，促使社会经济协调发展。

3．比较相对指标

比较相对指标是将某一总体的指标与另一总体同类指标对比的相对指标。一般用倍数或百分数表示。

计算公式为：

$$比较相对指标=\frac{甲单位某指标值}{乙单位同类指标值}\times 100\%$$

【例 4-2】

甲乙两个上市公司 2018 年的利润总额分别为 4 亿元和 2 亿元，则甲公司的利润是乙公司的 2 倍。

计算比较相对指标是用总量指标来对比的，常常由于总体的规模和条件的影响，使结果不能正确反映现象发展的本质差异，所以可采用相对指标和平均指标进行比较，即计算每股利润指标来说明。通过计算，甲公司的每股盈利为 0.2 元，而乙公司的每股盈利是 0.5

元，那么乙公司的每股盈利是甲公司的 2.5 倍。

由此可见，公司的规模是甲大，盈利能力却是乙公司强。

比较相对指标是反映不同国家、不同地区或不同单位之间同类现象的差异程度，所以要注意对比的两个同类指标数值必须具有可比性，即在指标含义、口径、计算方法、计量单位、所属时间等方面要一致。比较相对指标比较的基数不固定，可以视不同的研究目的而定，一般而言，应以主要观察单位的指标数值作为对比基数，以反映与其他单位的差距。

4．动态相对指标

动态相对指标是将总体不同时期的同一类指标对比而计算的比值，说明现象水平发展变化的方向和程度。一般用百分数表示。通常，将作为比较基础的时期称为基期，与基期对比的时期称为报告期。

计算公式为：

$$\text{动态相对指标}=\frac{\text{报告期指标值}}{\text{基期指标值}}\times 100\%$$

动态相对指标的具体内容将在第 8 章中详细阐述。

5．强度相对指标

强度相对指标是指两个性质不同但有一定联系的总量指标之比。它用来表明现象的强度、密度和普遍程度等，以表示不同现象之间依存性比例关系的综合指标。

计算公式为：

$$\text{强度相对指标}=\frac{\text{某一总量指标数值}}{\text{另一性质不同而有联系的总量指标数值}}$$

强度相对指标是有名数的，一般采取复合单位表示，如平均每人粮食产量为“千克／人”，平均每人钢铁产量为“吨／人”，每百人中大学生的人数为“人／百人”等；也有采用非复合单位的，如商品流转次数用“次”表示；还有既可用复合单位表示，也可用百分数、千分数表示的，如资金利润率、商品流通费用率等可用“元／百元”或百分数表示，而人口死亡率用千分数表示。

【例 4-3】

江苏省常州市 2017 年国内生产总值为 5 773.9 亿元，2017 年年末常住人口 470.83 万人，全社会卫生机构床位数 28 391 个，则：

常州市人均国内生产总值=5 773.9 亿元/470.83 万人≈122 632.37 元 /人

常州市每万人拥有床位数=28 391 个/470.83 万人≈60.3 个/万人

强度相对指标还有正指标、逆指标之分。正指标比值的大小与其反映的强度、密度和普遍程度成正比，逆指标比值的大小与其反映的强度、密度和普遍程度成反比。如【例 4-3】中的各项指标均为正指标。有些强度相对指标将其比式的分子分母互换，就可从正指标变为逆指标，或者由逆指标变为正指标，其评价判别的意义相同。

例如，【例 4-3】中的人均床位数还可用逆指标表示：

常州市每个床位服务人数=470.83 万人/28 397 个= 166 人/个

即每个床位服务 166 人，该数值越小越好。

6．计划完成相对指标

计划完成相对指标是将某一时期的实际完成数与同期计划数进行对比，反映计划执行情况的相对指标，一般用百分数表示。

计算公式为：

$$计划完成相对指标=\frac{某期实际完成指标值}{某期计划完成指标值}\times 100\%$$

在实际工作中，由于计划数可表现为绝对数（总量指标）、相对数（相对指标）、平均数（平均指标）等多种形式，因此计算计划完成相对指标的方法也不尽相同。

（1）计划数为绝对数（总量指标）、平均数（平均指标）。

计划完成相对指标的计算公式为：

$$计划完成相对指标=\frac{实际完成总量（或平均数）}{同期计划总量（或平均数）}\times 100\%$$

它一般适合考核现象的规模或水平的计划完成情况。

在检查中长期计划（如五年计划）任务的完成情况时，可将指标分为水平法和累计法两种。

1）水平法是用来检查中长期计划的末期是否达到了规定的水平，适用于反映生产能力的经济指标，如钢产量、水泥产量、石油产量、煤产量、发电量等指标的计划完成情况的检查。它以计划期期末水平（最后一年水平）为考核对象，计算公式为：

$$计划完成相对指标=\frac{计划期期末实际达到水平}{计划期期末规定的期末水平}\times 100\%$$

计算提前完成计划的时间的方法：在计划期内，只要有连续 12 个月的实际完成数（可以跨年度）达到计划规定的末年水平就算完成了计划。剩余的时间就是提前完成计划的时间。

【例 4-4】

某地区 2011—2015 年规定某种产品达到年产 80 万吨的水平，实际在计划末期，即 2015 年年末已达到 86 万吨，则该产品产量计划完成程度为 86/80×100%=107.5%。表明超额 7.5%完成了计划。

若该产品产量从 2014 年 8 月初起至 2015 年 7 月末实际已达到 80 万吨，则该产品产量提前 5 个月完成了 5 年计划任务。

2）累计法用来检查计划期内的若干年累计完成量是否已达到应有的水平，一般适用于构成国民财产存量的经济指标，如固定资产投资、住宅建设、开耕荒地等计划完成情况的检查。它以计划期内各年计划数量的累计总和为考核对象，计算公式为：

$$计划完成相对指标=\frac{计划期间实际完成累计数}{计划期规定的累计数}\times 100\%$$

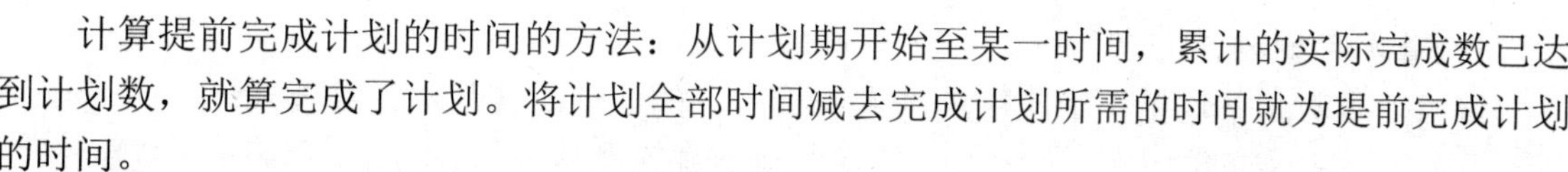

计算提前完成计划的时间的方法：从计划期开始至某一时间，累计的实际完成数已达到计划数，就算完成了计划。将计划全部时间减去完成计划所需的时间就为提前完成计划的时间。

【例 4-5】

某地区“十二五”期间规定 5 年累计造林面积 3 000 亩，而实际完成造林面积累计达 3 150 亩，则该地区造林面积“十二五”计划完成程度为 3 150 / 3 000×100% = 105%。表明超额 5%完成了计划。

若截至 2015 年 10 月底已累计造林 3 000 亩，则 5 年计划提前两个月完成。

（2）计划数为相对数（相对指标）。

计划完成相对指标的计算公式为：

$$\text{计划完成相对指标} = \frac{\text{实际完成数（\%）}}{\text{同期计划数（\%）}} \times 100\%$$

$$= \frac{100\% + \text{实际提高率（或} - \text{实际降低率）}}{100\% + \text{计划提高率（或} - \text{计划降低率）}} \times 100\%$$

【例 4-6】

某工厂的某种产品的产量计划要求增长 8%，单位成本计划要求下降 4%，而实际产量增长了 12%，实际单位成本下降了 5%，则计划完成程度指标为：

$$\text{产量计划完成相对指标} = \frac{100\% + 12\%}{100\% + 8\%} \times 100\% \approx 103.7\%$$

$$\text{单位成本计划相对指标} = \frac{100\% - 5\%}{100\% - 4\%} \times 100\% \approx 98.96\%$$

计算结果表明：该企业产量计划约完成了 103.7 %，超额完成了 3.7 %；单位成本计划约完成了 98.96%，超计划完成 1.04%。这说明产量比计划提高近 4 个百分点，单位产品成本比计划降低 1 个百分点。

4.3　集中趋势——平均指标

4.3.1　平均指标的含义、种类和计算

平均指标是同类社会经济现象总体内各单位某一数量标志在一定时间、地点和条件下的一般水平，是总体内各单位参差不齐的标志值的代表值。平均指标是社会经济统计中常用的综合指标之一。平均指标反映的是总体的数量特征，也是对变量分布集中趋势的测定，反映分布集中趋势的特征。

平均指标有算术平均数、调和平均数、几何平均数、众数和中位数五种。

算术平均数、调和平均数、几何平均数三种平均数是根据总体全部单位标志值计算的，又称为数值平均数；众数和中位数两种平均数是根据与其所处位置有关的部分标志值计算的，又称为位置平均数，在某些特定场合，可代替数值平均数来反映现象的一般水平。

1. 算术平均数

算术平均数是平均指标中应用最基本、最广泛的一种。其基本计算公式：

$$\text{算术平均数} = \frac{\text{总体标志总量}}{\text{总体单位总量}}$$

在社会经济现象中，总体的标志总量常常是总体单位标志值的算术总和。

例如，工人工资总额是各个工人工资的总和，粮食总产量是各地播种面积产量的总和，等等。因此，这些现象的平均值，一般都是该现象的标志总量与单位数之比。

利用该基本公式计算平均数时，要注意公式的子项与母项必须属于同一总体，分子必须是分母中各单位标志值之和，分母必须是总体标志总量中标志值的个数。否则，计算的平均数就会失去实际意义。这也是平均指标与强度相对指标的区别之一。

由于掌握的资料不同，算术平均数可分为简单算术平均数和加权算术平均数两种。

（1）简单算术平均数。

简单算术平均数是直接将总体各单位的标志值相加，除以总体单位数而求得的平均数，一般应用于资料未经过任何分组整理与加工的情况。

计算公式为：

$$\overline{x} = \frac{x_1 + x_2 + \cdots + x_n}{n} = \frac{\sum_{i=1}^{n} x_i}{n} \text{或} \frac{\sum x}{n}$$

式中，$\overline{x}$ 是简单算术平均数；x_i 是第 i 个单位标志值；n 是总体单位数；$\sum$ 是总和符号。

【例 4-7】

某厂某生产小组有 10 名工人，月工资分别为 800 元、800 元、700 元、620 元、700 元、1 060 元、800 元、700 元、800 元、620 元，则该 10 名工人平均月工资为：

$$\overline{x} = \frac{800 + 800 + 700 + 620 + 700 + 1060 + 800 + 700 + 800 + 620}{10} = 760 \text{（元）}$$

（2）加权算术平均数。

在资料已经分组得出次数分配的条件下计算平均数，要先将各组的标志值与其相应的次数相乘，求出各组的标志总量，再把各组的标志总量相加，求出总体的标志总量，再除以总体单位总数。按这种方法计算的平均数就叫作**加权算术平均数**。

计算公式为：

$$\overline{x} = \frac{x_1 f_1 + x_2 f_2 + \cdots + x_n f_n}{f_1 + f_2 + \cdots + f_n} = \frac{\sum_{i=1}^{n} x_i f_i}{\sum_{i=1}^{n} f_i} \text{或} \frac{\sum xf}{\sum f} \qquad (4\text{-}1)$$

式中，$\overline{x}$ 是加权算术平均数；f 是各组单位数，即次数；x_i 是第 i 组标志代表值；$\sum$ 是总和符号。

分组资料有单项式变量分组和组距式变量分组，下面分别举例说明。

1）由单项数列计算加权算术平均数。

【例 4-8】

仍用【例 4-7】的资料，将该资料进行分组整理成单项数列，如表 4-1 所示。

表 4-1　某厂生产小组工人月工资

按月工资额分组 x（元）	工人人数 f（人）	比重 $f/\sum f$
620	2	0.20
700	3	0.30
800	4	0.40
1 060	1	0.10
合 计	10	1.00

该生产小组工人平均月工资为：

$$\bar{x}=\frac{\sum xf}{\sum f}=\frac{620\times 2+700\times 3+800\times 4+1060\times 1}{3+2+4+1}=\frac{7600}{10}=760\text{（元）}$$

按加权算术平均数的方法计算平均数，平均数的大小不仅取决于总体各单位标志值（x）的大小，而且还受到各标志值出现次数（f）多少的影响。人数多的组，其标志值对平均数的影响大；人数少的组，其标志值对平均数的影响小。也就是说，当标志值比较大的组的次数多时，平均数就接近大的一方；当标志值比较小的组的次数多时，平均数就接近标志值小的一方。标志值的次数（f）多少对平均数（$\bar{x}$）大小的影响具有权衡轻重的作用。因此，在统计中通常把各组单位数称为权数，把每个标志值乘以权数的过程叫加权过程，这样计算的算术平均数又叫加权算术平均数。

必须指出，权数对于算术平均数的影响作用，就其实质而言，并不是决定于各组单位数次数的多少，而是决定于各组单位数占总体单位数的比重（又称为权重系数）的大小，即哪组单位数所占比重大，哪组标志值对平均数的影响就大。对式（4-1）做变换，就可以清楚地看到。

$$\bar{x}=\frac{x_1f_1+x_2f_2+\cdots+x_nf_n}{f_1+f_2+\cdots+f_n}=\frac{x_1f_1}{\sum f}+\frac{x_2f_2}{\sum f}+\cdots+\frac{x_nf_n}{\sum f}=\sum\left(x\frac{f}{\sum f}\right)$$

如【例 4-8】中，也可这样计算

$$\bar{x}=\sum(x\frac{f}{\sum f})=620\times 0.2+700\times 0.3+800\times 0.4+1060\times 0.1=760\text{（元）}$$

从以上计算可以看出，用总体单位数权数和总体单位数比重权数的计算结果是一致的。由此可见，总体单位数的比重是权数起作用的实质，如果仅仅是总体单位数发生了变化，各组单位数的比重未变，则平均数不会改变。

2）由组距变量数列计算加权算术平均数。

其方法基本上相同，只要先计算出各组的**组中值**，再以各组的组中值代表该组的标志值，然后再来计算加权算术平均数。

【例 4-9】

某企业某月工人工资情况如表 4-2 所示。

表 4-2　某企业某月工人工资加权算术平均数计算表

按月工资数分组（元）	组中值 x（元）	职工工人数 f（人）	各组职工工资总额 xf（元）
600 以下	500	10	5 000
600～800	700	20	14 000
800～1 000	900	35	31 500
1 000～1 200	1 100	25	27 500
1 200 以上	1 300	10	13 000
合　计	—	100	91 000

职工月平均工资为：

$$\bar{x}=\frac{\sum xf}{\sum f}=\frac{91\,000}{100}=910\text{（元）}$$

应当说明，根据组距数列计算算术平均数的方法具有一定的假定性，即假设各单位标志值在各组内的分布是均匀的，而组中值是各组标志值的代表值。实际上，各组内部的标志值变动不一定是完全均匀的。因此，由组中值计算的加权平均数的数值是实际平均数的近似值，组距越小，组中值的代表性越高，计算得到的平均数就越接近实际的平均数。

（3）算术平均数的几个数学性质。

1）平均数与次数的乘积等于变量值与次数的乘积的总和，即：

$$n\bar{x}=\sum x\text{ 或 }\bar{x}\sum f=\sum xf$$

这个性质说明，平均数是所有变量值的代表数值，并且根据平均数次数可以推算出数量标志的总和。

2）各个变量值与算术平均数的离差之和等于零，即：

$$\sum(x-\bar{x})=0\text{ 或 }\sum(x-\bar{x})f=0$$

在理论上，这个性质说明，在算术平均数中，变量之间的偏差可以相互抵消。

3）各个变量值与平均数离差平方之和为最小，即：

$$\sum(x-\bar{x})^2=\text{最小值或}\sum(x-\bar{x})^2 f=\text{最小值}$$

这个性质有助于理解方差和均方差的意义。

2．调和平均数

调和平均数是同质总体中，各单位标志值倒数的算术平均数的倒数，故又称为倒数平均数，用 H 表示。

设某同质总体有 n 个变量值 $x_1,x_2,\cdots,x_n$，由定义得各个变量值的倒数为 $\frac{1}{x_1},\frac{1}{x_2},\cdots,$

$\frac{1}{x_n}$，则变量值倒数的算术平均数为 $\frac{\frac{1}{x_1}+\frac{1}{x_2}+\cdots+\frac{1}{x_n}}{n}$；变量值倒数的算术平均数的倒数为 $\frac{n}{\frac{1}{x_1}+\frac{1}{x_2}+\cdots+\frac{1}{x_n}}$。

由于掌握的资料不同，调和平均数也可分为简单调和平均数和加权调和平均数两种。

（1）简单调和平均数。

根据对调和平均数概念的理解，可以得出简单调和平均数的计算公式：

$$H=\frac{n}{\frac{1}{x_1}+\frac{1}{x_2}+\cdots+\frac{1}{x_n}}$$

式中，H 是调和平均数；x_i 是各单位标志值（变量值）；n 是标志值项数。

简单调和平均数适用于资料未分组的情况。

【例 4-10】

某市场上某种蔬菜早市为每千克 0.50 元，中市为每千克 0.40 元，晚市为每千克 0.20 元。若早、中、晚市各买 1 千克，平均每千克价格为：

$$\bar{x}=\frac{\sum x}{n}=\frac{0.50+0.40+0.20}{3}\approx 0.37\text{（元）}$$

若早、中、晚市各买 1 元钱的菜，则平均每千克价格又是多少呢？在此条件下，作为计算平均指标基础的总体单位数不是 3 千克，而是：

$$\frac{1}{0.5}+\frac{1}{0.4}+\frac{1}{0.2}=9.5\text{（千克）}$$

计算这 9.5 千克蔬菜的平均价格，应采用简单调和平均数公式：

$$H=\frac{n}{\sum\frac{1}{x}}=\frac{3}{9.5}\approx 0.32\text{（元）}$$

在各买 1 千克时，由于千克数相同，每种价格对平均价格的影响是相等的；在各买 1 元钱时，虽然金额相同，但每种价格不同，所以千克数就不同，也就意味着每种价格对平均价格的影响是不同的。价格最低的晚市蔬菜买的数量最多，以致平均价格相对降低了。简单调和平均数就是在这种意义上的应用。

（2）加权调和平均数。

对于分组资料计算调和平均数，要用加权式。其计算公式为：

$$H=\frac{m_1+m_2+\cdots+m_n}{\frac{m_1}{x_1}+\frac{m_2}{x_2}+\cdots+\frac{m_n}{x_n}}=\frac{\sum m}{\sum\frac{m}{x}}$$

式中，m 是权数；$m=xf$ 是各组标志总量。

【例 4-11】

某工厂本月购进某种材料 4 批，每批价格及采购金额如表 4-3 所示。

表 4-3　某工厂某材料采购情况

	价格 x（元/千克）	采购金额 m（元）	采购量 $\frac{m}{x}$（千克）
第一批	35	10 000	286
第二批	40	20 000	500
第三批	45	15 000	333
第四批	50	5 000	100
合　计	—	50 000	1 219

平均每千克价格为：

$$H=\frac{\sum m}{\sum \frac{m}{x}}=\frac{50000}{1219}\approx 41.02\ （元）$$

在此例中，m 为采购金额，即权数；价格 x 为变量值；分子是采购金额，即总体标志总量；分母为采购量之和，即总体单位总数。所以，调和平均数仍然是以总体标志总量除以总体单位总数计算的。它在经济内容和计算结果上与算术平均数一致，只是由于掌握资料的不同，而在计算公式和计算过程方面有别于算术平均数。将 $m-xf$，$f=\frac{m}{x}$ 代入加权算术平均数公式，得：

$$\bar{x}=\frac{\sum xf}{\sum f}=\frac{\sum m}{\sum \frac{m}{x}}=H$$

可见，加权调和平均数实际上是加权算术平均数的变形。在实际应用中，若掌握的是变量值和总体单位数的资料，则采用算术平均数公式计算平均数；若掌握的是变量值和总体标志总量，但缺少总体单位资料，就应用调和平均数公式计算平均数。

3. 几何平均数

几何平均数就是 n 个变量值连乘积的 n 次方根，用 G 表示。

由于掌握资料的差异，几何平均数也分为简单几何平均数和加权几何平均数两种。

（1）简单几何平均数。

设有 n 个变量值 $x_1,x_2,\cdots,x_n$，由几何平均数定义可得出简单几何平均数的计算公式为：

$$G=\sqrt[n]{x_1\cdot x_2\cdots x_n}=\sqrt[n]{\prod x}$$

式中，G 是简单几何平均数；$\prod$ 是连乘符号。

【例 4-12】

某机械厂生产机器，设有毛坯、粗加工、精加工、装配 4 个连续作业车间，某批产品的各车间的合格率分别为 96%、93%、95%、97%，求各车间制品平均合格率。

由于全厂产品的总合格率并不等于各车间制品的合格率总和，后续车间的合格率是在前一车间制品全部合格的基础上计算的。全厂产品的总合格率应等于各车间制品合格率的连乘积，所以不能采用算术平均数和调和平均数公式计算平均合格率，而应用几何平均法来求得，即车间制品平均合格率为：

$$G=\sqrt[n]{\prod x}=\sqrt[4]{96\%\times 93\%\times 95\%\times 97\%}=95.24\%$$

（2）加权几何平均数。

当计算几何平均数的每个变量值的次数不相同时，则应用加权几何平均法，其计算公式为：

$$G=\sqrt[f_1+f_2+\cdots+f_n]{x_1^{f_1}\cdot x_2^{f_2}\cdots x_n^{f_n}}=\sqrt[\sum f]{\prod x^f}$$

式中，f 是变量值的次数；$\sum f$ 是次数总和；其他符号同前。

【例 4-13】

某笔为期 20 年的投资按复利计算收益，前 10 年的年利率为 10%，中间 5 年的年利率为 8%，最后 5 年的年利率为 6%，则 20 年后的本利率为：

$$(1+10\%)^{10}\times(1+8\%)^5\times(1+6\%)^5=5.100\,1$$

整个投资期间的年平均利率为：

$$G=\sqrt[10+5+5]{1.10^{10}\times 1.08^5+1.06^5}-1=\sqrt[20]{5.100\,1}-1=8.487(\%)$$

几何平均数是计算平均比率或平均速度最适用的一种方法，这是因为几何平均数的数学性质与社会经济现象发展的平均比率或平均速度形成的客观过程相一致。当一个数列的后一个数据以前一个数据为基础成比率增长、总比率等于这些变量值的连乘积时，都适用几何平均法计算平均比率。

4．众数

众数是在总体中出现次数最多的标志值，是总体中最常遇到的最普遍、最一般的变量值，因而常用来说明社会经济现象的一般水平，用 M_o 表示。

例如，为了掌握农贸市场某种商品的价格水平，往往利用该种商品最普遍的成交价格为代表；又如，为了满足广大消费者的需要，有关生产与销售部门就必须了解消费者需求量最大的服装、鞋帽的尺码、规格、型号等，作为制订生产和销售计划的重要依据。可见，众数的运用，有其特殊的意义。

一般来说，众数的确定比较简单，只要通过观察就可得知，即以次数最多的那个标志值为众数。但如果掌握的资料是组距数列，众数的确定方法略为复杂一些。

（1）由单项数列确定众数。

【例 4-14】

某班同学年龄分组资料如表 4-4 所示。

表4-4 某班同学年龄分布

按年龄分组（岁）	人数（人）
18	3
19	8
20	14
21	4
22	1
合　计	30

经观察发现，20岁的同学人数最多，则众数为20（岁），而不是14。

（2）由组距数列确定众数。

对于组距数列，确定众数需分两步进行。

首先，确定众数组，即从变量数列中找出次数或频率最大的组，该组的上、下限就规定了众数的可能取值范围。

其次，依据与众数组相邻的两个组的次数，利用公式近似计算众数值。

【例4-15】

某城市居民家庭收入的抽样调查资料如表4-5所示。

表4-5 某城市居民家庭收入情况

年收入水平（元）	居民户数 f（户）	向上累计居民户数 s	向下累计居民户数 s
10 000以下	92	92	1 000
10 000～15 000	180	272	908
15 000～20 000	240	512	728
20 000～25 000	260	772	488
25 000～30 000	140	912	228
30 000～35 000	53	965	88
35 000以上	35	1 000	35
合　计	1 000	—	—

表中将全部被调查居民户按收入高低分为7个组，并列出了各组的户数和累计户数资料。很容易看出，表中的第4组（年收入为20 000～25 000元的组）是该变量数列的众数组。

具体确定众数值，要根据众数组相邻两组次数的多少而定。当众数组相邻两组次数相等或该数列次数分布对称时，众数组的组中值就是众数；当众数组前一组的次数大于众数组后一组的次数时，则众数靠近众数组的下限；当众数组前一组的次数小于众数组后一组的次数时，则众数偏向众数组的上限。因此，在众数组内确定众数时，可按众数组次数与其相邻两组次数的差数的比例，采用下限公式或上限公式来计算众数的近似值，这一推算方法称为比例插值法，如图4-1所示。

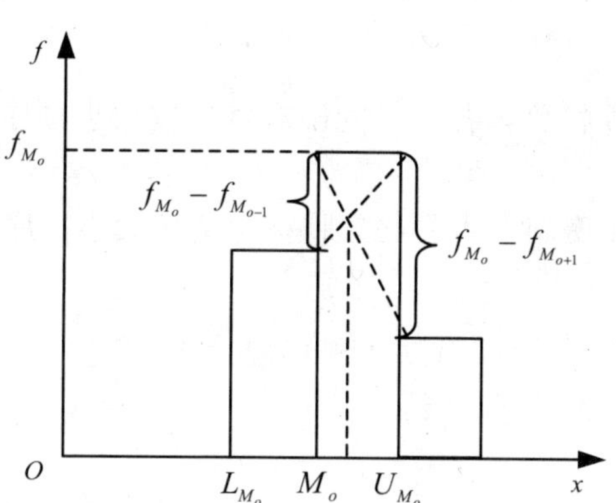

图 4-1　众数计算公式示意图

下限公式：

$$M_o = L_{M_o} + \frac{f_{M_o} - f_{M_{o-1}}}{(f_{M_o} - f_{M_{o-1}}) + (f_{M_o} - f_{M_{o+1}})} \times i \tag{4-2}$$

上限公式：

$$M_o = U_{M_o} + \frac{f_{M_o} - f_{M_{o+1}}}{(f_{M_o} - f_{M_{o-1}}) + (f_{M_o} - f_{M_{o+1}})} \times i \tag{4-3}$$

式中，M_o是众数；L_{M_o}是众数组下限；U_{M_o}是众数组上限；$f_{M_{o-1}}$是众数组前一组次数；f_{M_o}是众数组次数；$f_{M_{o+1}}$是众数组后一组次数；i是众数组组距。

将表 4-5 中的数据分别代入式（4-2）、式（4-3）得：

$$M_o = 20\,000 + \frac{260-240}{(260-240)+(260-140)} \times 5\,000 \approx 20\,714.29 \text{（元）}$$

或

$$M_o = 25\,000 - \frac{260-140}{(260-240)+(260-140)} \times 5\,000 \approx 20\,714.29 \text{（元）}$$

众数是一种位置平均数。它不受各项变量值的影响，因此用它作为平均水平的代表值有不足之处。但当数列中存在异常变量值时，它不受极端变量值的影响，要比算术平均数更能确切地代表现象的一般水平。由于众数属于次数最多而又高度集中的数值，因此，它只适用于分布的次数较多且具有明显集中趋势的总体。当变量数列呈均匀分布时，则无众数可言。

5. 中位数

把总体单位的某一标志的各个数值，按大小顺序排列，居中间位置的标志值就是中位数，用 M_e 表示。

这说明，中位数就是将全部总体单位按标志值的大小平分为两个部分，使得总体中有半数单位标志值小于中位数，而另外半数单位标志值大于中位数。用这样一个中等水平的标志值来反映现象的一般水平，具有非常直观的代表性意义。如要了解某地区职工收入的一般水平，由于该地区职工收入差距悬殊，因此用职工收入的中位数要比用平均收入更能代表职工的实际平均水平。

为了确定中位数，必须将总体各单位的标志资料按大小顺序排列，最好是编制出变量数列，这里有三种情况。

（1）对于未分组的原始资料，首先必须将标志值按大小排序。

设排序的结果为：

$$x_1 \leqslant x_2 \leqslant x_3 \leqslant \cdots \leqslant x_n$$

则中位数就可以按下面的方式确定：

$$M_e = \begin{cases} x_{\frac{n+1}{2}} & \text{当 } n \text{ 为奇数时} \\ \dfrac{x_{\frac{n}{2}} + x_{\frac{n}{2}+1}}{2} & \text{当 } n \text{ 为偶数时} \end{cases}$$

【例 4-16】

如某小组 5 名工人的产量（件）按顺序排列分别为 20、22、24、26、27，中位数位置为（5+1）/2=3，则第 3 个位置的日产量 24 件就是中位数。若例中该小组有 6 名工人，日产量（件）依次为 20、22、24、26、27、28，中位数位置为（6+1）/ 2=3.5，则第 3 个和第 4 个位置上的两个标志值的算术平均数就是中位数，即（24+26）/ 2=25（件）。

（2）由单项数列确定中位数。

先计算各组的累计次数（或累计频率），然后按以下方式确定中位数：

$$M_e = \begin{cases} x_{\frac{\sum f+1}{2}} & \text{当} \sum f \text{ 为奇数时} \\ \dfrac{x_{\frac{\sum f}{2}} + x_{\frac{\sum f}{2}+1}}{2} & \text{当} \sum f \text{ 为偶数时} \end{cases}$$

【例 4-17】

某企业两组工人生产零件数资料如表 4-6 所示，求中位数。

表 4-6　工人按生产零件数分组

按生产零件数分组（件/日）	工人人数（人）		人数累计（人）	
	甲　组	乙　组	甲　组	乙　组
20	10	15	10	15
21	20	20	30	35
22	30	30	60	65
23	20	32	80	97
24	15	19	95	116
25	5	14	100	130
合　计	100	130	—	—

甲组工人生产零件的中位数位置为 $(\sum f+1)/2$=50.5，说明它位于第 50 个与第 51 个

工人之间，根据累计次数可知，第 50 个与第 51 个工人都在第三组，其标志值相同，都为 22 件，因此不需再平均计算就可确定中位数为 22 件。

乙组的中位数位置为（130+1）/2 = 65.5，说明它位于第 60 个与第 61 个工人之间，对照累计次数可知，这两个工人分别属于第三组与第四组，因此应取这两组标志值的算术平均数为中位数，即中位数为（22+23）/2 = 22.5（件）。

（3）由组距数列确定中位数。

第一步：根据组距数列中的累计次数 $\sum f/2$ 确定中位数所在组，这个组的上、下限就规定了中位数的可能取值范围。

第二步：假定中位数组内的各单位是均匀分布的，用插补法按比例推算出中位数的近似值，公式如下：

上限公式
$$M_e = L_{Me} + \frac{\frac{\sum f}{2} - S_{M_{e-1}}}{f_{M_e}} \times i_{M_e}$$

下限公式
$$M_e = U_{Me} - \frac{\frac{\sum f}{2} - S_{M_{e+1}}}{f_{M_e}} \times i_{M_e}$$

式中，M_e 是中位数；L_{M_e} 是中位数组下限；U_{M_e} 是中位数组上限；f_{M_e} 是中位数组次数；$S_{M_{e-1}}$ 是向上累计至中位数组前一组止的次数；$S_{M_{e+1}}$ 是向下累计至中位数组后一组止的次数；其他符号同前。

【例 4-18】

根据表 4-5 所给出的居民家庭的收入资料可知，该组距数列的中位数组为第 3 组（年收入为 15 000～20 000 元的组）；进一步计算居民家庭年收入的中位数近似值，依据下限公式有：

$$M_e = 15\,000 + \frac{500 - 272}{240} \times 5\,000 = 19\,750 \text{（元）}$$

依据上限公式则有：

$$M_e = 20\,000 - \frac{500 - 488}{240} \times 5\,000 = 19\,750 \text{（元）}$$

中位数也是一种位置平均数，它是数列中间一项或两项标志值的平均数，不受极端值的影响。因此，当数列中存在异常值（极大值或极小值）时，采用中位数能更好地反映现象的一般水平。在社会经济统计中，对一些不能用数量表示，而只能用等级、名次等表示的现象，可采用中位数来代表其一般水平。

拓展 3

▶▶ 4.3.2　正确运用平均指标的原则

为了保证平均指标能正确地表明现象的本质及其发展规律，运用平均指标必须遵守以下三个原则。

1．平均指标必须应用于同质总体

平均数的特点是用一个有代表性的数值反映现象的一般水平。因此，所有个体单位必须在一个同质总体内，这样计算的平均数，才有代表意义。

2．使用平均指标应和次数分布相结合

在使用平均指标了解现象时，不能只看平均数，要同时看变量数列的次数分布情况和最高标志值与最低标志值。如按表 4-1 的资料计算的平均月工资为 760 元，这是一个代表值，从【例 4-8】中还了解到 10 个工人中工资最高为 1 060 元，最低为 620 元，半数工人月工资在 800 元以下，这样才能深刻地了解全面的情况。

3．平均指标与分组法相结合

在动态对比中，利用分组法分析总体结构的变动对平均指标变动的影响；在静态对比中，利用分组法分析双方结构不同对平均指标的影响，从而加深对平均指标的认识。

4.4 离散程度的描述——标志变异指标

4.4.1 标志变异指标的含义和作用

对于一个统计总体或分布，我们利用平均指标反映总体各单位标志值一般水平和集中趋势。但总体内各单位标志值毕竟各不相同，存在着差异，这就须计算反映总体标志值分布的另一数量特征的指标，这就是标志变异指标，它用于测定总体标志值的差异情况和离散程度。

在统计分析研究中，标志变异指标的作用主要有以下几方面。

1．标志变异指标是衡量平均数代表性大小的尺度

平均数代表性好，是指平均数和总体中的各单位标志值差异小，即各标志值的离散程度小；平均数代表性差，是指平均数和总体单位标志值差异大，即各标志值的离散程度大。有三个生产小组工人的日产零件数（个）资料如下：

甲组：80　90　100　110　120

乙组：98　99　100　101　102

丙组：100　100　100　100　100

三组的平均日产量都是 100 个，但各组的离差大小不同，意味着平均数的代表性不同。甲组工人日产量在平均数 100 个周围分布较为分散，各标志值与平均数离差大，平均数代表性低；乙组工人日产量在平均数周围分布较为集中，各标志值与平均数离差较小，平均数代表性较高；丙组工人日产量均为 100 个，与平均数离差为 0，平均数有完全的代表性。

2．标志变异指标是反映社会经济活动过程均衡性或节奏性的重要指标

在经济发展过程中出现的升降起伏、波动较大的非均衡变化的现象，生产过程中出现的前松后紧或前紧后松的无节奏状况等，可利用标志变异指标对之进行测定和分析。如果标志变异指标值较小，说明现象的发展比较平稳；如果标志变异指标值较大，则表明现象发展中稳定性较差。

3．计算标志变异指标确定推断的准确程度

在抽样调查中，根据样本指标来推断总体指标，只有计算标志变异指标才能确定推断的准确程度及误差大小。

4.4.2　标志变异指标的种类与计算

1．标志变异绝对指标

常用的标志变异绝对指标有极差、平均差、标准差。

这一类变异指标主要反映标志变动的绝对程度，用绝对数表示，一般不能用于不同总体之间离散程度大小的直接比较。

（1）极差（R）。

极差是指总体或分布中最大标志值与最小标志值的差距，又称全距，用以说明被研究对象中各单位标志值变动的总范围，用 R 表示。

公式为：

$$R = x_{\max} - x_{\min}$$

例如，上述列举的三组工人日产量资料的极差为：

$$R_{甲} = 120-80=40\text{（个）}$$

$$R_{乙} = 102-98=4\text{（个）}$$

$$R_{丙} = 100-100=0\text{（个）}$$

从计算结果可看出，甲组差异最大，乙组其次，而丙组没有差异。R 值越大，说明标志值分布越分散，平均数代表性越差。在分组数列条件下，其极差的近似值为：

$$R = U_{\max} - L_{\min}$$

式中，$U_{\max}$ 是最大组的上限；$L_{\min}$ 是最小组的下限。

极差指标计算方法简单、易懂，在实际工作中常用于产品质量的检验和控制。但它只考虑两个极端变量值的水平，不能反映其间的变量分布情况，而且当数列中有异常值存在时，会直接影响极差的大小，就不能确切地反映各单位标志值的实际变动范围。

（2）平均差（AD）。

平均差是指数列中各单位标志值对其平均数离差绝对值的算术平均数。由于各个标志值对算术平均数的离差总和等于零，所以取离差的绝对值形式计算平均差，用 AD 表示。

1）未分组资料的简单平均差计算公式为：

$$\text{AD} = \frac{\sum |x - \bar{x}|}{n}$$

例如，上例三组工人日产量资料中，计算甲、乙两组的平均差分别为：

$$\text{AD}_{甲} \frac{|80-100|+|90-100|+|100-100|+|110-100|+|120-100|}{5} = 12\text{（个）}$$

$$AD_{乙}=\frac{|98-100|+|99-100|+|100-100|+|101-100|+|102-100|}{5}=1.2（个）$$

计算表明，乙组的平均差小于甲组，因此乙组平均工资代表性较高。

2）分组数列的加权平均差计算公式为：

$$AD=\frac{\sum|x-\bar{x}|f}{\sum f} 或 \sum|x-\bar{x}|\frac{f}{\sum f}$$

【例 4-19】

依据表 4-7 的资料，计算某公司 50 名员工的月工资水平的平均差。

表 4-7 某公司员工工资平均差计算表

工资 x（元）	员工数 f（人）	xf	$x-\bar{x}$	$\|x-\bar{x}\|f$	$(x-\bar{x})^2f$
800	5	4 000	–520	2 600	1 352 000
1 000	10	10 000	–320	3 200	1 024 000
1 200	20	24 000	–120	2 400	288 000
1 500	7	10 500	180	1 260	226 800
2 000	5	10 000	680	3 400	2 312 000
2 500	3	7 500	1 180	3 540	4 177 200
合　计	50	66 000	—	16 400	9 380 000

$$\bar{x}=\frac{\sum xf}{\sum f}=\frac{66\ 000}{50}=1\ 320（元）$$

$$AD=\frac{\sum|x-\bar{x}|f}{\sum f}=\frac{16\ 400}{50}=328（元）$$

计算结果表明，每个员工的月工资与全部员工的月平均工资平均离差为 328 元，在可比的条件下，平均差的数值越大，其平均数的代表性就越小。

平均差不同于极差，它考虑总体全部单位标志值的差异，能较准确地反映总体各标志值的平均变异程度，但因需要对离差取绝对值，计算处理过程烦琐，在运用上有较大的局限性，所以常用的指标是标准差和方差。

（3）标准差（σ）。

标准差是总体所有单位标志值与其算数平均数的离差平方和的平均数的平方根，又称均方差用σ表示。标准差的平方就是方差（σ^2）。

标准差计算公式分为两种情况：一种是针对未分组资料计算标准差；另一种是针对分组资料计算标准差。

1）未分组资料计算简单标准差：

$$\sigma=\sqrt{\frac{\sum(x-\bar{x})^2}{n}}$$

2）分组资料计算加权标准差：

$$\sigma=\sqrt{\frac{\sum(x-\bar{x})^2 f}{\sum f}}$$

标准差的指标分析意义与平均差相似，但指标构造方式有所不同。标准差和方差的计算过程比平均差简便，数学性质也较为理想，是统计分析中最常用、最重要的变异指标。

【例 4-20】

根据【例 4-19】的资料，计算该公司 50 名员工的月工资水平的方差和标准差。

$$\sigma^2=\frac{\sum(x-\bar{x})^2 f}{\sum f}=\frac{9\,380\,000}{50}=187\,600\ (\text{元})$$

$$\sigma=\sqrt{\frac{\sum(x-\bar{x})^2 f}{\sum f}}=\sqrt{\frac{9\,380\,000}{50}}=433.13\ (\text{元})$$

2．标志变异相对指标

上面介绍了各种标志变异的绝对指标，这些指标数值大小，不仅受数列平均水平高低的影响，而且都有名数。因此只有在平均数相等、单位相同的条件下，才适宜采用这类指标直接比较不同总体变量值的离散程度。为了对比分析不同平均水平的总体的变异程度，必须消除平均数和计量单位不同的影响，就需要计算标志变异相对指标。

标志变异相对指标是用各类标志变异的绝对指标与相应的平均数之比来表明标志变异的相对程度，又称为标志变异系数或离散系数，用 V 表示。它可以消除数列平均水平高低对标志变异程度大小的影响，反映不同水平和不同性质的变量数列的变异程度。

（1）全距系数（V_R）。

$$V_R=\frac{R}{\bar{x}}\times 100\%$$

（2）平均差系数（V_{AD}）。

$$V_{\mathrm{AD}}=\frac{\mathrm{AD}}{\bar{x}}\times 100\%$$

（3）标准差系数（V_σ）。

$$V_\sigma=\frac{\sigma}{\bar{x}}\times 100\%$$

其中，标准差系数在实际中应用最广泛。

【例 4-21】

现以表 4-8 中两个企业的工人劳动生产率及标准差资料，说明标志变异系数的计算与分析。

表 4-8　两个企业的标准差系数计算表

企业	工人平均劳动生产率 $\bar{x}$（元）	标准差 σ（元）	标准差系数 V_σ（%）
甲	16 000	600	3.75
乙	8 000	400	5.00

从表 4-8 中可知，虽然甲企业标准差大于乙企业，但不能由此说明甲企业工人平均劳动生产率的代表性比乙企业小，这是因为两个企业的工人平均劳动生产率水平不同，所以不能只根据标准差大小做结论。为了说明两个企业的变异程度，只有通过标志变异系数才能比较，因为它消除了不同数列平均水平的影响。例中计算标准差系数后表明，甲企业的标志变异程度比乙企业小，因而正确分析的结论是甲企业的工人平均劳动生产率更具有代表性。

4.5 数据描述汇总表

描述性统计分析是对数据进行基础性的描述，通过得出的数据的平均值（Mean）、和（Sum）、标准差（Std deviation）、最大值（Max）、最小值（Min）、方差（Variance）、全距（Range）、均值标准误差（S.E. Mean）、峰度（Kurtosis）、偏度（Skewness）等统计量，来估计原始数据的集中程度、离散状况和分布情况。

描述统计分析的指标通常有：

（1）描述数据的集中趋势：算术平均数、众数、中位数。

（2）描述数据的离散趋势：最大值、最小值、极差、四分位差、方差与标准差。

（3）描述数据分布的偏度与峰度。

表 4-9 为某公司的描述性统计。

表 4-9　某公司的描述性统计

	均　值	标准差	中位数	最大值	最小值
可持续发展能力	30.462	20.225	50.423	191.489	–50.029
研发强度	1.487	1.087	1.125	5.381	0
研发人员素质	3.485	1.085	3.120	5.349	0
企业规模	20.060	0.283	0	27.133	18.094
资本结构	66.236	57.425	72.435	129.574	39.078

本章小结

1．总量指标又称为绝对数指标，是统计中最基本的指标。总量指标按其反映总体的内容不同，分为总体单位总量和总体标志总量；按反映总体的时间状态不同，分为时期指标和时点指标；按计量单位不同，分为实物量指标、价值量指标和劳动量指标。

2．相对指标也称为相对数或相对量，是用两个有联系的指标进行对比的比值来描述现象数量特征和数量关系的综合指标，常用来反映现象的发展程度、结构、强度、普遍程度或比例关系。相对指标按其作用和计算方法不同可分为结构相对指标、比例相对指标、比较相对指标、强度相对指标、动态相对指标与计划完成相对指标六种。

3．平均指标是反映总体一般水平的代表值和描述变量分布集中趋势的重要特征值，在社会经济统计中常用的平均指标有算术平均数、调和平均数、几何平均数、众数、中位数等。

4．各种平均指标都有其特点和适用的条件，它们的计算方法不同，对同一资料的计算结果也不同。因此，必须根据研究的具体目的和数据分布特点，正确选择平均指标。在社会经济统计中，计算和运用平均指标还必须注意：只有同质的量才能平均；平均数与典型值和变量分布相结合；总平均数与组平均数相结合；平均数与变异指标相结合。

5．变异指标反映分布的离散趋势，是与平均指标相匹配的重要特征值。常用的变异指标有全距、平均差、标准差（或方差）等。其中，方差和标准差是最重要、应用最广泛的。

6．不同总体的平均差、标准差和方差不仅因计量单位不同而不可比，当它们的平均数相差很大时也不可比。对两个总体的变异程度进行比较时，为了消除这种不可比因素，就要采用标志变异的相对数指标——离散系数。最常用的离散系数是平均差系数和标准差系数。

复习思考题

一、名词解释

总量指标　相对指标　简单算术平均数　加权算术平均数　调和平均数　几何平均数　众数　中位数　极差　平均差　标准差　离散系数　标准差系数

二、简答题

（1）时期总量指标与时点总量指标有何异同？

（2）强度相对指标与平均指标有何区别？

（3）在统计实践中，为什么要将各种指标结合起来使用？

（4）什么是总量指标？什么是相对指标？在社会经济统计中，总量指标和相对指标各有哪些重要作用？

（5）什么是平均指标？其特征如何？作用如何？

（6）什么是加权算术平均数？加权是什么意思？权数对平均数起什么作用？

（7）在计算平均指标时，算术平均数、调和平均数、几何平均数分别适用于什么条件？

（8）什么是众数和中位数？如何确定？

（9）如何运用算术平均数、众数、中位数反映分布的特征？

（10）什么是标志变异指标？它有哪些种类？

（11）简单说明平均指标与变异指标在反映总体特征方面的联系与区别。

（12）什么是标志变异指标？它在什么情况下使用？

三、判断题（把“√”或“×”填在题后的括号里）

（1）算术平均数的大小，只受总体各单位标志值大小的影响。(　　)

（2）在特定条件下，加权平均数等于简单算术平均数。(　　)

（3）标志变异指标数值越大，说明总体中各单位标志值的差异程度越大，则平均数的代表性越小。(　　)

（4）任何两个总体，比较其平均数的代表性大小时，都可以采用标准差进行。（ ）

（5）平均差是总体各单位标志值与其算术平均数离差平方的算术平均数的平方根。（ ）

四、单选题

（1）在变量数列中，各组次数（权数）均扩大 100 倍，则算术平均数就（ ）。

A．扩大 100 倍　B．缩小 100 倍　C．数值不变　D．不能确定

（2）已知某市的甲、乙、丙三个农贸市场的某种蔬菜的单价和购买额，计算这种蔬菜的平均价格应采用（ ）。

A．简单算术平均数　B．加权算术平均数

C．简单调和平均数　D．加权调和平均数

（3）标准差数值越小，则反映各标志值（ ）。

A．越分散，平均数的代表性越小　B．越集中，平均数的代表性越大

C．越分散，平均数的代表性越大　D．越集中，平均数的代表性越小

（4）在各标志变异指标中，最易受极端影响的是（ ）。

A．极差　B．平均数　C．标准差　D．标准差系数

（5）为了用标准差比较两个总体的平均数的代表性，其基本条件是（ ）。

A．两个总体的单位数相等　B．两个总体的平均数相等

C．两个总体的平均差相等　D．两个总体的离差之和应相等

（6）两组工人生产同样的零件，甲组工人每人加工零件数为 32 件、25 件、29 件、28 件、26 件，乙组为 30 件、25 件、22 件、36 件、27 件。这两组工人加工零件数的差异程度为（ ）。

A．甲组大于乙组　B．乙组大于甲组　C．两组相同　D．无法比较

（7）两个总体的平均数不等，但标准差相等，则（ ）。

A．平均数小，代表性大　B．平均数大，代表性大

C．代表性相同　D．无法正确判断

（8）已知两个同类型企业，职工平均工资的标准差分别为 V=7 元和 V=6 元，则两个企业职工平均工资的代表性是（ ）。

A．甲大于乙　B．乙大于甲　C．一样的　D．无法判断

（9）在下列两两组合的平均指标中，哪组的两个平均数完全不受极端数值的影响？（ ）

A．算术平均数和调和平均数　B．几何平均数和众数

C．调和平均数和众数　D．众数和中位数

（10）标志值较小的一组其权数较大时，则算术平均数（ ）。

A．接近标志值较大的一组　B．接近标志值较小的一组

C．不受权数影响　D．仅受标志值影响

（11）若某一变量数列中，有变量值为零，则不适宜计算的平均指标有（ ）。

A．算术平均数　B．调和平均数　C．中位数　D．众数

（12）若某钢厂制订的 5 年计划为“计划期末年产量到达 1 000 万吨”，而企业在 5 年

中的年产量（万吨）为 900、980、1 050、1 190 和 850，则企业的计划完成情况是（　　）。

A．正好提前两年完成计划

B．至少提前两年完成计划，但具体时间由于资料不足无法计算

C．未完成计划

D．以上说法都不对

（13）若某公司三个部门实际完成的销售额分比为 600 万元、700 万元和 500 万元，超额完成计划百分比分别为 10%、8%和 15%，则该公司的平均超额完成销售计划程度为（　　）。

A．$\dfrac{60\times110\%+700\times108\%+500\times115\%}{600+700+500}-100\%$

B．$\dfrac{600+700+500}{\dfrac{600}{110\%}+\dfrac{700}{108\%}+\dfrac{500}{115\%}}-100\%$

C．$\dfrac{110\%+108\%+115\%}{3}-100\%$

D．$\dfrac{10\%+8\%+15\%}{3}$

五、多选题

（1）下列指标属于强度相对指标的有（　　）。

A．每百户居民拥有电话机的数量　　B．人均粮食产量

C．人均钢产量　　D．人均生活费支出

E．粮食平均亩产量

（2）某小组三名工人日产零件数分别为 120 件、104 件、190 件，根据这一资料得出（　　）。

A．全距大于平均差　　B．全距大于标准差

C．标准差大于平均差　　D．标准差大于标准差系数

（3）下列属于时期指标的有（　　）。

A．职工人数　　B．大学生毕业人数

C．储蓄存款余额　　D．折旧额

E．出生日期

（4）标志变异指标能反映（　　）。

A．变量的一般水平　　B．总体分布的集中趋势

C．总体分布的离中趋势　　D．变量分布的离散趋势

E．现象的总规模

（5）几何平均数适合（　　）。

A．等差数列　　B．等比数列

C．标志总量等于各标志值之和　　D．标志总量等于各标志值之积

E．具有极小值的数列

（6）加权算术平均数的大小（　　）。

A．受各组次数大小的影响　　B．受各组标志值大小的影响

C．受各组单位数占总体单位数比重的影响　　D．与各组标志值大小无关

E．受各组变量值占总体标志总量比重的影响

（7）总量指标的重要意义在于它是（　　）。

A．对现象总体认识的起点　　B．实行社会管理的依据之一

C．没有任何误差的统计指标　　D．计算相对指标的基础

E．计算平均指标的基础

（8）某企业计划 2004 年成本降低率为 4%，实际降低 5%，则以下说法正确的是（　　）。

A．该企业的计划完成程度为 5%/4%=125%

B．该企业的计划完成程度为 105%/104%=100.96%

C．该企业的计划完成程度为 95%/96%=98.96%

D．该企业未完成计划任务

E．该企业完成了计划任务

（9）总量指标按其采用的计量单位不同可以分为（　　）。

A．时期指标　　B．时点指标　　C．实物指标

D．劳动指标　　E．价值指标

（10）比较相对指标是用于（　　）。

A．不同国家、地区和单位之间的比较　　B．不同时间状态下的比较

C．先进地区水平和后进地区水平的比较　　D．实际水平和标准水平的比较

E．不同空间条件下的比较

六、计算题

1．某企业 2016 年的劳动生产率计划比上年提高 8%，实际执行结果比上年提高 10%，问劳动生产率计划完成程度是多少？

2．某厂按计划，第一季度的单位产品成本比去年同期降低 10%，实际执行结果比去年同期降低 8%，问该厂第一季度单位产品成本计划完成程度如何？

3．某市“五年计划”规定，计划期最末一年产品产量应达到 70 万吨，实际情况如表 4-10 所示。

表 4-10　某市“五年计划”情况　　单位：万元

时间	第一年	第二年	第三年		第四年				第五年			
			上半年	下半年	第一季度	第二季度	第三季度	第四季度	第一季度	第二季度	第三季度	第四季度
产量	45	48	25	27	16	16	18	17	18	20	23	25

试计算该市该产品产量“五年计划”完成程度和提前完成的时间。

4．某城市某年土地面积和人口资料如表 4-11 所示。

表 4-11　土地面积和人口资料

	土地面积（平方千米）	年平均人口（万人）
市区	587.4	741.3
郊区	1 432.6	534.2
合计	2 020.0	1 275.5

试计算有关的强度相对指标、比较相对指标、比例相对指标、结构相对指标，并做简要分析。

5．某厂 400 名职工工资资料如表 4-12 所示。

表 4-12　某厂职工工资资料

按月工资分组（元）	职工人数（人）
450～550	60
550～650	100
650～750	140
750～850	60
850～950	40
合　　计	400

试计算该厂职工平均工资和标准差。

6．甲、乙两个农贸市场三种主要蔬菜价格及销售额资料如表 4-13 所示。

表 4-13　甲、乙农贸市场三种蔬菜的情况

品　种	价格（元/千克）	销售额（万元）	
		甲市场	乙市场
A	0.30	75.0	37.5
B	0.32	40.0	80.0
C	0.36	45.0	45.0

试比较该地区哪个农贸市场蔬菜的平均价格高，并说明原因。

7．某投资银行的年利率在 10 年中的年利率分配是：有 1 年为 7%，有 3 年为 8%，有 4 年为 10%，有 2 年为 11%，若按复利计算，试求这 10 年的年平均利率是多少。

8．某地区抽样调查职工家庭收入资料如表 4-14 所示。

表 4-14　某地区职工家庭收入情况

按平均每人月收入分组（元）	职工户数（户）
700 以下	40
700～750	100
750～800	170
800～850	220
850～900	190
900～950	150
950～1 000	130

续表

按平均每人月收入分组（元）	职工户数（户）
1 000 以上	120
合　计	1 120

试计算职工家庭平均每人月收入的众数、中位数和算术平均数，并简单说明其分布特征。

9. 某地科学试验站对A、B两个品种的水稻分别在4块地进行试验，其产量如表4-15所示。

表4-15　A、B品种水稻的产量

A 品 种			B 品 种		
序号	田地面积（公顷）	产 量（千克）	序 号	田地面积（公顷）	产 量（千克）
1	0.08	600	1	0.07	497
2	0.05	405	2	0.09	675
3	0.10	725	3	0.05	375
4	0.09	720	4	0.10	700

试根据上述资料分别计算两个品种的平均单位面积产量，并确定哪个品种具有较大的稳定性。

第 5 章　神奇的正态分布

引导案例

正态分布是最重要的一种概率分布。正态分布概念是由德国数学家和天文学家Moivre于1733年首次提出的，但由于德国数学家高斯（Gauss）率先将其应用于天文学研究，故此正态分布又称为高斯分布。在许多实际问题中遇到的随机变量都服从或近似服从正态分布：在生产中，产品的质量指标，如电子管的使用寿命、电容器的电容量、零件的尺寸；铁水含磷量、纺织品的纤度和强度等一般服从正态分布。在测量中，如大地测量、天平称量物体、化学分析某物中某元素的含量等，测量结果一般服从正态分布。在生物中，同一群体的某种特性指标，如某地同龄儿童的身高、体重、肺活量，在一定条件下生长的农作物的产量等一般服从正态分布。在气象学中，某地每年7月的平均气温、平均温度及降水量等一般也服从正态分布。总之，正态分布广泛存在于自然现象、社会现象及经济领域中。

本章将对正态分布进行简单的阐述，希望大家能够对所掌握的知识有更清楚的认识。

5.1　几种常见的数据分布形态

5.1.1　次数分布的主要类型

各种不同性质的现象有着各自特殊的次数分布。概括起来，主要有钟形分布、U 形分布、J 形分布三种。

（1）钟形分布。

钟形分布的特征是“两头小，中间大”，即靠近中间的变量值分布的次数多，靠近两端的变量值分布的次数少。如果次数分配并不完全对称，则称为偏态分布，一般有左偏态和右偏态两种；如果次数分配完全对称，则称为对称分布或正态分布。正态分布是实际生活中最重要、最常见的分布，许多现象（如商品市场价格、农作物平均产量、零件公差等）统计总体的分布都趋于正态分布。对称分布和偏态分布如图 5-1 所示。

（2）U 形分布。

U 形分布的特征是“两头大，中间小”，即靠近两端的变量值分布的次数多，靠近中间的变量值分布的次数少，如图 5-2 所示。人口死亡率、每日天空中云量的百分比等现象的分布都呈 U 形分布。

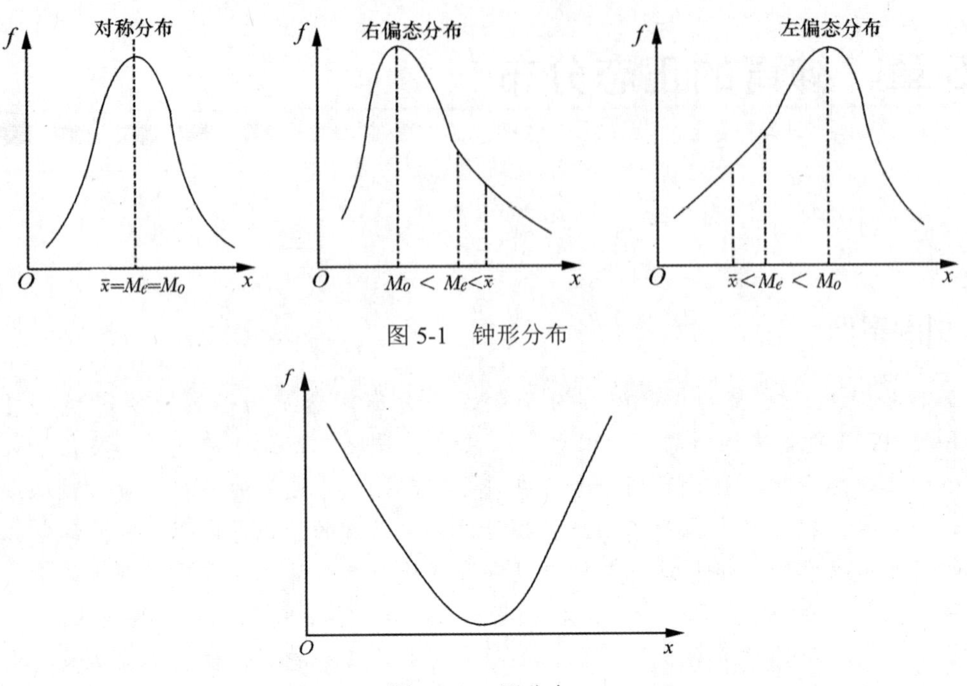

图 5-1 钟形分布

图 5-2 U 形分布

（3）J 形分布。

J 形分布有正 J 形和反 J 形两种类型。正 J 形分布是次数随着变量值的增大而增多，如投资额按利润率大小分布；反 J 形分布是次数随着变量值的增大而减少，如人口总体按年龄大小分布，如图 5-3 所示。

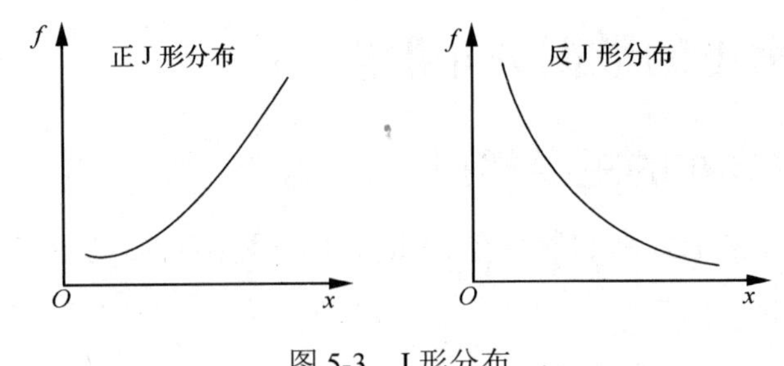

图 5-3 J 形分布

▶▶ 5.1.2 几种特殊分布

1. 连续型

（1）x^2 分布。

1）x^2 分布的定义。设随机变量 $x_1, x_2, \cdots, x_n$ 相互独立，且 $x_i (i = 1,2,3,\cdots,n)$ 服从标准正态分布 $N(0,1)$，则它们的平方和 $\sum_{i=1}^{n} x_i^2$ 服从自由度为 n 的 x^2 分布。x^2 分布密度函数较为复杂，非统计专业读者不必了解，本书不介绍 x^2 分布和 t 分布的密度函数。x^2 分布如图 5-4 所示。

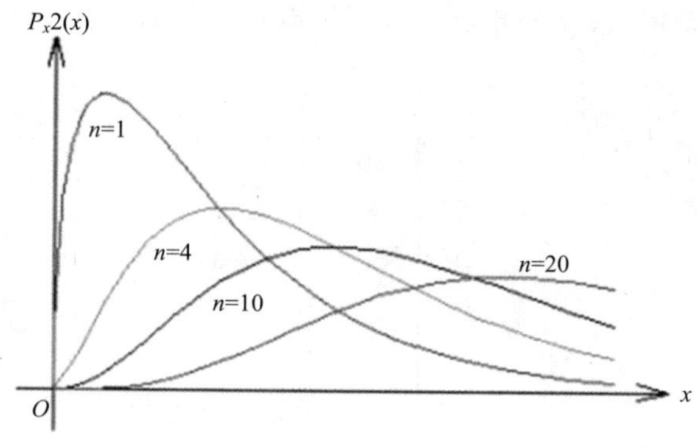

图 5-4　x^2 分布

2）x^2 分布的特点：

① x^2 分布在一象限内，呈正偏态，随着参数 n 的增大，x^2 分布趋近于正态分布。

② x^2 分布的均值为自由度 n，记为 $E(x^2)=n$，这里符号“E”表示对随机变量求均值；x^2 分布的方差为 2 倍的自由度$(2n)$，记为 $D(x^2)=2n$，这里符号“D”表示对随机变量求方差。从 x^2 分布的均值与方差可以看出，随着自由度 n 的增大，x^2 分布向正无穷方向延伸（因为均值 n 越来越大），分布曲线也越来越低阔（因为方差 $2n$ 越来越大）。

③ x^2 分布具有可加性：若有 K 个服从 x^2 分布且相互独立的随机变量，则它们之和仍是 x^2 分布，新的 x^2 分布的自由度为原来 K 个 x^2 分布自由度之和。

④ x^2 分布是连续分布，但有些离散分布也服从 x^2 分布，尤其在次数统计上非常广泛。

（2）t 分布。

设随机变量 $x\sim N(0,1)$，$y\sim x^2(n)$，且 x 与 y 独立，则 $t=\dfrac{x}{\sqrt{y/n}}$ 其分布称为 t 分布，记为 $t(n)$。

1）t 分布曲线形态与 n（确切地说与自由度）大小有关。自由度越小，t 分布曲线越平坦，曲线中间越低，曲线双侧尾部翘得越高。t 分布与标准正态分布的密度曲线相似，均为对称分布，且取值范围均为（$-\infty$，$+\infty$）。但 t 分布曲线的顶部低于标准正态分布，且两尾部又高于标准正态分布，自由度越小，这种区别就越明显，随着自由度的增大，t 分布趋于标准正态分布 N（0,1），当自由度（df）$=\infty$时，t 分布曲线为标准正态分布曲线，如图 5-5 所示。

t 分布的均值 $E(X)=0$；方差 $D(X)=\dfrac{n}{n-2}$（当 $n\geqslant 3$ 时）。

2）t 分布有如下特征：

① 以 0 为中心，左右对称的单峰分布。

② t 分布是一簇曲线，其形态变化与 n（确切地说与自由度）大小有关。自由度越小，t 分布曲线越低平；自由度越大，t 分布曲线越接近标准正态分布曲线。

③ 随着自由度逐渐增大，t 分布逐渐接近标准正态分布。

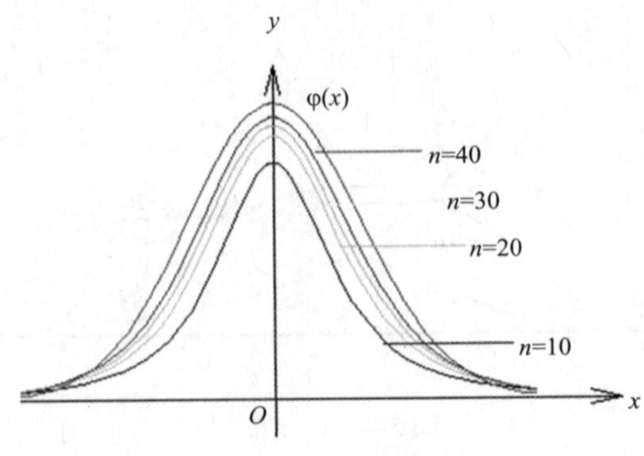

图 5-5　t 分布

2. 离散型

（1）几何分布。

描述第 n 次伯努利试验成功的概率。详细地说，是 n 次伯努利试验，前 n−1 次皆失败，第 n 次才成功的概率。公式为：

$$P(X=n) = (1-p)^{(n-1)}p$$

随着 n 增大呈等比级数变化，等比级数又称几何级数，如图 5-6 所示。

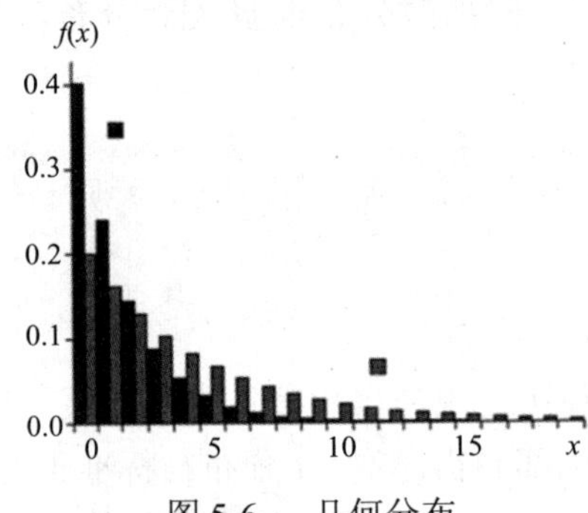

图 5-6　几何分布

（2）二项分布。

如果事件发生的概率是 p，则不发生的概率 q=1−p，N 次独立重复试验中发生 K 次的概率是

$$p(\xi=K)= C(n,k) \times p^k \times (1-p)^{(n-k)}$$

其中，$C(n, k) = n!/[k! \times (n-k)!]$

期望：$E\xi=np$；方差 $D\xi=npq$，如图 5-7 所示。

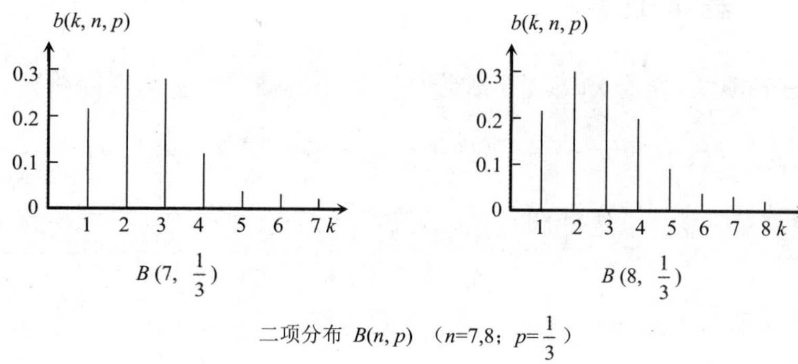

图 5-7　二项分布

（3）泊松分布。

若随机变量 X 只取非负整数值，取 k 值的概率为 $P(X=K)=\dfrac{e^{-\lambda}\lambda^{k}}{k!}$ $(k=0,1,2,\cdots)$，则随机变量 X 的分布称为泊松分布，记作 $P(\lambda)$。

当二项分布的 n 很大而 p 很小时，泊松分布可作为二项分布的近似，其中 λ 为 np。通常当 $n\geqslant 10$，$p\leqslant 0.1$ 时，就可以用泊松公式近似计算。

泊松分布是最重要的离散分布之一，它多出现在当 X 表示在一定的时间或空间内出现的时间个数这种场合。在一定时间内某交通路口所发生的事故个数，是一个典型的例子，如图 5-8 所示。

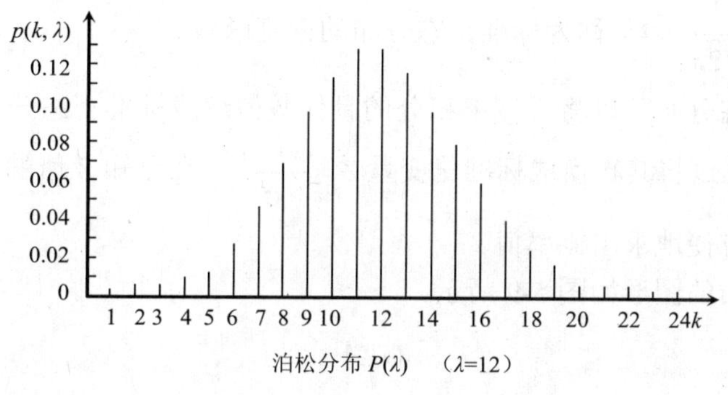

图 5-8　泊松分布

5.2　正态分布

正态分布在自然和社会观测到的数据组中出现得非常频繁，在实际问题中也有广泛的应用，比如，人或动物的身高数据就是一个正态分布的例子，而把股票收益率数据作为正态分布来考虑的研究者也很多；再拿学习成绩来说，中等得分的学生占大多数，非常拔尖的及非常差的占很少的一部分，这些数据都是正态分布。

5.2.1 基本概念

正态分布也称常态分布或高斯分布，是一种概率分布。若随机变量 X 服从一个位置参数为 μ、尺度参数为 σ 的概率分布，且其概率密度函数为 $f(x)=\frac{1}{\sqrt{2\pi}\sigma}e^{-\frac{(x-\mu)^2}{2\sigma^2}}$，则这个随机变量就称为正态随机变量，正态随机变量服从的分布就称为正态分布，记作

$$X\sim N(\mu,\sigma^2)$$

读作 X 服从 $N(\mu,\sigma^2)$，或 X 服从正态分布。

正态分布具有两个参数 μ 和 σ^2，属于连续型随机变量的分布，第一参数 μ 是遵从正态分布的随机变量的均值，第二个参数 σ^2 是随机变量的方差，所以正态分布记作 $N(\mu,\sigma^2)$。

5.2.2 标准正态分布

标准正态分布又称为 μ 分布，是期望值 $\mu=0$，即曲线图象对称轴为 Y 轴，标准差 $\sigma=1$ 条件下的正态分布，记为 $N(0，1)$。

一般的正态分布可以通过化简转换成标准正态分布，标准化公式为：

$$Z=\frac{x-\mu}{\sigma}$$

其中 $\Phi(z)=\frac{1}{\sqrt{2\pi}}e^{-\frac{1}{2}z^2}$ 称为标准正态分布的密度函数。

利用标准正态分布可以将其概率积分的具体数值编成标准正态分布表，这样对于任何正态分布，都可通过将其转换成标准化变量 $Z=\frac{x-\mu}{\sigma}$，在已知 Z 值的前提下，利用标准正态分布表就可以方便地求出概率值。

标准正态分布的图形如图 5-9 所示。

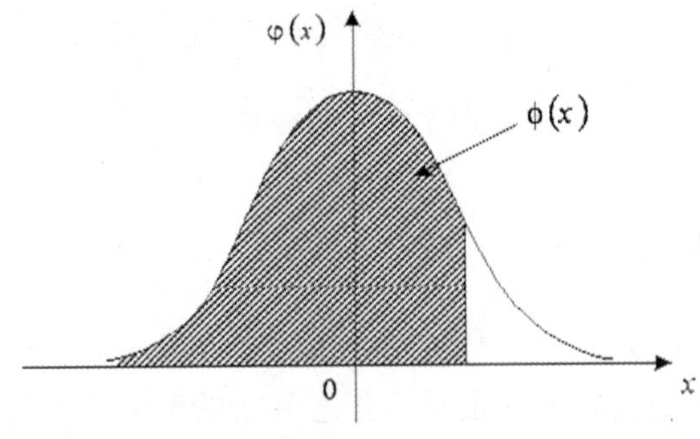

图 5-9 标准正态分布

5.2.3　一般正态分布与标准正态分布的区别与联系

正态分布也叫常态分布，是连续随机变量概率分布的一种，自然界、人类社会、心理学和教育中大量现象均按正态形式分布，如能力的高低、学生成绩的好坏等都属于正态分布。它随随机变量的平均数、标准差的大小与单位不同而有不同的分布形态。标准正态分布是正态分布的一种，其平均数和标准差都是固定的，平均数为 0，标准差为 1。

5.2.4　3σ 准则

3σ 准则又称为拉依达准则，它是先假设一组检测数据只含有随机误差，对其进行计算处理得到标准偏差，按一定概率确定一个区间，认为凡超过这个区间的误差，就不属于随机误差，而是粗大误差，含有该误差的数据应予以剔除。

由标准正态分布的查表计算可以求得，当 $X \sim N(0,1)$ 时，

$P(|X| \leqslant 1) = 2\Phi(1) - 1 = 0.682\,6$，如图 5-10 所示。

$P(|X| \leqslant 2) = 2\Phi(2) - 1 = 0.954\,4$，如图 5-11 所示。

$P(|X| \leqslant 3) = 2\Phi(3) - 1 = 0.997\,4$，如图 5-12 所示。

这说明，X 的取值几乎全部集中在[−3,3]的区间内，超出这个范围的可能性仅占不到 0.3%。

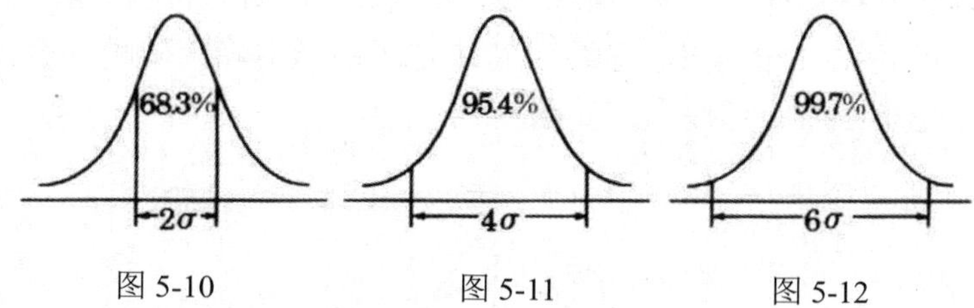

图 5-10　　图 5-11　　图 5-12

将上述结论推广到一般的正态分布，$Y \sim N(\mu, \sigma^2)$ 时，

$P(|Y-\mu| \leqslant \sigma) = 0.682\,6$

$P(|Y-\mu| \leqslant 2\sigma) = 0.954\,4$

$P(|Y-\mu| \leqslant 3\sigma) = 0.997\,4$

可以认为，Y 的取值几乎全部集中在$[\mu-3\sigma, \mu+3\sigma]$区间内。

这在统计学上称作“3σ准则”（三倍标准差原则），如表 5-1 所示。

表 5-1　3σ准则

区　间	取值概率
$(\mu-\sigma, \mu+\sigma)$	68.3%
$(\mu-2\sigma, \mu+2\sigma)$	95.4%
$(\mu-3\sigma, \mu+3\sigma)$	99.7%

5.3 正态分布的性质

5.3.1 正态分布的参数含义

正态分布中的μ是正态分布的位置参数，描述正态分布的集中趋势位置，它决定了图形的中心位置。概率规律为取与μ邻近的值的概率大，而取离μ越远的值的概率越小。正态分布以$X=\mu$为对称轴，左右完全对称。正态分布的期望、均数、中位数、众数相同，均等于μ，如图5-13所示。

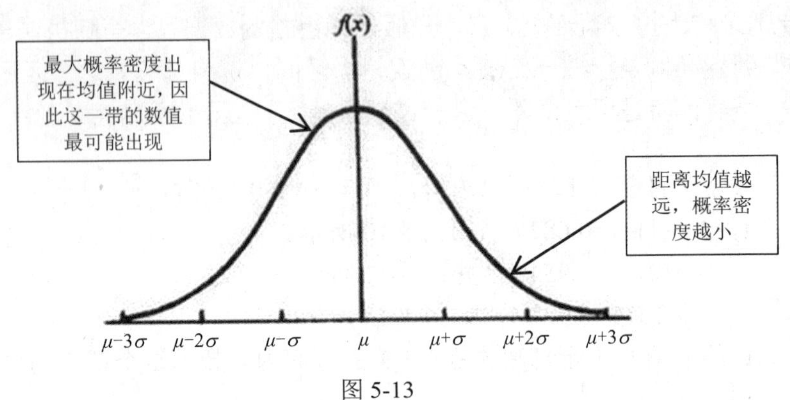

图5-13

σ描述正态分布资料数据分布的离散程度，σ越大，数据分布越分散，σ越小，数据分布越集中。σ也称为正态分布的形状参数，它决定了图形中峰的陡峭程度，σ越大，曲线越扁平，反之，σ越小，曲线越瘦高，如图5-14所示。

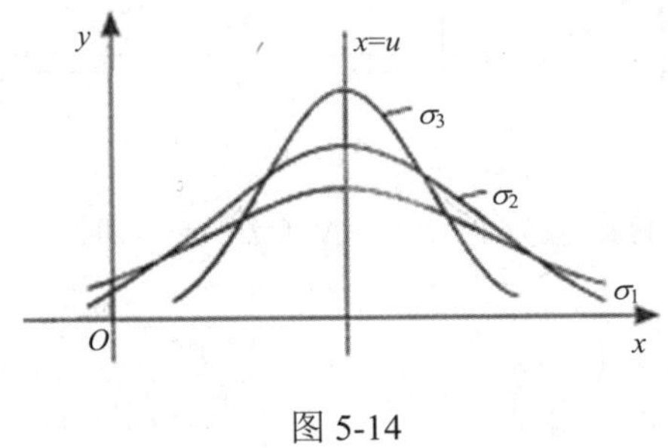

图5-14

5.3.2 正态分布图形的特点

正态曲线呈钟形，两头低，中间高，左右对称，曲线与横轴间的面积总等于1。

（1）集中性：正态曲线的高峰位于正中央，即均数所在的位置。

（2）对称性：正态曲线以均数为中心，左右对称，曲线两端永远不与横轴相交。

（3）均匀变动性：正态曲线由均数所在处开始，分别向左右两侧逐渐均匀下降。

（4）曲线与横轴间的面积总等于1，相当于概率密度函数的函数从正无穷到负无穷积分的概率为1，即频率的总和为100%。

（5）关于μ对称，并在μ处取最大值，在正（负）无穷远处取值为0，在$\mu\pm\sigma$处有拐点，形状呈现中间高、两边低，正态分布的概率密度函数曲线呈钟形。

5.3.3　正态分布的性质

（1）若 X 服从正态分布，则对于任意的常数 $a(a\neq0),b,Z=aX+b$ 也服从正态分布。

（2）若 X、Y 皆服从正态分布，且相互独立，则对任意的常数 a，b（a，b 不全为 0），$Z=aX+bY$ 也服从正态分布。

（3）若 $X_1, X_2, \cdots, X_n$ 皆服从正态分布，且相互独立，则对于任意 n 个常数 $a_1, a_2, \cdots, a_n$（不全为 0），$Z=a_1X_1+a_2X_2+\cdots+a_nX_n$ 也服从正态分布。

5.3.4　正态概率的计算

求正态概率需要如下三个步骤。

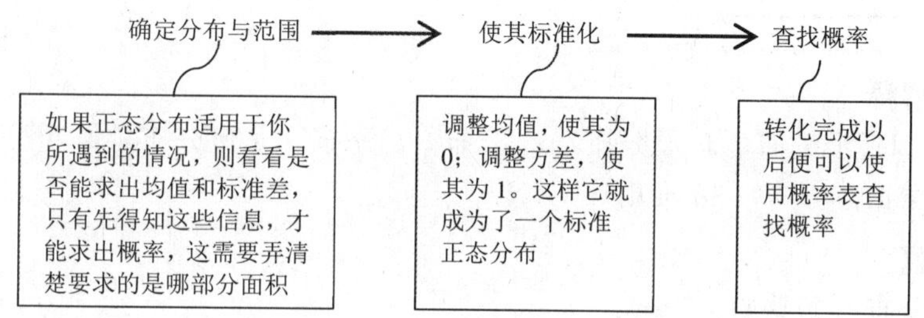

【例 5-1】

假定正常成年女性红细胞数近似服从均值为 4.18，标准差为 0.29 的正态分布。令 X 代表随机抽取的一名正常成年女性的红细胞数，求：变量 X 落在区间（4.00, 4.50）内的概率。

解：根据题意，变量 X 近似服从正态分布，求变量 X 落在区间（4.00, 4.50）内的概率，即求此区间内正态曲线下的面积问题，因此，可以把变量 X 进行标准化变换后，借助标准正态分布表求其面积，具体做法如下：

$$P(4.00<X<4.50)=P(\frac{4.00-4.18}{0.29}<\frac{X-\mu}{\sigma}<\frac{4.50-4.18}{0.29})$$
$$=P(-0.62<\mu<1.10)$$
$$=1-\Phi(-1.10)-\Phi(-0.62)$$
$$=1-0.135\ 7-0.267\ 6$$
$$=0.596\ 7$$

所以，变量 X 落在区间（4.00, 4.50）内的概率为 0.596 7。

对数据分布的区间估计是正态分布的主要应用。

本章小结

1．次数分布主要有钟形、U 形、J 形三种。了解这三种分布的图形及各自的特点能够帮助我们更好地认识数据。

2．连续型分布包括 x^2 分布与 t 分布，其中 t 分布在我们的生活中运用更为广泛。离散型分布包括几何分布、二项分布及泊松分布。

3．正态分布在自然和社会中应用非常广泛，它是具有两个参数 μ 和 σ^2 的连续型随机变量的分布，第一参数 μ 是遵从正态分布的随机变量的均值，第二个参数 σ^2 是此随机变量的方差。当平均数为 0，标准差为 1 时，正态分布就成为标准正态分布。

4．3σ 准则先假设一组检测数据只含有随机误差，对其进行计算处理得到标准偏差，按一定概率确定一个区间，认为凡超过这个区间的误差，就不属于随机误差，而是粗大误差，含有该误差的数据应予以剔除。

复习思考题

一、名词解释

钟形分布　U 形分布　J 形分布　x^2 分布　t 分布　几何分布　二项分布　泊松分布　正态分布　标准正态分布　3σ 准则

二、简答题

（1）钟形分布有哪些特点？

（2）U 形分布有哪些特点？

（3）J 形分布有哪些特点？

（4）连续型分布有哪些？离散型分布有哪些？

（5）正态分布有哪些特点？

（6）试述正态分布的性质。

（7）简述 3σ 准则。

三、判断题（把“✓”或“×”填在题后的括号里）

（1）J 形分布有正 J 形和反 J 形两种类型。（　　）

（2）钟形分布的特征是“两头大，中间小”。（　　）

（3）U 形分布的特征是“两头小，中间大”。（　　）

（4）连续型分布包括 x^2 分布和 t 分布。（　　）

（5）连续型分布包括几何分布、二项分布、泊松分布和正态分布。（　　）

（6）标准正态分布中的 σ=1，μ=0。（　　）

（7）学生成绩的好坏属于正态分布。（　　）

四、单选题

（1）已知随机变量 X 服从正态分布 $N(3, \sigma^2)$，则 $P(X<3)$ 等于（　　）。

A．$\frac{1}{5}$　　B．$\frac{1}{4}$　　C．$\frac{1}{3}$　　D．$\frac{1}{2}$

（2）设两个正态分布 $N(\mu_1, \sigma_1^2)(\sigma_1>0)$ 和 $N(\mu_2, \sigma_2^2)(\sigma_2>0)$ 的密度函数如图所示，则有（　　）。

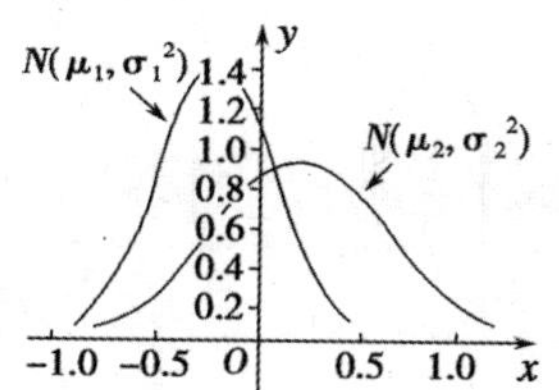

A．$\mu_1<\mu_2$，$\sigma_1<\sigma_2$　　B．$\mu_1<\mu_2$，$\sigma_1>\sigma_2$

C．$\mu_1>\mu_2$，$\sigma_1<\sigma_2$　　D．$\mu_1>\mu_2$，$\sigma_1>\sigma_2$

（3）已知随机变量 $X\sim N(3,2^2)$，若 $X=2\eta+3$，则 $D\eta$ 等于（　　）。

A．0　　B．1　　C．2　　D．4

（4）标准正态总体在区间(−3,3)内取值的概率为（　　）。

A．0.998 7　　B．0.997 4　　C．0.944　　D．0.841 3

（5）已知正态分布总体落在区间(0.2, +∞)的概率为 0.5，那么相应的正态曲线 $f(x)$在 x=（ ）时达到最高点。

A．0.2　　B．0.5　　C．0.7　　D．0.8

（6）某市组织一次高三调研考试，考试后统计的数学成绩服从正态分布，其密度函数 $f(x)=\dfrac{1}{\sqrt{2\pi\cdot 10}}e-\dfrac{(x-80)^2}{200}(x\in\mathbf{R})$，则下列命题不正确的是（　　）。

A．该市这次考试的数学平均成绩为 80 分

B．分数在 120 分以上的人数与分数在 60 分以下的人数相同

C．分数在 110 分以上的人数与分数在 50 分以下的人数相同

D．该市这次考试的数学成绩标准差为 10

拓展 2

五、多选题

（1）下列哪些属于连续型分布？（　　）

A．x^2 分布　　B．t 分布　　C．二项分布　　D．泊松分布

E．几何分布

（2）标准正态分布（　　）。

A．$\mu=0$　　B．$\mu=1$　　C．$\sigma=0$　　D．$\sigma=1$

（3）正态分布的（　　）均等于 μ。

A．期望　　B．均数　　C．中位数　　D．众数

（4）正态分布图形的特点有哪些？（　　）

A．集中性　　B．以 0 为中心，左右对称的单峰分布　　C.对称性

D．均匀变动性　　E．关于 μ 对称，并在 μ 处取最大值

第 6 章　如何从样本推断总体

引导案例

茶叶质量能达标吗

在龙津茶叶公司的生产包装车间，每 8 小时的工作时间要完成 5 000 多袋茶叶的装袋任务。作为工厂的品管经理，要负责监督每袋茶叶的包装重量和质量。平均来说，每袋茶叶的等级和重量是袋子的包装所标示的等级和 100 克。然而，受装袋过程速度的影响，每袋茶叶的实际重量都不相同，甚至出现等级与标示的差异：有些袋子未装满，而有些出现超重。此外，如果处理不当，每袋茶叶的实际重量与袋子标示的 100 克标准出现很大差异。总之，如果明显高于 100 克，则将导致产品成本上升，公司利益受损；如果明显低于 100 克，则将损害消费者利益，并受到经销商退货甚至有关部门查处，公司声誉和形象受损，同样使公司蒙受损失。由于商品检验采用逐袋过秤和检验费时费力、效率低下，必须采用抽样调查的方法，并根据抽查样本结果来判断装袋过程正常与否。品管人员采用每次抽取一个样本对其称重和等级核对，然后计算出样本的平均重量 $\bar{x}$ 和等级合格率 P。然后判断这个 $\bar{x}$ 取自一个均值 μ 为 100 克的总体的可能性（或者总体等级为 P 的可能性），据此做出是保持还是改变甚至关停袋装过程的决定。[1]

6.1　样本到总体的基本问题

6.1.1　基本概念

1．总体和样本

总体指所要认识的研究对象全体，它是由所研究范围内具有某种共同性质的全体单位组成的集合体。样本是从总体中随机抽取出来的，作为代表这一总体的部分单位组成的集合体。

总体的单位数通常都是很大的，甚至是无限的，这样才有必要组织抽样调查。一般用 N 来表示总体的单位数。在组织抽样调查时首先要弄清总体的范围、单位的含义，以及可实施的条件，以清单、名册、图表等形式编制抽样框作为抽样的母体。

样本的单位数是有限的，相对总体来说，它的数目比较小，一般用 n 来表示样本的单位数。一般来说，样本单位数超过 30 个称为大样本，30 个以下称为小样本。社会经济现

1 摘自孙允午主编的《统计学》，上海财经大学出版社，2006。

象的抽样调查多取大样本。

作为估计对象的总体是确定的，而且是唯一的。但作为观察对象的样本就不具备唯一性，更有随机性。从一个总体中可以抽取很多个样本，每次抽到哪个样本不是确定的，也不是唯一的，而是可变的。

2．样本统计量

样本统计量主要包括两类：一类是样本中数量标志值的均值即样本均值（$\bar{x}$），还有反映标志值离散程度的样本方差（s^2）和样本标准差（s）。

样本均值又叫样本均数，即样本的均值。均值是指在一组数据中所有数据之和再除以数据的个数，每个样本都有一个唯一均值和它对应。它是反映数据集中趋势的一项指标。

在数理统计中，常常用样本均值来估计总体均值。

样本成数指具有某种性质的单位在样本中所占比重（如抽样产品的合格率），记作 p。

另一类是样本属性标志的比例即样本成数（p），还有反映成数的离散程度的样本成数方差（s_p^2）和样本成数标准差（s_p）。

3．总体参数

对总体数量特征的描述一般包括两个重要参数：一个是总体唯一均值（$\bar{x}$），另一个是总体数据离散程度标准差（σ）。

▶▶ 6.1.2 样本到总体的意义和特点

拓展 1

从样本到总体，也称为抽样推断，又称抽样估计，它是在抽样调查的基础上，利用样本的实际资料推断总体相应数量特征的一种统计分析方法。在实际工作中，许多场合我们没有可能或不需要对总体的所有单位进行全面调查，来达到对总体数量特征的认识。

抽样估计有如下特点：

1．抽样调查是由部分推算整体的一种认识方法

抽样调查是一种非全面调查，但调查的目的不在于了解部分单位的情况，它只是作为进一步推断的手段，目的在于认识总体的数量特征。

2．抽样推断是建立在随机取样的基础上的

随机原则就是总体中样本单位的选择，不受主观因素的影响，保证每一单位都有相等的中选可能性。把抽样推断建立在随机样本的基础上，才可能事先掌握各种样本出现的可能性大小，提供样本指标数值的分布情况，计算样本指标的抽样平均误差，同时估计样本指标与总体指标的抽样误差不超过一定范围的概率保证程度。

3．抽样推断是运用概率估计的方法

利用样本指标来估计总体参数，数量关系是建立在大数定律基础上的，大数定律为样本到总体提供了理论依据；中心极限定律给出了样本平均数（成数）与总体平均数（成数）离差大小，给出了离差不超过一定范围的概率大小，是概率论核心内容之一。

拓展 2

4．抽样推断的误差可以事先计算并加以控制

样本指标估计总体指标虽然存在一定的误差，但它与其他统计估算不同，抽样误差范围可以事先通过有关资料加以计算，并且可以采取必要的措施来控制误差范围，保证抽样推断的结果达到一定的可靠程度。也可以这样说，抽样调查就是根据事先给定的误差允许范围进行设计的，而抽样估计是具有一定可靠程度的估计和判断，这些都是其他估算方法办不到的。

▶▶ 6.1.3　常用的抽样组织形式

抽样组织形式有很多种，常用的有简单随机抽样、系统抽样、整群抽样、类型抽样和任意抽样。一般情况下大多使用简单随机抽样。

1．简单随机抽样

简单随机抽样也叫纯随机抽样，它是对总体单位不做任何分类排队，而是直接从总体中随机抽取一部分单位来组成样本的抽样组织方式。

简单随机抽样适用于总体各部分都具有相同的分布且单位数较少的情况。在简单随机抽样中，每个被选择对象都有均等的被选中机会。

采用简单随机抽样方式抽取样本，先要将总体各个单位进行编码，然后按随机原则抽取若干数码，所有中选数码所对应的单位即构成样本。具体做法如下分述。

（1）抽签法。

当给总体各单位编号后，把号码写在结构均匀的签上，将签混匀后即可以从中抽取。采用这种方法简便易行，然而对较大的总体来说，编号作签工作量很大，混匀有困难，因此，这种方法的应用有一定局限性。

（2）随机数字法。

随机数字可以借助计算机获得，也可应用随机数表。表中数字是按照完全随机的方法产生的，0～9 中任何一个（一组）数字出现的概率与其他（组）数字出现的概率完全相同。随机数表的使用要遵守随机原则。首先，给总体编号，据编号的最大位数确定将要使用随机数表的列数，然后从表中任意一列、任意一行开始，由纵向或横向划线取数，遇到属于总体单位编号范围内的数组就确定为样本单位，然后继续往下找。如果要求不重复抽样时，遇到重复出现的数字（组）就弃之，直到取足要求的单位数为止。

例如，有一个 80 个单位构成的总体，现在要从中抽取 8 个单位。首先将总体各单位从 1～80 编号，故最高位是两位数（把三位数随机数字表拆分成两位一列数字表），然后随机确定行、列开始取数，假定从第 2 行第 2 列的数字 62 开始取样，沿列抽取，于是 62,69,02,67,19,71,70,73 这 8 组数字所对应的单位即构成所需的样本，如表 6-1 所示。

表 6-1　随机数字表

	(1)	(2)	(3)	(4)	(5)	(6)
1	044	942	354	764	934	250
2	456	244	578	642	719	833
3	786	946	672	677	157	556
4	310	245	103	089	523	753
5	856	729	570	414	378	760
6	001	996	008	523	442	713
7	457	158	923	378	785	566
8	247	084	749	433	118	987
9	987	378	406	322	359	037
10	675	716	436	220	940	853
11	369	628	231	361	549	205
12	654	392	402	199	707	639
13	876	362	178	456	950	807
14	085	597	934	142	436	566
15	654	097	373	819	289	620

2. 系统抽样

在一些案例中，尽管简单随机抽样十分有效，但是我们可以通过更简单的方法获得同样的结果。假设你要检验英特尔公司生产的芯片的质量，由于芯片靠流水作业线产出，你可以每隔 50 个抽取一个芯片作为样本。此样本是一个代表性样本，因为每隔 50 个抽取的芯片与其他芯片相比没有任何特殊的规律特征。这种形式的抽样方法被称为系统抽样。

系统抽样又称等距抽样，也称机械抽样。它是先按某一标志对总体各单位进行排队，然后依一定顺序和间隔来抽取样本单位的一种抽样组织。

系统抽样可以保证所取得的样本单位比较均匀地分布在总体的各个部分，有较高的代表性。例如，工业产品质量抽查按时间顺序取样，农产量抽样调查按田间的地理顺序取样，居民家计调查按街道的门牌号码抽取调查户等。

3. 整群抽样

整群抽样也称集团抽样。它是将总体各单位划分成许多群，然后从中随机抽取部分群，对中选群的所有单位进行全面调查的抽样组织形式（见图 6-1）。

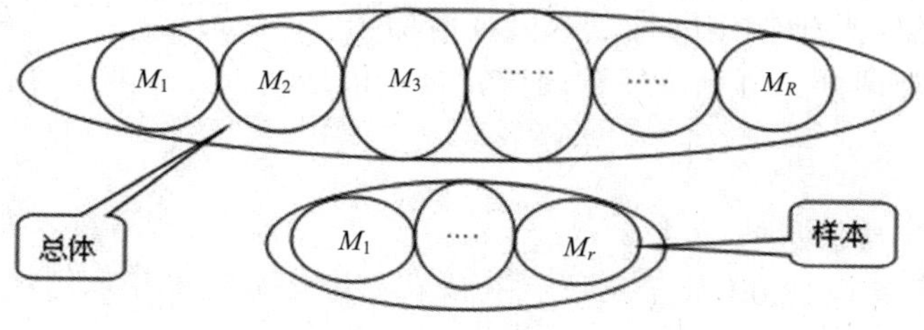

图 6-1　整群抽样示意图

例如，要调查家庭副业发展情况，不是直接抽取居民户，而是以村为单位，从中抽取若干村，然后对中选村的全体居民户进行调查，这样就方便多了。

4．类型抽样

类型抽样又称分层抽样。它的特点是先对总体各单位按主要标志加以分组，然后再从各组中按随机原则抽选一定单位构成样本。

设总体由 N 个单位构成，把总体划分为 K 组，使 $N=N_1+N_2+\cdots+N_K$，然后从每组的 N_i 个单位中抽取 n_i 个单位构成样本容量为 n 的样本，使 $n=n_1+n_2+\cdots+n_K$，这种抽样方法即类型抽样（见图6-2）。

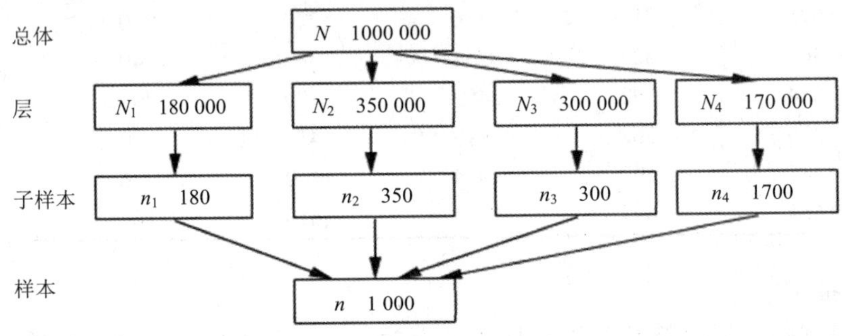

图6-2 类型抽样示意图

通过分类，可以把总体中标志值比较接近的单位归为一组，减少各组内的差异程度，再从各组抽取样本单位就有更大的代表性，因而抽样误差也就相对缩小了。在总体单位标志值大小悬殊的情况下，运用类型抽样可以得到更准确的效果。这在实际工作中得到了广泛应用，如农产量抽样按地理条件分组，职工家计调查按国民经济部门分组，产品质量抽检按加工车床型号分组等，都收到明显的效果。

类型抽样的样本单位数在各类型之间的分配有三种方法：等数分配类型抽样法、等比例类型抽样法和不等比例类型抽样法。

5．任意抽样

任意抽样是指调查人员本着随机原则去选择样本的抽样方式。

例如，在街头把行人作为调查对象，任选若干位行人进行访问调查；在商店柜台前把购买者当作调查对象，向他们中的任意人进行市场调查；在剧院、车站、码头等公共场所，任意选择某些人进行调查。可见，任意调查完全是根据调查者的随意性任意选取的样本。

例：

判断下列案例中所使用的抽样方法。

a. 某一果园采摘了1 200篮子苹果。一位农业检验员随机抽取25篮子，检查其中的苹果是否有虫子。

b. 一位教育调查者想知道，在某个大学中，男生还是女生在课上提问多。在这所大学的 10 000 名学生中，随机抽取了 50 名男生和 50 名女生。

c. 为了研究行星系，天文学家进行了一项在 100 颗邻近的星球中找寻行星的调查。

d. 为了决定谁将获得球星亲笔签名的足球，使用计算机程序从体育场的观众中随机选择 11 个人的门票号码。

答案：

a. 对苹果的检查是整群抽样调查，因为调查者最初随机选择了几个组群（篮子），之后检查所选群中每个苹果的质量。

b. 男生和女生代表研究中的两个不同的类型，所以这是一个类型抽样的案例。

c. 天文学家研究邻近的星球，是因为在这个研究中很容易得到它们的数据，所以这个是任意抽样的案例。

d. 由于使用计算机随机抽取 11 个门票号码，每个门票号码都有均等的被抽取的机会，所以这个是简单随机抽样。

但是任何一种抽样都不可能完全符合我们所需要的实际情况，常常会存在相应的误差，所以下一步就是要明确误差概念，以及如何计算误差的范围。

6.1.4 两种抽样方式的差异

从抽样的方法来看，抽样可以有重复抽样和不重复抽样两种。

（1）重复抽样也称回置抽样。它是这样安排的，要从总体 N 个单位中随机抽取一个容量为 n 的样本，每次从总体中抽取一个单位，把结果登记下来，又重新放回，参加下一次抽选。因而重复抽样的样本是由 n 次相互独立的抽选构成的，每次抽选是在完全相同的条件下进行的，每个单位中选的机会在各次都完全相等。

从总体 N 个单位中，用重复抽样的方法，随机抽取 n 个单位构成一个样本，则共可抽取 N^n 个样本。

例如，总体有 A、B、C、D 4 个单位，要从中以重复抽样的方法抽取 2 个单位构成样本。先从 4 个单位中取 1 个，共有 4 种取法。结果登记后再放回，然后再从相同的 4 个中取 1 个，也有 4 种取法。前后取两个构成一个样本，全部可能抽取的样本数目为 4×4=16 个，它们是：

AA AB AC AD BA BB BC BD CA CB CC CD DA DB DC DD

（2）不重复抽样也称为不回置抽样。它是这样安排的，要从总体 N 个单位中抽取一个容量为 n 的样本，每次从总体中抽取一个单位，连续进行 n 次抽样构成一个样本，但每次抽取的一个单位都不再放回参加下一次的抽选。因而不重复抽样有这样的特点：样本由 n 次连续抽取的结果构成，实质上等于一次同时从总体中抽取 n 个样本单位，连续 n 次抽选的结果不是相互独立的，每次抽取的结果都影响下一次抽取，每抽取一次，总体单位数就少一个，因而每个单位的中选机会在各次是不同的。

从总体 N 个单位中，用不重复抽样的方法，抽取 n 个单位样本，全部可能抽取的样本数目为 $N(N-1)(N-2)\cdots(N-n+1)$ 个。

例如，从 A、B、C、D 4 个单位中，用不重复抽样的方法从中抽取 2 个单位构成样本。

先从 4 个单位中取 1 个，共有 4 种取法，第二次再从留下的 3 个单位中取 1 个，共有 3 种取法，前后两个构成一个样本，全部可能抽取的样本数目为 4×3=12 个，它们是：

AB AC AD BA BC BD CA CB CD DA DB DC

由此可见，在相同的样本容量要求下，重复抽样的样本个数总是大于不重复抽样的样本个数。

6.1.5 样本容量和样本个数

样本容量指一个样本中包含的单位数目；样本个数又称样本可能数目，指一个总体中可能抽取形成样本量的大小。

6.2 三个误差的概念和计算

6.2.1 抽样误差

1．抽样误差的含义

用抽样指标来估计全指标是否可行，关键在于抽样误差。抽样误差大小表明抽样效果好坏，如果误差超过允许的限度，抽样调查也就失去了价值。

抽样误差是指由于被抽取的样本各种各样，导致样本内部各单位的分布比例与总体实际分布状况有偶然性的差异，从而使不同随机样本得出不同的估计量，造成样本指标数值与总体指标数值之间的差距。

比如，抽样平均数与总体平均数的离差 $(\bar{x}-\bar{X})$、抽样成数与总体成数的离差（$p–P$）等。

2．影响抽样误差的主要因素

（1）样本单位数的多少。

在其他条件不变的情况下，抽样单位数越多就越能反映总体，误差就越小。当抽样单位数接近总体单位数时，此时的抽样调查已接近全面调查，抽样误差接近零；反之，抽样单位数越少，误差越大。

（2）总体被研究标志变异程度的大小。

在其他条件不变的情况下，所研究总体的标志变异程度越小，说明总体各单位标志值之间的差异越小，这样抽样指标与总体指标之间的误差也越小。相反，若总体被研究标志变异程度大，抽样指标与总体指标之间的误差也大。

（3）抽样组织方式。

采取不同的抽样组织方式，所抽出的样本对于总体的代表性也不相同，因此抽样组织方式影响抽样误差的大小。在实践中，我们可以利用不同抽样组织方式下抽样误差的大小来判断不同方式的有效性。

（4）抽样方法。

抽样方法有重复抽样和不重复抽样两种。在其他条件相同时，不重复抽样的抽样误差一般小于重复抽样的误差，这是因为不重复抽样避免了总体单位的重复中选，因而更能反映总体结构，故抽样误差会较小。

▶▶ 6.2.2　抽样平均误差

通常用抽样平均数（或成数）的标准差作为衡量其抽样误差一般水平的尺度。按照标准差的一般定义，抽样平均数（或成数）的标准差是按抽样平均数（或成数）与其平均数的离差平方和计算的，但由于抽样平均数的平均数等于总体平均数，而抽样成数的平均数等于总体成数，所以抽样指标的标准差恰好反映了抽样指标和总体指标的平均离差程度。

抽样平均误差以符号 μ 表示，以 $\mu_{\bar{x}}$ 代表平均数的抽样平均误差，以 μ_p 代表成数的抽样平均误差，以 K 代表可能组成的样本总数。

1．计算抽样平均误差的理论公式

根据抽样平均误差的概念可得其一般计算公式：

$$\mu=\sqrt{\frac{\sum(\text{样本指标}-\text{总体指标})^2}{\text{可能组成的样本总数}}}$$

即

$$\mu_{\bar{x}}=\sqrt{\frac{\sum(\bar{x}-\bar{X})^2}{K}} \tag{6-1}$$

$$\mu_p=\sqrt{\frac{\sum(p-P)^2}{K}} \tag{6-2}$$

需要指出，式（6-1）和式（6-2）表明了抽样误差的意义，但在实际中总体的 $\bar{X}$ 和 P 是未知的，而且也无法计算全部样本的平均数和成数，所以按上述公式计算抽样平均误差实际上是不可能的。在实践中可以通过其他方法加以推算。

2．抽样平均误差的计算公式

数理统计证明，在纯随机抽样方式下，抽样平均误差可以采用下面的公式计算。

（1）抽样平均数的平均误差。

1）在重复抽样条件下：

$$\mu_{\bar{x}}=\sqrt{\frac{\sigma^2}{n}}=\frac{\sigma}{\sqrt{n}}$$

2）在不重复抽样条件下：

$$\mu_{\bar{x}}=\sqrt{\frac{\sigma^2}{n}(\frac{N-n}{N-1})}$$

当 N 很大时，

$$\mu_{\bar{x}}=\sqrt{\frac{\sigma^2}{n}(1-\frac{n}{N})}$$

（2）抽样成数的平均误差。

1）在重复抽样条件下：

$$\mu_p = \sqrt{\frac{P(1-P)}{n}}$$

2）在不重复抽样条件下：

$$\mu_p = \sqrt{\frac{P(1-P)}{n}(\frac{N-n}{N-1})}$$

当 N 很大时，

$$\mu_p = \sqrt{\frac{P(1-P)}{n}(1-\frac{n}{N})}$$

6.2.3 抽样极限误差

抽样极限误差是从另一个角度考虑抽样误差问题。以样本的抽样指标来估计总体指标，要达到完全准确、毫无误差，这几乎是不可能的事情。所以在估计总体指标的同时必须估计误差的大小。我们不希望误差太大，因为误差越大，样本的价值越小。但也不是误差越小越好，因为在一定限度之外减少抽样误差势必增加很多费用。所以在做抽样估计时，应该根据所研究对象的变异程度和分析任务的要求确定可允许的误差范围，在这个范围内的数字都算是有效的。这种可允许的误差范围称为抽样极限误差。它等于样本指标可允许变动的上限或下限与总体指标之差的绝对值。

设 $\Delta_{\bar{x}}$、Δ_p 分别表示抽样平均数极限误差和抽样成数极限误差，则有：

$$\Delta_{\bar{x}} = \left|\bar{x} - \bar{X}\right|, \Delta_p = \left|p - P\right|$$

式中，$\bar{x}$ 与 p 都表示样本平均数和样本成数可允许的上限或下限数值。将上面的等式变换为下列等价的不等式关系：

$$\bar{x} - \Delta_{\bar{x}} \leqslant \bar{X} \leqslant \bar{x} + \Delta_{\bar{x}} \quad (6\text{-}3)$$

$$p - \Delta_p \leqslant P \leqslant p + \Delta_p \quad (6\text{-}4)$$

式（6-3）表示被估计的总体平均数以抽样平均数 $\bar{x}$ 为中心；被包含在 $\bar{x} - \Delta_{\bar{x}}$ 至 $\bar{x} + \Delta_{\bar{x}}$ 之间，区间［$\bar{x} - \Delta_{\bar{x}}, \bar{x} + \Delta_{\bar{x}}$］称为平均数的估计区间或称平均数的置信区间，区间的总长度为 $2\Delta_{\bar{x}}$，在这个区间内，样本平均数和总体平均数之间的绝对离差不超过 $\Delta_{\bar{x}}$。同样，式(6-4)表明被估计的总体成数 P 被包含在以抽样成数 p 为中心的 $p - \Delta_p$ 至 $p + \Delta_p$ 的区间内。在［$p - \Delta_P$，$p + \Delta_P$］区间内，抽样成数与总体成数之间的绝对离差不超过 $2\Delta_p$。

6.2.4 三个误差的关系

抽样极限误差是以抽样平均误差 $\mu_{\bar{x}}$ 或 μ_P 为标准单位来衡量的。把极限误差 $\Delta_{\bar{x}}$ 或 Δ_P 分别除以 $\mu_{\bar{x}}$ 或 μ_P 得相对数 t，t 表示误差范围为抽样平均误差的倍数，是测量估计可靠程度的一个参数，称为抽样误差的概率度。

$$t = \frac{\Delta_{\bar{x}}}{\mu_{\bar{x}}}, \quad \Delta_{\bar{x}} = t\mu_{\bar{x}}$$

$$t=\frac{\Delta_P}{\mu_P}，\quad \Delta_P=t\mu_p$$

若全部可能的样本是 10 000 个，则在 $\bar{x}\pm\mu_{\bar{x}}$ 区间内有 6 827 个样本，在 $\bar{x}\pm2\mu_{\bar{x}}$ 区间内有 9 545 个样本，在 $\bar{x}\pm3\mu_{\bar{x}}$ 区间内有 9 973 个样本。这里的 68.27%、95.45%和 99.73%叫样本在 $\bar{x}\pm\mu_{\bar{x}}$,$\bar{x}\pm2\mu_{\bar{x}}$ 和 $\bar{x}\pm3\mu_{\bar{x}}$ 区间内出现的概率［用 $F(t)$表示］，也叫样本指标在该区间内的可靠程度、保证程度或置信程度。抽样估计的置信程度就是表明样本指标和总体指标的误差不超过一定范围的概率有多大。

根据数学证明，在 $\bar{x}-\mu_{\bar{x}}$ 到 $\bar{x}+\mu_{\bar{x}}$（简写为 $\bar{x}\pm\mu_{\bar{x}}$）区间内，这一部分曲线下的面积占曲线下全部面积的 68.27%；在 $\bar{x}-2\mu_{\bar{x}}$ 到 $\bar{x}+2\mu_{\bar{x}}$（简写为 $\bar{x}\pm2\mu_{\bar{x}}$）区间内，这一部分曲线下的面积占曲线下全部面积的 95.45%；在 $\bar{x}-3\mu_{\bar{x}}$ 到 $\bar{x}\pm3\mu_{\bar{x}}$（简写为 $\bar{x}+3\mu_{\bar{x}}$）区间内，这一部分曲线下的面积占曲线下全部面积的 99.73%，如图 6-3 所示。利用这个图就可以对总体参数进行估计和推断。

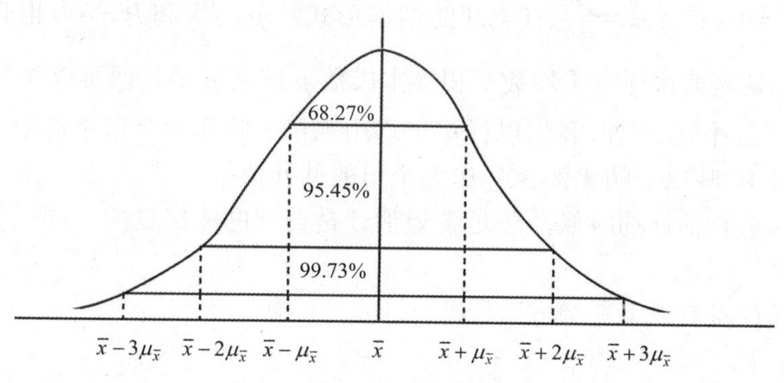

图 6-3　样本指标置信图

由于概率度 $t=|\bar{x}-\bar{X}|/\mu_{\bar{x}}$，所以抽样估计的概率保证程度就是概率度 t 的函数，可表示为 $F(t)$。

当　　t=1 时，$F(t)$=68.27%

t=2 时，$F(t)$=95.45%

t=3 时，$F(t)$=99.73%

t 越大，误差范围越大，样本出现的概率或保证程度也就越大；反之，则小。根据数学计算，它的不同取值的误差范围，均有其对应的概率或保证程度。将这种函数关系编制成正态分布概率表，给定 t 值，便可以直接从表上查找抽样误差的概率，即估计置信度 $F(t)$。

6.3　样本推断估计总体

样本推断估计总体是指利用实际调查计算的样本指标值来估计相应的总体指标的数值，即对总体平均数 $\bar{X}$、总体成数 P 的推断估计。由于总体指标是表明总体数量特征的参数，所以也称为参数估计。总体参数估计有点估计和区间估计两种。

6.3.1 总体指标的点估计

点估计的基本特点是，根据总体指标的结构形式设计样本指标作为总体指标的估计量，并以样本指标的实际值直接作为相应总体指标的估计值。例如，以样本平均数的实际值作为相应总体平均数的估计值，以样本成数的实际值作为相应总体成数的估计值等。我们之所以这样做的考虑是，基于我们对所研究的总体指标的具体数值虽然不知道，但对它的指标结构形式是清楚的。例如，我们要研究某市的粮食亩产水平，虽然实际的平均亩产的数值是未知的，但平均亩产指标是由总体各单位变量值代数和除以单位数求得的，这个指标的结构形式是已知的。很自然地可以认为，如果抽样调查所取得的样本数据有足够的代表性，那么根据已知的指标结构形式计算样本指标值，便可以作为相应总体指标的估计值。

设 $\bar{x}$ 表示总体平均数 $\bar{X}$ 的估计量，p 表示总体成数 P 的估计量，则有

$$\bar{x}=\bar{X}\,,\quad p=P$$

式中，$\bar{x}=\dfrac{\sum x}{n}$ 和 $\bar{X}=\dfrac{\sum X}{N}$ 有相同的结构形式，$p=\dfrac{n_1}{n}$ 和 $P=\dfrac{N_1}{N}$ 也有相同的结构形式。再经过实际调查取得样本平均数 $\bar{x}$ 和样本成数 p 的实际值，便可以作为总体平均数 $\bar{X}$ 和总体成数 P 的估计值。例如，我们以样本平均用水量 5 吨作为全市月均用水量的估计值，以样本月用水量 10 吨以上的比例 30%作为全市的估计值等。

对总体指标进行估计的时候，总是希望估计是合理的或优良的。那么什么是优良估计的标准呢？

优良估计统计量有以下三个方面标准。

1．无偏性

以抽样指标估计总体指标，要求抽样指标值的平均数等于被估计的总体指标值本身。也就是说，虽然每次的抽样指标值和总体指标值之间都可能有误差，但在多次反复估计中，各个抽样指标值的平均数应该等于所估计的总体指标值本身，即抽样指标的估计，平均说来是没有偏误的。

抽样平均数的平均数等于总体平均数，抽样成数的平均数等于总体成数，则

$$E(\bar{x})=\bar{X}\,,\quad E(p)=P$$

这说明以抽样平均数作为总体平均数的估计量，以抽样成数作为总体成数的估计量，是符合无偏性原则的。

2．一致性

以抽样指标估计总体指标，要求当样本的单位数充分大时，抽样指标也充分地靠近总体指标。也就是说，随着样本单位数 n 的无限增加，抽样指标和未知的总体指标之差的绝对值小于任意小的数，它的可能性也趋近于必然性，即实际上是肯定的。

抽样平均数和抽样成数的抽样平均误差与样本单位数的平方根成反比例变化，样本单位数越多，则平均误差越小，当样本单位数接近总体单位数时，平均误差也就接近于零。也就是说，抽样平均数和抽样成数作为总体平均数和总体成数的估计量是符合一致性原则的。

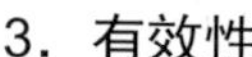

3．有效性

以抽样指标估计总体指标，要求作为优良估计量的方差应该比其他估计量的方差小。例如，用抽样平均数或总体某一变量值来估计总体平均数，虽然两者都是无偏的，而且在每次估计中，这两种估计量和总体平均数都可能有离差，但样本平均数更靠近总体平均数的周围，平均来说，其离差比较小。所以对比来说，抽样平均数是更为有效的估计量。

总体指标点估计方法的优点是简便易行、原理直观，常为实际工作所采用。但也有不足之处，即这种估计没有表明抽样估计的误差，更没有指出误差在一定范围内的概率保证程度有多大。要解决这个问题，必须采用总体指标的区间估计方法。

▶▶ 6.3.2　总体指标的区间估计

区间估计就是以一定的概率保证估计包含总体指标的一个值域，即根据样本指标和抽样平均误差推断总体指标的可能范围。它包括两部分内容：一是这一可能范围的大小；二是总体指标被包含在这个可能范围内的概率。区间估计既说明估计结果的精度，又表明这个估计结果的可靠程度、保证程度，所以区间估计是比较科学的，它是本节阐述的重点。

样本均值估计总体均值

假设计算出样本均值 $\bar{x}$ ，它来自总体的一个样本。估计总体均值：

（1）因为只有一个样本均值，我们把它当作总体均值最佳（唯一）的估计量。

（2）基于样本容量（n）和样本标准差（s），计算误差的范围，并用它建立一个置信区间，然后可以陈述估计总体均值的质量有多高。

理解了估计值、抽样误差范围，以及抽样误差范围的概率保证程度之后，就可以来研究总体指标的区间估计了。总体指标区间估计的基本特点是根据给定的概率保证程度的要求，利用实际抽样资料，指出总体被估计值可能存在的区间范围，而不是直接给出总体指标的估计值。换句话说，对于总体的被估计指标 $\bar{X}$ ，找出样本的两个估计量 x_1 和 x_2，使被估计指标包含在区间（x_1, x_2）内的概率是 P，即 P（$x_1 \leqslant \bar{X} \leqslant x_2$）$= 1-\alpha$，$\alpha$是给定的。我们称区间（$x_1, x_2$）为总体指标 $\bar{X}$ 的置信区间，其估计置信度为 $1-\alpha$，称α为显著性水平，x_1 是置信下限，x_2 是置信上限。

总体指标的区间估计必须同时具备估计值、抽样误差范围和概率保证程度三个要素，抽样误差范围决定估计的准确性，而概率保证程度决定估计的可靠性。在抽样估计的时候自然希望估计的准确性尽量高些，而估计的可靠性也尽量大些。但是这两个愿望是矛盾的，对于一个样本，提高了估计准确性的要求，就降低了估计的可靠性；同样，提高了估计可靠性的要求，也就降低了估计的准确性。因此在抽样估计的时候，先对其中的一个要素提出要求，再推求另一个要素的变动情况。例如，对估计的准确性提出要求，即要求误差范围不超过给定的标准，来推算估计的可靠性，即概率保证程度；或者对估计的可靠性提出要求，即要求给定概率保证程度，来推算可能的误差范围。如果所推算的另一要素（不论是准确性还是可靠性）不能满足实际工作的需要就应该采取其他措施，如增加样本单位、改善抽样组织、重新进行抽样，直到符合要求为止。

所以总体指标的区间估计根据所给定的条件不同，有两种估计：一种是根据已经给定的抽样误差范围，求概率保证程度。具体步骤：

首先，抽取样本，计算抽样指标，作为相应总体指标的估计值，并计算样本标准差以推算抽样平均误差；其次，根据给定的抽样极限误差范围，估计总体指标的下限和上限；最后，将抽样误差除以抽样平均误差求出概率度 t 值，再根据 t 值查正态分布概率表求出相应的置信度 $F(t)$，并对总体参数做区间估计。

【例 6-1】

从某县农民家庭中随机抽样 100 户，调查其年收入情况。农民家庭按年人均纯收入额分组的资料如表 6-2 所示。

表 6-2　某县百户农民家庭户按人均年收入分组资料

按人均收入分组（元）	农户数（户）
9 000 以下	3
9 000～10 000	7
10 000～11 000	28
11 000～12 000	32
12 000～13 000	20
13 000 以上	10
合　计	100

要求全县农民家庭户的人均收入的允许误差范围为 $\Delta_{\bar{x}}$=250 元，人均收入在 10 000 元以上户数所占比重的估计的误差范围不超过 5%。

计算抽样平均数和抽样平均误差，以及抽样成数与抽样平均误差，如表 6-3 所示。

表 6-3　某县百户农民家庭户按人均年收入分组抽样指标计算表

按人均收入分组（元）	农户数 f	组中值 x	xf	$(x-\bar{x})^2$	$(x-\bar{x})^2 f$
9 000 以下	3	8 500	25 500	8 352 100	25 056 300
9 000～10 000	7	9 500	66 500	3 572 100	25 004 700
10 000～11 000	28	10 500	294 000	792 100	22 178 800
11 000～12 000	32	11 500	368 000	12 100	387 200
12 000～13 000	20	12 500	250 000	1 232 100	24 642 000
13 000 以上	10	13 500	135 000	4 452 100	44 521 000
合　计	100	—	1 139 000	—	141 790 000

$$\bar{x}=\frac{\sum xf}{\sum f}=\frac{1\ 139\ 000}{100}=11\ 390(\text{元}),\ P=\frac{90}{100}=90\%$$

$$s^2=\frac{\sum (x-\bar{x})^2 f}{\sum f}=\frac{141\ 790\ 000}{100}=1\ 417\ 900$$

$$\mu_{\bar{x}}=\sqrt{\frac{s^2}{n}}=\sqrt{\frac{1\ 417\ 900}{100}}=119.08,\ \mu_p=\sqrt{\frac{p(1-p)}{n}}=\sqrt{\frac{90\%\times(1-10\%)}{100}}=0.03$$

根据给定 $\Delta_{\bar{x}}$=250 元，Δ_p=5%，求总体平均数、总体成数的上下限。

总体平均数下限 $\bar{x}-\Delta_{\bar{x}}$=11 390–250=11 140，上限 $\bar{x}+\Delta_{\bar{x}}$=11 390+250=11 640

总体成数下限 $p-\Delta_p=90\%-5\%=85\%$，下限 $p+\Delta_p=90\%+5\%=95\%$

根据 t 值，查概率表得出置信度。

$$t=\frac{\Delta_{\bar{x}}}{\mu_{\bar{x}}}=\frac{250}{119.07}=2.1 \qquad \text{查表得} \qquad F(t)=0.964\ 3$$

$$t=\frac{\Delta_p}{\mu_p}=\frac{5\%}{3\%}=1.67 \qquad \text{查表得} \qquad F(t)=0.905$$

根据计算，我们得出如下估计：可以 96.43%的概率保证程度估计该县农民家庭户人均年收入在 11 140～11 640 元；可以 90.51%的概率保证程度估计该县农民家庭中年人均收入在 10 000 元以上的户数所占比重在 85%～95%。

另一种是根据给定的置信度要求，来推算抽样极限误差的可能范围。具体步骤：

首先，抽取样本，计算抽样指标，如计算抽样平均数或抽样成数作为总体指标的估计值，并计算样本标准差，以推算抽样平均误差。其次，根据给定的置信度 $F(t)$要求，查概率表求得概率度 t 值。最后，根据概率度 t 和抽样平均误差来推算抽样极限误差的可能范围，再根据抽样极限误差求出被估计总体指标的上下限，对总体参数做区间估计。

【例 6-2】

某灯泡厂从一批 10 000 只灯泡中随机抽取 500 只，检验按规定灯泡耐用时数在 850 小时以上者为合格品。经检验，其平均耐用时数为 925 小时，其中合格品 463 只，标准差为 54.3 小时。试以 95.45%的置信度对这批灯泡的平均耐用时数和合格品率进行区间估计（按不重复抽样方法）。

根据抽样资料，已知 $\bar{x}$=925 小时，s=54.3 小时，$p=\frac{463}{500}=92.6\%$。

$$\mu_{\bar{x}}=\sqrt{\frac{s^2}{n}(1-\frac{n}{N})}=\sqrt{\frac{54.32}{500}\times(1-\frac{500}{10\ 000})}=2.367$$

$$\mu_p=\sqrt{\frac{p(1-p)}{n}(1-\frac{n}{N})}=\sqrt{\frac{0.926\times(1-0.926)}{500}\times(1-\frac{500}{10\ 000})}=0.0114$$

根据给定的概率置信度 $F(t)$=0.954 5，查概率表得 t=2。

计算 $\Delta_{\bar{x}},\Delta_p$,可得出估计区间的上下限。

$$\Delta_{\bar{x}}=t\,\mu_{\bar{x}}=2\times2.367=4.734$$

$$\Delta_p=t\,\mu_p=2\times1.14\%=2.28\%$$

即　灯泡耐用时数的下限　$\bar{x}-\Delta_{\bar{x}}$=925–4.734≈920（小时）

　　灯泡耐用时数的上限　$\bar{x}+\Delta_{\bar{x}}$=925+4.734≈930（小时）

　　灯泡合格率的下限　$p-\Delta_p$=92.6%–2.28%≈90.3%

　　灯泡合格率的上限　$p+\Delta_p$=92.6%+2.28%≈94.9%

上述计算表明，该批灯泡的平均耐用时数在 920～930 小时，合格率在 90.3%～94.9%，其估计可靠程度为 95.45%。

6.4 抽样组织设计

6.4.1 抽样组织设计的基本原则

抽样推断是根据事先规定的要求而设计的抽样调查组织，并以所获得的这一部分实际资料为基础，进行推理做出结论。因此，如何科学地设计抽样调查组织，保证随机条件的实现，并且取得最佳的抽样效果，就是一个至关重要的问题。

在抽样设计中，首先，要保证随机原则的实现。随机取样是抽样推断的前提，失去这个前提，推断的理论和方法也就失去了存在的意义。

其次，要考虑样本容量和结构问题。样本容量究竟多大才算是合适的？样本的容量取决于抽样结果的用途，很难给出一个绝对的标准。但在抽样设计时，应该重视研究现象的差异、误差的要求和样本容量之间的关系，做出适当的选择。对相同的样本容量，还有容量的结构问题，例如，一个县要求抽取 500 亩播种面积，可以是先抽 5 个村，然后每村抽 100 亩，也可以是先抽 10 个村，然后每村抽 50 亩等。样本容量的结构不同，所产生的效果也不同。抽样设计应该善于评价且有效利用由于调整样本结构而产生的效果。

再次，关于抽样的组织形式问题。要认识到不同的抽样组织形式，会有不同的抽样误差，因而就有不同的效果。一种科学的组织形式往往有可能以更少的样本单位数，取得更好的抽样效果。在抽样设计时必须充分利用已经掌握的辅助信息，对总体单位加以预处理，并采取合适的组织形式取样。例如，粮食生产按地理条件分类并分类取样；或按历史单产资料、当年估产资料，将各单位顺序排队并等距取样等，都能收到更好的抽样效果。还应该指出，即使同一种抽样组织形式，由于采用的分类标志不同、群体的划分不同等，仍然会产生不同的效果。因此，应该认真细致地估计不同组织形式和不同抽样方法的抽样误差，并进行对比分析，从中选择有效的切实可行的抽样方案。

在抽样设计中还必须重视调查费用这个基本因素。在设计方案中，我们还要注意到，提高精确度的要求和节省费用的要求并不一致，有时是相互矛盾的。抽样误差要求越小，则调查费用往往越大，因此并非抽样误差越小的方案便是越好的方案，许多情况允许一定范围的误差，就能够满足分析研究的要求。我们的任务是在一定误差的要求下选择费用最小的方案；或在一定的费用开支条件下，选择误差最小的方案。

6.4.2 必要抽样数目的确定

抽样数目是决定抽样误差大小的直接因素，因此，在组织抽样调查时，必须事先确定抽样单位数目。确定必要抽样数目的原则是在保证预期的抽样推断可靠程度的要求下，尽量减少样本单位数目。这是因为，虽然抽取的单位数越多，样本的代表性越大，抽样误差越小，抽样推断越可靠，但是抽取的单位数过多，会增加不必要的人力、物力和费用开支，造成浪费，而且还会影响资料提供的及时性。所以，应当在抽样调查之前，根据调查对象的特点和研究目的的要求，做出科学的设计，确定必要的抽样数目，使其既不浪费人力、物力、财力，又能取得较好的抽样推断效果。

1. 影响必要抽样数目的因素

（1）总体被研究标志的变异程度。

总体标志变异程度大，须多抽样本单位；反之，可少抽。具体来说，可以看总体各单位被研究标志方差 σ^2 或 P（$1-P$）的大小。方差大，抽样数目应确定多些；相反，少些。

（2）对推断精确度的要求。

对推断精确度的要求越高，允许误差 Δ 越小，这时就需要多抽取一些样本单位；如果对推断精确度的要求较低，允许误差 Δ 大一些，则可以少抽取一些样本单位。

（3）对推断可靠性的要求。

抽样推断的可靠程度也就是概率，概率与 t 值有关。如果要求可靠程度高，t 值就大，需要多抽取样本单位；反之，如果要求的可靠程度低，概率小，t 值小，可以少抽取样本单位。

（4）抽样调查的组织方式和方法。

同一对象要求有同样的精确度和保证程度，用机械抽样和类型抽样，抽样数目可定得少些。若用纯随机和整群抽样方式，抽样数目就要定得多些。至于用重复抽样或不重复抽样方法，后者的抽样数目可确定得少些。

（5）人力、物力和财力的允许条件。

从以上因素考虑的抽样数目，还应结合调查的人力、物力和财力的具体情况做适当调整，然后再确定。

在抽样调查前，调查者通常要根据调查对象的特点和研究目的，提出两条主要要求：

- 抽样调查的误差范围或允许误差不得大于多少，这是规定了误差范围 Δ 的值。
- 抽样推断的结果要有多大的保证程度，这是规定了概率度 t 值。

可见，必要抽样数目的计算公式，是从 $\Delta = t\mu$ 这个公式推导出来的。

2. 简单随机抽样必要抽样数目的计算公式

（1）在重复抽样条件下。

1）推断总体平均数所需要的抽样数目：

$$n_{\bar{x}} = \frac{t^2\sigma^2}{\Delta_{\bar{x}}^2}$$

2）推断总体成数所需要的抽样数目：

$$n_P = \frac{t^2P(1-P)}{\Delta_P^2}$$

（2）在不重复抽样条件下。

1）推断总体平均数所需要的抽样数目：

$$n_{\bar{x}} = \frac{t^2\sigma^2N}{N\Delta_{\bar{x}}^2 + t^2\sigma^2}$$

2）推断总体成数所需要的抽样数目：

$$n_P = \frac{t^2P(1-P)N}{N\Delta_P^2 + t^2P(1-P)}$$

需要说明的是：

- 在实际工作中，由于抽样比例一般很小（n/N），虽然采用的是不重复抽样，但仍按重复抽样的公式来计算必要的抽样数目。
- 公式中的σ和 P 一般都未知，也没有样本数据可代替，通常是利用过去同类调查的数据计算或测试以取得所需数据。
- 根据平均数的公式和成数的公式所计算出的必要抽样数目往往不相等，有时甚至相差很大，为了保证抽样推断的准确程度，应选用其中较大的样本数值。

本章小结

1．抽样推断是按照随机原则，从全部研究总体中抽取一部分单位进行调查，并依据所获得的数据对总体的某一数量特征做出具有一定可靠程度的估计与推断的一种统计方法。抽样推断也叫抽样调查。

2．与全面调查相比，抽样调查能节省人力、费用和时间，而且比较灵活；在有些情况下，抽样调查的结果比全面调查要准确；抽选部分单位时要遵循随机原则；抽样调查会产生抽样误差，但抽样误差可以计算，并且加以控制。

3．抽样调查包括简单随机抽样、分层抽样、等距抽样、整群抽样。各种抽样方式有各自的优缺点，我们可以根据所选样本的特点，选择合适的抽样方法。

4．抽样误差指样本指标与被它估计未知的主体参数（总体特征值）之差。抽样中误差的来源主要有两类：一类是登记性误差；另一类是代表性误差。

5．参数估计可以分为点估计和区间估计。点估计是由样本统计量的一个具体数值估计总体参数。区间估计是样本数值依据一定概率给出总体参数的一个可能位于的区间。

6．对总体参数进行估计时，应根据已知的条件选择不同的统计量，否则，参数的置信区间的公式是不能成立的。

7．确定适当的样本容量是实际抽样之前必须解决的问题。样本容量的多少决定了估计的精确度，也影响抽样的费用。应该根据抽样的目的，选择适当的公式进行计划，做到“胸中有数”。

复习思考题

一、名词解释

随机原则　样本　简单随机抽样　重复抽样　不重复抽样　类型抽样　整群抽样　点估计　区间估计　抽样平均误差　抽样误差　概率度　抽样极限误差

二、简答题

（1）什么是抽样推断？它有哪些基本特点？

（2）什么是重复抽样和不重复抽样？不同的抽样方法怎样影响抽样推断的结果？

（3）什么是抽样误差？为什么它不同于登记误差和系统误差？抽样误差的大小受哪些因素影响？

（4）怎样理解抽样平均误差就是抽样平均数（或抽样成数）的标准差？它怎样和总体平均数（或总体成数）联系起来，从而可以反映抽样误差的一般水平？

（5）参数估计的优良标准是什么？抽样平均数和抽样成数估计是否符合优良估计标准？试加以说明。

（6）什么是概率度？什么是置信度？这两者有什么关系？

（7）类型抽样中的分组和整群抽样中的分群有什么不同意义和不同要求？

（8）进行简单随机重复抽样，假定抽样单位增加 3 倍，则抽样平均误差将发生怎样的变化？如果要求抽样误差减少 20%，其样本单位数应如何调整？

三、判断题（把“√”或“×”填在题后的括号里）

（1）随机抽样就是随意抽样。(　　)

（2）某企业在调查本厂的产品质量时，有意把管理较差的某车间的产品不算在内。这种做法必将导致系统性偏差。(　　)

（3）一个全及总体可能抽取很多个样本总体。(　　)

（4）抽样误差产生的原因是抽样调查时违反了随机原则。(　　)

（5）抽样平均误差就是总体指标的标准差。(　　)

（6）极限误差就是最大的抽样误差，因此，总体指标必然落在样本指标和极限误差共同构成的区间之内。(　　)

（7）计算抽样平均误差，当缺少总体方差资料时，可以用样本方差来代替。(　　)

（8）抽样平均误差、总体标准差和样本容量的关系可用公式表达，因此在统计实践中，为了降低抽样平均误差，可以缩小总体标准差或增大样本容量来达到。(　　)

（9）重复抽样误差一定大于不重复抽样误差。(　　)

（10）整群抽样为了降低抽样平均误差，在总体分群时注意增大群内方差、缩小群间方差。(　　)

（11）当全及总体单位数很大时，重复抽样和不重复抽样计算的抽样平均误差相差无几。(　　)

（12）类型抽样应尽量缩小组间标志值变异，增大组内标志值变异，从而降低影响抽样误差的总方差。(　　)

四、单选题

（1）抽样调查的主要目的在于（　　）。

A．计算和控制误差　　B．了解总体单位情况

C．用样本来推断总体　　D．对调查单位做深入的研究

（2）抽样调查所必须遵循的基本原则是（　　）。

A．随意原则　　B．可比性原则　　C．准确性原则　　D．随机原则

（3）下列属于抽样调查的事项有（　　）。

A．为了测定车间的工时损失，对车间的每三班工人中的第一班工人进行调查

B．为了解某大学食堂卫生状况，对该校的一个食堂进行了调查

C．对某城市居民 1%的家庭进行调查，以便研究该城市居民的消费水平

D．对某公司三个分厂中的第一个分厂进行调查，以便研究该工厂的能源利用效果

（4）无偏性是指（　　）。

A．抽样指标等于总体指标　　B．样本平均数的平均数等于总体平均数

C．样本平均数等于总体平均数　　D．样本成数等于总体成数

（5）一致性是指当样本的单位数充分大时，抽样指标（　　）。

A．小于总体指标　　B．等于总体指标

C．大于总体指标　　D．充分靠近总体指标

（6）有效性是指作为优良估计量的方差与其他估计量的方差相比，有（　　）。

A．前者小于后者　　B．前者大于后者

C．两者相等　　D．两者不等

（7）能够事先加以计算和控制的误差是（　　）。

A．抽样误差　　B．登记误差　　C．代表性误差　　D．系统性误差

（8）对两个工厂工人平均工资进行不重复随机抽样调查，抽查的工人人数一样，两工厂工人工资方差相同，但第二个工厂工人数比第一个工厂工人数整整多一倍。抽样平均误差（　　）。

A．第一个工厂大　　B．第二个工厂大

C．两个工厂一样大　　D．无法得出结论

（9）抽样平均误差是指抽样平均数（或抽样成数）的（　　）。

A．平均数　　B．平均差　　C．标准差　　D．标准差系数

（10）在同样情况下，不重复抽样的抽样平均误差与重复抽样的抽样平均误差相比，是（　　）。

A．两者相等　　B．两者不等　　C．前者小于后者　　D．前者大于后者

（11）反映抽样指标与总体指标之间抽样的可能范围的指标是（　　）。

A．抽样平均误差　　B．抽样误差系数

C．概率度　　D．抽样极限误差

（12）在下列情况下，计算不重复抽样的抽样平均误差可以采用重复抽样公式（　　）。

A．总体单位数很多

B．抽样单位数很少

C．抽样单位数对总体单位数的比重很小

D．抽样单位数对总体单位数的比重较大

（13）在进行纯随机重复抽样时，为使抽样平均误差减少 25%，则抽样单位数应（　　）。

A．增加 25%　　B．增加 78%　　C．增加 1.78%　　D．减少 25%

五、多选题

（1）抽样调查是（　　）。

A．收集资料的方法　　B．推断方法　　C．全面调查方法

D．典型调查方法　　E．非全面调查方法

（2）抽样调查的特点是（　　）。

A．以部分推断全体

B．按随机原则抽取单位

C．抽样调查的目的在于推断有关总体指标

D．抽样调查所抽选的调查样本数量，是根据要调查的总体各个单位之间的差异程度和调查推断总体允许的误差大小，经过科学的计算确定的

E．抽样调查的目的在于了解样本的基本情况

（3）抽样调查可用于（　　）。

A．有破坏性的调查和推断

B．较大规模总体或无限总体的调查和推断

C．调查效果的提高

D．检查和补充全面调查资料

E．产品的质量检验和控制

（4）从总体中可以抽选一系列样本，所以（　　）。

A．总体指标是随机变量　　B．样本指标是随机变量

C．抽样指标是样本变量的函数　　D．总体指标是唯一确定的

E．抽样指标是唯一确定的

（5）抽样误差是（　　）。

A．抽样估计值与未知的总体真值之差　　B．抽样过程中的偶然因素引起的

C．抽样过程中的随机因素引起的　　D．指调查中产生的系统性误差

E．偶然的代表性误差

（6）用抽样指标估计总体指标时，所谓优良的估计应具有（　　）。

A．无偏性　　B．一致性　　C．有效性

D．准确性　　E．客观性

（7）抽样推断中的抽样误差（　　）。

A．抽样估计值与总体参数值之差　　B．不可避免

C．可以事先计算出来　　D．可以加以控制

E．可以用改进调查方法的办法消除

（8）影响抽样误差的因素有（　　）。

A．抽样方法　　B．样本中各单位标志的差异程度

C．全及总体各单位标志的差异程度　　D．抽样调查的组织形式

E．样本容量

（9）抽样平均误差是（　　）。

A．反映样本指标与总体指标的平均误差程度　B．样本指标的标准差

C．样本指标的平均差　　D．计算抽样极限误差的衡量尺度

E．样本指标的平均数

（10）在其他条件不变的情况下，抽样极限误差的大小和可靠性的关系是（　　）。

A．允许误差范围愈小，可靠性愈大　　B．允许误差范围愈小，可靠性愈小

C．允许误差范围愈大，可靠性愈大　　　　D．成正比关系

E．成反比关系

（11）在一定的误差范围要求下（　　）。

A．概率度大，要求可靠性低，抽样数目相应要多

B．概率度大，要求可靠性高，抽样数目相应要多

C．概率度小，要求可靠性低，抽样数目相应要少

D．概率度小，要求可靠性高，抽样数目相应要少

E．概率度小，要求可靠性低，抽样数目相应要多

（12）在抽样调查中应用的抽样误差指标有（　　）。

A．抽样实际误差　　B．抽样平均误差　　C．抽样误差算术平均数

D．抽样极限误差　　E．抽样误差的概率度

（13）影响样本容量大小的因素是（　　）。

A．抽样的组织形式　　　　B．样本的抽取方法

C．总体标准差大小　　　　D．抽样估计的可靠程度

E．允许误差的大小

（14）计算抽样平均误差时若缺乏全及总体标准差或全及总体成数，可用下述资料代替（　　）。

A．过去抽样调查所得的有关资料　　B．试验性调查所得的有关资料

C．重点调查所得的有关资料　　　　D．样本资料

E．过去全面调查所得的有关资料

（15）由于以下原因引起的误差中，不属于抽样误差的是（　　）

A．被调查者隐瞒了自己的非法收入，将自己的月收入填为 3 000 元

B．由于调查员的失误，将数字 3 568 填报为 3 658

C．入户调查时被调查者不在家，调查员根据自己的估计将户主的收入填报为 3 500 元

D．调查者按自己的主观愿望选择样本单位所造成的误差

E．以上都不对

六、计算题

1．某电子产品使用寿命在 3 000 小时以下为不合格品，现在用简单随机抽样方法，从 5 000 个产品中抽取 100 个对其使用寿命进行调查。其结果如下所示。

使用寿命（小时）	产品个数（个）
3 000 以下	2
3 000～4 000	30
4 000～5 000	50
5 000 以上	18
合　计	100

根据以上资料，要求：

（1）按重复抽样和不重复抽样计算该产品平均寿命的抽样平均误差。

（2）按重复抽样和不重复抽样计算该产品合格率的抽样平均误差。

（3）根据重复抽样计算的抽样平均误差，以 68.27%的概率保证程度对该产品的平均使用寿命和合格率进行区间估计。

2．某外贸公司出口一种茶叶，规定每包规格不低于 150 克，现在用不重复抽样的方法抽取其中 1%进行检验。其结果如下所示。

每包重量（克）	包数（包）
148～149	10
149～150	20
150～151	50
151～152	20

要求：

（1）以 99.73%的概率估计这批茶叶平均每包重量的范围，以便确定平均重量是否达到规格要求。

（2）以同样的概率保证估计这批茶叶合格率范围。

3．某地区有 1 000 家商店，按大、中、小分为三类，其商店数量（单位：家）分别为 $N_1=200$，$N_2=300$，$N_3=500$。今按比例分配抽取一个容量为 $n=100$ 的类型随机样本，平均年营业额（单位：万元）分别为 $x_1=120$，$x_2=75$，$x_3=40$，各类的样本方差分别为 44, 18, 5。试求该地区平均每家每年营业额的置信度为 95%的置信区间。

4．一个市场分析人员想知道：为了确定某地区看过某种报纸广告的家庭占多大成数，需要从该区抽选多少家庭做样本。这个居民区共有 1 000 户，分析人员希望以 95%的置信度对这个成数做出估计，并使估计值处在真正成数附近 0.05 范围之内。在一个先前抽取的样本中，有 25%的家庭看过这种广告。试问应取多大的样本？

第7章　如何利用数据分布规律进行检验——假设检验

引导案例

每个人都会做出一些声明：广告商对他们的产品做出声明，大学声称它们的项目是卓越的，政府声称它们的项目是有效的，律师对嫌疑人有罪或无罪做出声明，医疗诊断是对人们有无疾病的声明，制药公司对药物的有效性做出声明。但是我们如何判断这些声明是否真实呢？统计学提供了一种方法来检验这些声明，我们称为假设检验。

7.1　假设检验的理论基础

ProCare Industries.Ltd 曾经声称它的一款叫作"性别选择"的产品能够提高女性生女孩的概率。该公司声称生女孩的概率能够提高至80%，比正常情况下的50%要高。怎样才能检验这个声明是真实的呢？

性别选择产品基于一个原则，即婴儿的性别可以通过精确的怀孕时间来决定。实际上，并没有证据证明产品是起作用的，也没有证据证明产品一点价值都没有。然而，更先进的技术已经成功证明可以选择婴儿性别（用人工授精），并提出有关性别选择是否应该成为父母的选择，或者何时应该成为父母的选择这样的伦理问题。

一种方式是研究一个随机样本，如100个使用过"性别选择"的母亲所生下的婴儿。如果这个产品没有效果，我们可以预期一半的婴儿是女孩。如果这个产品有效，我们则预期有远远多于一半的婴儿是女孩。关键问题是，什么才是"显著地超过"。如果样本的100个新生儿中有97个女孩，那么我们就完全认同显著超过一半，这个产品是有效果的。如果在这100个新生儿中仅仅有52个女孩，那么我们会认为52太接近一半，因此没有理由相信这个产品是有效果的。但是我们能够认为，在100个婴儿的样本中有64个女孩也是"显著地超过"，同时认为这个产品是真的有效吗？

在统计学中，我们通过假设检验来回答这样的问题。在讨论假设检验特定的术语和步骤之前，先来看看用来做出"性别选择"结论的步骤，这个结论是建立在使用过产品的女性所生的100个婴儿中有64个女孩这个样本之上的。

1）先假设检验性别选择不起作用，这也就意味着产品没有提高生女孩的百分比。如果这个假设是真的，那么可以预期在所有使用过产品的女性所生的婴儿中有50%是女孩。也就是说，如果性别选择产品不起作用，那么女孩所占的比例应该是0.50。

2）现在使用样本（100 个新生儿中有 64 个女孩）来检验上面的假设。从女孩所占比例为 50%的总体中，抽取 100 个婴儿中 64%（或者更多）是女孩的随机样本，通过计算该事件发生的概率来进行检验。

3）如果计算得出，从一个新生儿的随机样本中选取 64%（或者更多）的女孩的概率比较大，那么我们就没有证据证明性别选择产品是有作用的。然而，如果计算得出，几乎不可能从新生儿的随机样本中选取至少 64%的女孩，那么我们就可以得出结论：从性别选择产品样本中得到的结果很可能是由于存在除了偶然的其他因素，这也意味着产品可能是有效的。需要注意的是，即使在这种情况下，我们也无法证明产品是有效的，因为仍然存在对结果的其他解释，例如，我们碰巧选择了一个不同寻常的样本，或者遇到了无法解释的变量。

思考时刻

如果性别选择产品是有效的，随机选择一个使用过产品的女性生的 1 000 个婴儿的新样本。根据第一个样本（100 个新生儿中有 64 个女孩），预计新样本中有多少个女孩？假如性别选择产品不起作用，预计该样本中有多少个女孩？

7.1.1　假设检验的公式

在性别选择产品有效性的检验中，遗留的关键问题是尚未描述如何计算得到类似包含 64%女孩的随机样本的概率，我们也尚未准确定义当提到随机得到一个样本是“完全可能”或是“不可能”时意味着什么。本节内容主要讨论用于解决这些问题的正式步骤。解决问题的第一步就是准确定义检验的是什么。

在统计学中，假设是指对总体参数的具体数值所做的陈述。例如，在性别选择的案例中，总体参数是所有使用过产品的女性生下女孩的比例。假设检验就是利用能够获取的样本信息来检验对总体的特定陈述是被支持还是不被支持的。

> 假设是对总体参数（如总体成数 p 或总体均值 μ）的陈述。
> 假设检验是用于检验有关总体参数的陈述是否正确的标准过程。

> 原假设（null hypothesis）中，“null”这个词来源于拉丁文“null-us”，意思是“没有”。原假设通常被陈述为没有特殊影响或者差异。

在任何假设检验中至少要有两个假设。在性别选择案例中，两个假设分别是：①性别选择产品是起作用的，它使女孩的总体成数比正常预期的 50%有所提高；②性别选择产品在提高女孩总体成数方面没有起到作用。假设检验的出发点是以两个假设中的第二个，即产品并没有提高女孩所占的比例。我们称这个出发点为原假设，用 H_0 表示；另一个假设①称为备择假设，用 H_a 表示。综上所述，对于性别选择案例，原假设和备择假设如下。

1）原假设是性别选择产品没有起作用的陈述，即在这种情况下使用过产品的女性生出女孩的总体成数应该为50%，或是0.50。用p来代表总体成数，则原假设为：

$$H_0(\text{原假设}): p=0.50$$

2）备择假设是性别选择产品有作用的陈述，即在这种情况下使用过产品的女性生出女孩的总体成数应该大于50%，或是0.50。则备择假设为：

$$H_a(\text{备择假设}): p>0.50$$

在本章中，原假设总是包括等式条件，比如，性别选择案例的原假设是等式p=0.50。性别选择案例的备择假设（p>0.50）仅仅是本章中三种常见备择假设中的一种：

总体参数<陈述值

总体参数>陈述值

总体参数≠陈述值

如同我们将在第6.2节中见到的，假设检验中这三种不同类型的备择假设有略微不同的计算方式，因此要给予它们不同的名称。第一种形式（“< ”）称为左侧假设检验，因为它需要检验总体参数是否在陈述值的左侧（更低的值）。类似地，第二种形式（“>”）称为右侧假设检验，因为它需要检验总体参数是否在陈述值得右侧（更高的值）。第三种形式（“≠”）称为双侧假设检验，因为它需要检验总体参数是否显著地远离陈述值的两侧。

原假设（H_0）是假设检验最初的假设。对于本章中的假设检验，原假设总是为总体参数声明一个具体数值，因此可以得到一个等式形式：

H_0（原假设）：总体参数=陈述值

备择假设（H_a）则声明总体参数未完全不同于原假设陈述的数值，它可有以下三种形式：

（左侧）H_a：总体参数<陈述值

（右侧）H_a：总体参数>陈述值

（双侧）H_a：总体参数≠陈述值

【例7-1】　确定假设

在以下案例中，确定声明的总体参数，描述假设检验的原假设和备择假设，并且指出假设检验是左侧检验、右侧检验还是双侧检验。

a. 尼桑公司声称一种名为树叶的电动汽车在充电后平均可以行使110英里[1]。一组消费者声称平均路程是小于110英里。

b. 俄亥俄州卫生部门声称，俄亥俄州医院的女性分娩后的平均住院天数要高于国家平均值2天。

c. 一位在非洲热带草原工作的野外生物学家声称，该地区雌性斑马的真实比例不同于公认的50%。

答案：

a. 总体参数是总体均值（μ），即充电后汽车行驶的平均路程。原假设必须声明总体均值等于某个具体的数值。因此，我们认定原假设为广告商的声明，即汽车行驶的平均路

1　1英里≈1.609千米。

程为 110 英里。备择假设是消费群体的声明，即真实的平均路程少于广告中声明的。综上所述：

$$H_0\text{（原假设）}: \mu=110 \text{ 英里}$$
$$H_a\text{（备择假设）}: \mu<110 \text{ 英里}$$

因为备择假设是“<”的形式，所以假设检验是左侧检验。

b. 总体是俄亥俄州所有刚刚分娩的女性，总体参数是她们在俄亥俄州医院分娩后住院的平均天数（μ）。原假设是平均住院天数等于全国平均值 2 天。备择假设是卫生部门声称的俄亥俄州的平均住院天数高于全国平均值。综上所述：

$$H_0\text{（原假设）}: \mu=2.0 \text{ 天}$$
$$H_a\text{（备择假设）}: \mu>2.0 \text{ 天}$$

因为备择假设是“>”的形式，所以假设检验是右侧检验。

c. 在本案例中，声明是关于总体成数（p）的，即该地区的斑马总体中雌性斑马所占的比例。公认的总体成数是 p=0.50，这是原假设。野外生物学家声称该地区雌性斑马所占的真实比例不同于原假设的数值。由于“不同于”可以是“高于”，也可以是“低于”，备择假设是一个“不等”的形式：

$$H_0\text{（原假设）}: p=0.5$$
$$H_a\text{（备择假设）}: p\neq 0.5$$

因为备择假设是“≠”形式，所以假设检验为双侧检验。

▶▶ 7.1.2　假设检验的可能结果

假设检验总是先假设原假设是正确的，然后检验数据是否有足够理由否定原假设。一般情况下，假设检验只有两种可能的结果。

> 假设检验的两种可能结果：
> - 拒绝原假设 H_0，这种情况下我们有证据支持备择假设。
> - 不拒绝原假设 H_0，这种情况下我们没有足够的证据支持备择假设。

要注意“接受原假设”并不是可能出现的结果，因为原假设总是最初的假设。假设检验可能无法给出理由拒绝最初的假设，但是它也不能提供足够的理由得出最初假设是正确的结论。

事实上只有两种可能的结果，这就使得用公平的方式来选择原假设和备择假设变得极其重要，尤其是在从总体中选出一个样本做检验之前，两个假设都已经被详细阐述了。另外，来自样本中的数据可能偏向用于检验的假设选择。

思考时刻

假设检验并不能使我们接受原假设的观念是一个古老格言的事例，这个格言是“没有找到证据并不代表没有证据”。作为这一观念的实例，请解释为什么从理论上证明某种传说中的动物（如生存于北美洲西北部太平洋沿岸森林中的野人或尼斯水怪）存在是容易的，但是几乎不可能证明它并不存在。

【例7-2】 假设检验的结果

对于例1中的三个案例，分别描述假设检验的可能结果，以及如何阐述这些结果。

答案：

a. 原假设是广告商的声明，即汽车的平均路程是μ=110英里。备择假设是消费群体的声明，即真实的路程少于广告中的路程（μ<110英里）。可能的结果：

- 拒绝μ=110英里的原假设，在这种情况下，我们有证据支持消费群体的声明，即真实的路程少于广告中的。
- 不拒绝原假设，在这种情况下，我们缺乏证据来支持消费群体的声明。然而，这个选择并不意味着广告的声明是真实的。

b. 原假设是平均住院天数等于全国平均值2天。备择假设是卫生部门声称的俄亥俄州的平均住院天数高于全国平均值。可能的结果：

- 拒绝μ=2.0天的原假设，在这种情况下，我们有证据来支持卫生部门声称的俄亥俄州的平均住院天数高于全国平均值。
- 不拒绝原假设，在这种情况下，我们缺乏证据来支持卫生部门的声明。然而，这个选择并不意味着俄亥俄州的平均住院天数完全等于全国平均值2.0天。

c. 原假设是雌性斑马的比例是公认的总体成数50%（p=0.5）。备择假设是野外生物学家声称的公认数值是错误的，这意味着该地区雌性斑马的真实比例不是50%（它既可以“高于”50%，也可以“低于”50%）。可能的结果：

- 拒绝p=0.5的原假设，在这种情况下，我们有证据支持野外生物学家的声称，即公认的数值是错误的。
- 不拒绝原假设，在这种情况下，我们缺乏证据来支持野外生物学家的声明。然而，这个选择并不意味着公认的数值是正确的。

7.1.3 假设检验的结论

让我们回到性别选择案例，假设随机抽取了100个婴儿（使用过性别选择产品的女性所分娩）的样本，并且发现其中有64个女孩。我们如何确定这个样本结果是使我们拒绝还是不拒绝原假设？答案实质上是决定如果原假设是正确的，那么样本结果是偶然发生还是不偶然发生。

这个案例的原假设是在性别选择产品的使用者总体中生女孩所占的真实比例是50%，或者p=0.50，则研究样本的样本容量n=100，样本成数$\hat{p}$=0.64。这样问题变成：如果真实的总体成数p=0.50（正如原假设声明的），那么单独靠偶然性取得一个样本容量n=100的样本，其样本成数至少为$\hat{p}$=0.64的概率是多少。如果概率很小，那么找到这样一个样本的概率就很小，因此我们有理由拒绝原假设。如果观测的样本结果的概率是中等或是偏高的，那么我们完全有可能偶然找到这样的样本，因此我们不能拒绝原假设。

做出拒绝或者不拒绝原假设决定的方式是多种多样的。在这里，我们了解两种高度相关的选择：根据结果的统计显著性做出决定，根据检验结果的真实概率（P值）做出决定。

> 最可能的真实依赖统计学的判断，它可以衡量几种可能性中哪种更可能是真实的。当某些事情必须用排除合理怀疑来证明时意味着什么？什么样的怀疑水平是可以接受的？1/20？还是万亿分之一？
>
> ——K.C.科尔（K.C.Cole）

1．统计显著性

如果某一特定结果的概率小于或等于0.05，我们就说这个结果在 0.05 水平上是统计显著的；如果概率小于或等于 0.01，那么这个结果在 0.01 水平上是统计显著的。0.01 水平比 0.05 水平具有更强的显著性。下面总结如何将这些概念直接运用到假设检验中。

基于统计显著性水平的假设检验决定

我们通过将实际的样本统计量（均值或比例）与假设原假设正确所期望的结果做比较来决定假设检验的结果。为了做出决定，必须选择一个显著性水平。

如果得到样本统计量的概率小于 1%（或者 0.01），那么检验在 0.01 水平上是统计显著的，这为拒绝原假设提供了充分的理由。

如果得到样本统计量的概率小于 5%（或者 0.05），那么检验在 0.05 水平上是统计显著的，这为拒绝原假设提供了中等强度的证据。

如果得到样本统计量的概率高于所选择的显著性水平（0.01 或者 0.05），那么我们无法拒绝原假设。

【例 7-3】　假设检验的统计显著性

考虑性别选择案例，其样本容量 n=100，样本成数 $\hat{p}$=0.64，使用本章后面要讨论的方法，可以计算出在假定原假设（p=0.05）正确的条件下，随机选择这样一个样本成数（或者更极端的比例 $\hat{p}$>0.64）的概率为 0.002 6（可使用相关方法获得更加精准的结果，为 0.003 3）。根据这个结果，应该拒绝原假设还是不拒绝原假设？

答案：

0.002 6 的概率意味着，如果原假设是正确的（真正的总体成数为 50%），那么随机抽取一个样本成数至少为 $\hat{p}$=0.64 的样本的概率小于 1%，所以这个结果在 0.01 水平上是统计显著的。因此，我们可以拒绝原假设，这也意味着它支持备择假设，即性别选择产品提高了生女孩的比例，使之超过 50%。

2．*P* 值

在【例 7-3】中，我们得出结论：由于样本成数在 0.01 水平上是统计显著的，样本结果给我们足够理由去拒绝原假设。事实上，结果比上述的更好，计算出的概率 0.002 6 称为 *P* 值（概率数值的简称），它比简单地陈述统计显著性水平提供了更多的信息。注意：这里是大写字母 *P*，要避免与小写字母 *p* 发生混淆，小写字母 *P* 代表总体成数。也就是说，对于【例 7-3】来说，假设检验的 *P* 值是 0.002 6。我们将在第 6.2 节和第 6.3 节讨论 *P* 值的计算方法；在此，我们仅仅把注意力放在对它的解释上。

基于 P 值得假设检验决定

在对总体参数的声明进行假设检验的过程中，P 值（概率数值）是指假定原假设正确的前提下，随机抽取样本的样本统计量或更极端的样本统计量出现的概率。

（1）一个小的 P 值（如小于或等于 0.05）表明样本结果是不可能偶然发生的，因此样本结果提供足够的理由来拒绝原假设。

（2）一个大的 P 值（如大于 0.05）表明样本结果可以轻易地偶然发生，所以不能拒绝原假设。

【例 7-4】 公平的硬币

你猜想一枚硬币可能更偏向于反面着地而不是正面着地，并且决定通过掷 100 次硬币来检验这个猜想。结果是你得到了 40 次正面和 60 次反面。计算（并不在这里展示）得出用公平硬币掷 100 次得到 40 次及以下正面的概率是 0.028 4。说明该结果的 P 值和统计显著性水平。你能够得出硬币偏向于反面的结论吗？

答案：

原假设为硬币是公平的，在这种情况下，正面着地的比例应该是 50%（H_0: p=0.50）。备择假设是你的猜想，即硬币是偏向于反面的，在这种情况下，正面所占的比例应该少于 50%（H_a: p<0.50）。投掷 100 次硬币代表一个容量 n=100 的随机样本，40 次正面的结果说明假设检验的样本成数 $\hat{p}$=0.4。检验的 P 值是得到样本成数或更极端值（$\hat{p}\leqslant 0.4$）的概率。假设硬币是公平的，并且正面的总体成数是 0.5。事件发生的给定概率是 0.028 4，即检验的 P 值。由于 P 值小于 0.05，结果在 0.05 水平上是统计显著的。但它并不小于 0.01，所以结果在 0.01 的水平下是不显著的。在 0.05 水平下的统计显著性提供了中等程度的理由来拒绝原假设，并且可以得出结论，硬币是偏向于反面着地的。

▶▶ 7.1.4 小结

我们已经介绍了假设检验所有基本的概念，接下来将在 7.2 节讨论总体均值假设检验的计算，在 7.3 节讨论总体成数假设检验的计算。以下总结了假设检验的步骤。

假设检验的步骤

步骤 1：详细阐述原假设和备择假设，每个都必须对总体参数进行声明，如总体均值（μ）或者总体成数（p），并确保要在取得样本或者收集数据之前确定。根据备择假设的形式，决定是需要左侧、右侧还是双侧的假设检验。

步骤 2：从总体中取得一个样本，并测量样本统计量，包括样本容量（n）和相关的样本统计量，如样本均值($\bar{x}$)或样本成数（$\hat{p}$）。

步骤 3：在假定原假设正确的条件下，确定观测的样本统计量（均值或比例）或更极端的值出现的概率。观测的准确概率就是样本结果的 P 值（概率数值）。

步骤 4：根据选择的显著性水平（通常是 0.05 或 0.01，但有时也会用到其他显著性水平），决定是拒绝原假设还是不拒绝原假设。

再次强调，一定要避免混淆字母 p 值的三种不同用法：

拓展 2

- 小写字母 p 代表总体成数，即在一个完整总体中的真实比例。
- 小写字母 $\hat{p}$ 代表样本成数，即从总体中抽取的样本的比例。
- 大写的 P 表示概率，即 P 值。

7.1.5　假设检验的法律类比

法律类比分析有助于阐明假设检验的思想。在美国法庭上，基本原则是如果没有证据证明有罪，那么被告将被判无罪。由于最初的假设是无罪的：

H_0：被告是无罪的。

H_a：被告是有罪的。

检察官的工作就是提供强有力的证据来说服法官拒绝原假设并且发现被告有罪。如果检察官没有提出充分的证据，那么法官将无法拒绝原假设 H_0，则被告将被判为“无罪”。需要注意的是，宣告一个人无罪（接受 H_0）并不是一种选择：无罪意味着没有充分的证据来证明有罪，但是也不能证明无辜。

7.2　总体均值的假设检验

在第 7.1 节中，我们简单地描述了假设检验步骤的基本结构。在所有案例中，我们都必须做出决策，是拒绝原假设，还是不拒绝原假设，其中，原假设就是检验最初的假设。在本章中，我们讨论总体均值假设检验中所用的计算办法。首先研究单侧（左侧或右侧）检验的步骤，然后讨论双侧检验与单侧检验步骤的差别。

7.2.1　单侧检验

思考以下假设的情形：哥伦比亚大学声称其毕业生的起始薪资为 39 000 美元。一个名为广告真实委员会的独立组织怀疑这个声明夸大其词，并决定进行假设检验来寻找证据支持猜测。

我们关注的参数是所有哥伦比亚大学毕业生总体的起始薪资，所以假设检验将使用总体均值 μ。原假设是大学的声明，即平均起始薪资是 39 000 美元。备择假设是委员会的声明，大学夸大了平均起始薪资，即平均起始薪资低于 39 000 美元。原假设和备择假设：

$$H_0: \mu=39\,000\text{ 美元}$$

$$H_a: \mu<39\,000\text{ 美元}$$

由于备择假设是“<”的形式，这是一个左侧假设检验。左侧检验和右侧检验的步骤是一样的，所以将它们统称为单侧检验。

在进行假设后，广告真实委员会随机选择 100 名刚刚从大学毕业的学生作为样本。在样本中，毕业生的平均薪资被证实为 37 000 美元。样本容量为 n=100，样本均值 $\bar{x}$ =37 000 美元。

假设检验最初的两步已经完成：平均起始薪资作为总体参数已经确定，原假设和备择假设也已经做过声明，样本确定，且样本容量和样本均值已经测量出来。下面进行第三步和第四步，首先假定原假设是正确的，然后确定样本统计量是否提供充分的理由去拒绝原假设。

1．抽样分布

假设检验的第三步是在原假设正确的假设条件下，计算观察的样本均值作为极端值出现的概率。对于哥伦比亚大学的案例，问题变成：当总体为 39 000 美元时，找到一个均值等于或小于 37 000 美元的样本（容量 n=100）的概率是多少。我们需要知道，观测到的样本均值（$\bar{x}$ =37 000 美元）仅仅是样本均值分布中的一点。

理解观察样本，假设广告真实委员会并不只选择一个容量 n=100 的样本，而是抽取了许多同样容量的样本。每个样本都有一个独特的样本均值 $\bar{x}$，我们可以绘制样本均值分布图。如在以上案例中一样，原假设总体均值 μ=39 000 美元，所以如果原假设是正确的，那么抽样分布将在这个数值达到顶峰。

当只有一个样本均值时，它代表的只是均值很接近。如果这个点离曲线的峰值很接近，那么样本均值离原假设所期望的总体均值很近。在这种情况下，找到这样一个样本均值的概率并不小，所以没有理由拒绝原假设。相反，当样本均值离原假设所声明的总体均值很远时，如果原假设正确，找到这样一个样本均值的概率就很小。这时我们得出结论：真实的总体均值很可能不是原假设声称的数值，在这种情况下，我们就有理由拒绝原假设。

2．计算标准分数

是否拒绝原假设取决于样本均值是“接近”还是“远离”原假设所声明的总体均值。由于抽样分布是一个（近似）正态分布，样本均值的标准分数为样本均值和所声明的总体均值之间距离的量化值。由中心极限定理可知，样本均值分布的标准差是 $\sigma/\sqrt{n}$，其中 σ 是总体标准差，n 是样本容量。由此可以得出样本均值的标准分数的计算公式：

$$z=\frac{\text{样本均值}-\text{总体均值}}{\text{抽样分布的标准差}}=\frac{\bar{x}-\mu}{\sigma/\sqrt{n}}$$

最后一个问题就是一般情况下我们不知道总体标准差 σ。现在，假设可以用样本标准差 s 估计总体标准差。在案例中，100 个薪资的标准差 s=6 150 美元。设 σ=6 150 美元，那么样本均值分布的标准差是：$\frac{\sigma}{\sqrt{n}}=\frac{6150}{\sqrt{100}}=615$（美元）。在标准分数计算公式中带入以上数值，则当总体样本均值 μ=39 000 美元，样本均值 $\bar{x}$ =37 000 美元时，抽样分布的标准分数为：$z=\frac{\bar{x}-\mu}{\sigma/\sqrt{n}}=\frac{37\,000-39\,000}{615}=-3.25$，即样本均值 $\bar{x}$ =37 000 美元位于抽样分布均值左侧 3.25 个标准差的位置。

在假设检验中计算样本均值的标准分数：

当随机抽取一个样本进行假设检验时，我们可以将它看作抽样分布许多可能个样本中的一个。给定样本容量（n）、样本均值（$\bar{x}$）、总体标准差（σ）及所声明的总体均值（μ），可以进行以下计算：

$$\text{样本均值的标准差}=\frac{\sigma}{\sqrt{n}}$$

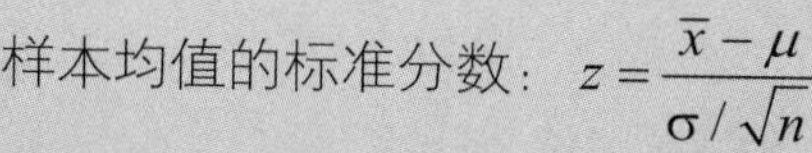

样本均值的标准分数：$z = \dfrac{\bar{x} - \mu}{\sigma / \sqrt{n}}$

注：实际上，确定总体标准差 σ 几乎不可能，所以通常用样本标准差 s 进行估计。

3．统计显著性的临界值

回顾一下，如果找到一个和结果一样极端的实际观测值的概率等于或小于 0.05，那么假设检验在 0.05 的水平上是显著的（假设原假设正确）。对于左侧检验，我们要寻找位于或者低于抽样分布第 5 百分位的标准分数。由正态分布的标准分数和百分位数表可知，第 5 百分位数对应 $z = -1.6$ 和 $z = -1.7$ 之间的标准分数；由表 7-1 可知，它显示出第 5 百分位数对应的标准分数 $z = -1.645$。所以，如果样本均值的标准分数小于或等于−1.645，左侧假设检验在 0.05 水平上就是显著的。在左侧假设检验中，标准分数代表在 0.05 水平上显著性的临界值。

> **技术备忘录**
>
> 样本均值的标准分数通常被称为检验统计量。

相同的结论可以应用到“$H_a: \mu >$陈述值”形式的备择假设的右侧检验中。在这种情况下，0.05 的显著性水平要求样本均值位于或者高于第 95 百分位数，即要求标准分数大于或等于 1.645。图 7-1 和图 7-2 所示为左侧检验和右侧检验的临界值。为了计算 0.01 显著性水平的临界值，找出第 1 百分位数和第 99 百分位数标准分数（而不是第 5 百分位数和第 95 百分位数），表 7-1 中分别是−2.33 和 2.33。

表 7-1　选择标准分数的临界值

项　目	左侧检验	右侧检验	双侧检验
0.05 显著性水平	−1.645	1.645	−1.96 和 1.96
0.01 显著性水平	−2.33	2.333	−2.576 和 2.576

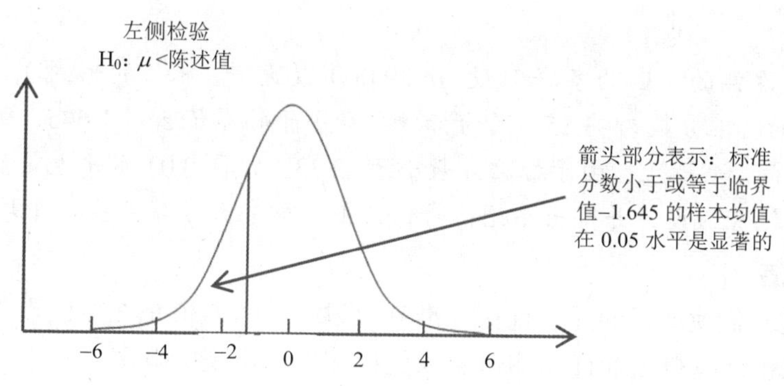

图 7-1　0.05 显著性水平，左侧假设检验样本均值的临界值

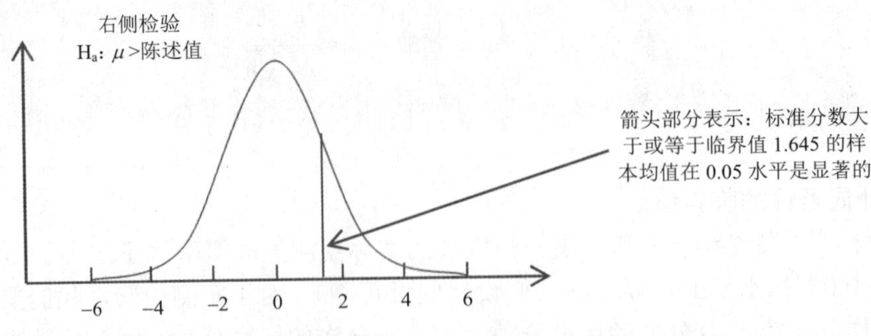

图 7-2　0.05 显著性水平，右侧假设检验样本均值的临界值

基于单侧假设检验显著性的判定：

通过对标准分数（z）和在某一给定显著性水平下样本均值的临界值进行比较，来决定是否拒绝原假设。表 7-2 所示为 0.05 和 0.01 显著性水平下对单侧假设检验做出的判定。

表 7-2　0.05 和 0.01 显著性水平的假设检验

检验类型	H_a 的形式	0.05 水平拒绝 H_a 的标准分数	0.01 水平拒绝 H_a 的标准分数
左侧检验	H_a：μ<陈述值	$Z \leqslant -1.645$	$Z \leqslant -2.33$
右侧检验	H_a：μ>陈述值	$Z \geqslant 1.645$	$Z \geqslant 2.33$

【例 7-5】　哥伦比亚大学假设检验的显著性

假设原假设是正确的，即哥伦比亚大学毕业生的平均起始薪资是 39 000 美元，那么一个平均值为 37 000 美元的样本是否具有统计显著性？根据你的答案，应该拒绝还是不拒绝原假设？

答案：

假设检验是左侧的（因为备择假设 μ<39 000 美元是“<”的形式），已知样本均值 $\overline{x}$ =37 000 美元的标准分数为−3.25。因为标准分数小于临界值 z = −1.645，所以这个结果在 0.05 水平是显著的。实际上，由于标准分数小于−2.33，它在 0.01 水平也是显著的。因此有足够强的证据拒绝原假设，并得出结论：哥伦比亚大学夸大了毕业生的平均起始薪资。

4．计算 *P* 值

我们可以用 P 值使结果的显著性更加准确。回顾一下，P 值是在原假设正确的假设下，根据实际观测数据计算得出的样本均值（或更极端值）出现的概率。对于本章讨论的假设检验，一般情况下，通过样本均值的标准分数找出 P 值。在图 7-3 中，将样本均值分布曲线的面积定义为 1，因此可以用曲线下的面积解释概率。对于左侧检验［见图 7-3（a）］，找到一个小于或者大于等于某个特殊样本均值的概率就是曲线下样本均值左侧区域的面积。对于右侧检验［见图 7-3（b）］，概率就是曲线下样本均值右侧区域的面积。

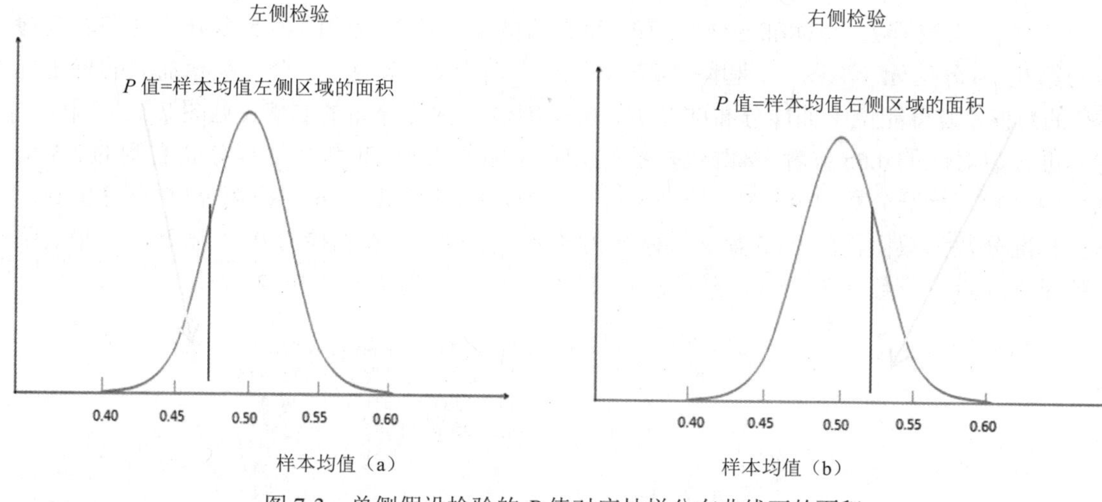

图 7-3　单侧假设检验的 P 值对应抽样分布曲线下的面积

接下来我们计算哥伦比亚大学假设检验的 P 值。已知样本均值（$\overline{x}$ =37 000 美元）的标准分数 $z=-3.25$。查正态分布表可知，这个标准分数所对应的“左侧区域累计面积”为 0.000 6，这就是所要计算的 P 值。这个很小的 P 值为拒绝原假设提供了很强的证据。

5．总体均值单侧检验的总结

我们已经完成了均值的单侧假设检验，总结如下。

（1）由于是对总体均值的假设检验，原假设的形式为 μ=陈述值。为了确定是否拒绝原假设，在假定原假设正确的前提下，必须确定在假设检验中得到特定样本的情况是否可能发生。

（2）通过样本均值的标准分数确定这种情况的概率，用以下公式计算样本均值的标准分数：

$$z=\frac{\overline{x}-\mu}{\sigma/\sqrt{n}}$$

式中，n 是样本容量；$\overline{x}$ 是样本均值；μ 是原假设所声明的总体均值；σ 是总体标准差。

（3）接着用以下两种方式估计标准分数：

1）可以通过将计算得到的标准分数与表 7-1 给出的临界值做比较来估计统计显著性水平。

2）可以通过标准分数表来确定 P 值。对于左侧检验，P 值是曲线下标准分数左侧区域的面积；对于右侧检验，P 值是曲线下标准分数右侧区域的面积。

（4）如果结果在选择的水平上（通常是 0.05 或 0.01）统计显著，拒绝原假设。如果结果不是统计显著的，那么就不能拒绝原假设。

▶▶ 7.2.2　双侧检验

同样的基本原理可以应用到双侧检验，在双侧检验中备择假设是“≠”的形式，即 H_a：$\mu\neq$陈述值。但是，双侧检验的陈述值和 P 值的计算过程与单侧检验稍有不同。

通常，如果抽取一个特定样本的概率等于或小于 0.05，那么假设检验在 0.05 水平是显著的。对于单侧检验，与标准分数对应的 0.05 的概率在左侧检验的第 5 百分位处和右侧检验的第 95 百分位处（见图 7-1 和图 7-2）。但对于双侧检验来说，一个"实际抽取的特定样本"的数值，既可能位于抽样分布的左侧，也可能位于抽样分布的右侧（见图 7-4）。因此，与标准分数对应的 0.05 或者 5%既包括抽样分布左侧的 2.5%，也包括抽样分布右侧的 2.5%。从表中可知，标准分数–1.96 对应第 2.5 百分位数，标准分数 1.96 对应第 97.5 百分位数。这些标准分数为双侧检验 0.05 显著性水平的临界值。同样，双侧检验 0.01 显著性水平的临界值是第 5 百分位数和第 95 百分位数对应的标准分数，为–2.575 和 2.575。

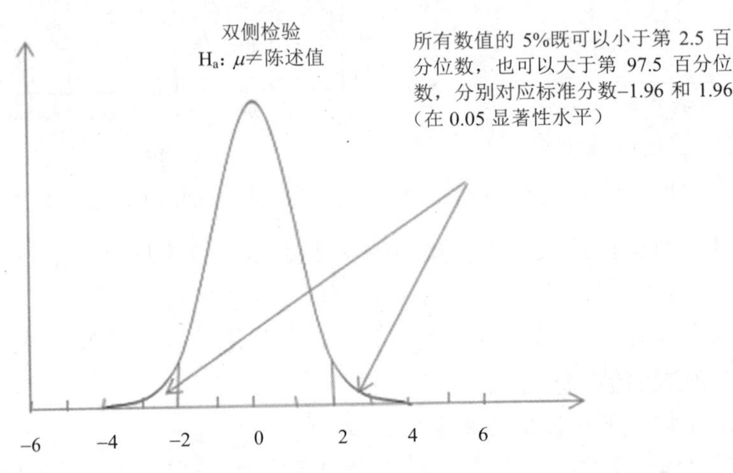

图 7-4 双侧检验 0.05 显著性水平的临界值

考虑双侧检验的 *P* 值。回顾一下单侧检验，左侧检验的 *P* 值是曲线下样本均值左侧区域的面积，右侧检验的 *P* 值是曲线下样本均值右侧区域的面积。由于双侧检验要求我们考虑均值的两侧，双侧检验的 *P* 值是同样情况下单侧检验 *P* 值的两倍。

双侧检验（H_a：$\mu\neq$陈述值）：

统计显著性：如果样本均值的标准分数不大于临界值–1.96 或者不小于临界值 1.96，那么双侧检验在 0.05 水平是显著的。对于 0.01 显著性水平，临界值是–2.575 和 2.575。

P 值：先在检验是单侧的假设下用样本均值的标准分数找出 *P* 值，然后乘以 2 就是双侧检验的 *P* 值。

思考以下案例。某制药公司想确定其"500 毫克"阿司匹林药片是否真的含有 500 毫克阿司匹林。如果药片的含量少于 500 毫克，那么消费者得不到广告中声称的剂量。如果药片的含量多于 500 毫克，那么消费者可能服药过量。原假设是阿司匹林含量的总体均值是 500 毫克，即 H_0：μ=500 毫克。

制药公司对阿司匹林的平均重量大于 500 毫克和小于 500 毫克的概率均感兴趣，所以我们要进行双侧检验，备择假设：H_0：$\mu\neq$500 毫克。

假设公司随即选择了一个 n=100 个药片的样本，发现其平均重量 $\bar{x}$ =501.5 毫克，假设总体标准差 μ=7.0 毫克。那么，样本均值的标准分数为：

$$z=\frac{\bar{x}-\mu}{\sigma/\sqrt{n}}=\frac{501.5-500}{7/\sqrt{100}}=2.14$$

标准分数超过了双侧检验的临界值 1.96，所以它在 0.05 水平是显著的（但在 0.01 水平是不显著的，因为没有超过临界值 2.575）。这个结果提供了很好的理由去拒绝原假设，并且得出结论："500 毫克"阿司匹林药片的平均重量不是 500 毫克。

通过查找表得出 P 值，结果显示标准分数 z=2.14 左侧区域的面积是 0.983 8。因此，如果这是单侧检验，那么 P 值就是右侧区域的面积为 1–0.983 8=0.016 26。但这是一个双侧检验，所以将数值乘以 2 就得到了 P 值，为 2×0.016 2=0.033 24。换句话说，如果原假设是正确的，那么抽取有定样本均值的样本概率是 0.032 4。

▶▶ 7.2.3 假设检验中的常见错误

如今我们已经掌握了假设检验的所有基本内容及对总体均值进行假设检验的具体方法。然而，即使一个假设检验被正确地执行，两种常见的错误也可能影响结论。为了理解这些错误，我们回顾一下第 7.1 节法率类比的内容，其中原假设 H_0：被告是无罪的。如果我们得出被告是有罪的，而实际上是无罪的，那么就产生了一种类型的错误。在这种情况下，原假设（无罪）被错误地拒绝了。如果我们得出结论被告是无罪的，而实际上他是有罪的，那么就产生了另一种类型的错误。在这种情况下，我们错误地没有拒绝原假设。

现在再次考虑制药公司的检验声明，即药片中阿司匹林的平均含量是 500 毫克（H_0：μ=500 毫克）。从检验中得出结论，公司可能犯以下两种错误。

（1）公司可能在平均含量真的是 500 毫克时，拒绝原假设并得出结论：平均含量不是 500 毫克。这个错误会导致公司浪费时间和金钱去报废药片。在这类错误中，H_0 被错误地拒绝了，因此称为第 I 类错误。

（2）公司可能在阿司匹林的平均含量事实上不是 500 毫克时，没有拒绝原假设。在这种情况下，公司将发售含量过多或者过少的阿司匹林药片，消费者可能提起诉讼。在这类错误中，我们错误地没有拒绝 H_0，因此称为第 II 类错误。

表 7-3 为四种决策可能出现的情况。

表 7-3 H_0 和 H_a 的决策

项目		事实	
		H_0 是真的	H_a 是真的
决策	拒绝 H_0	第 I 类错误	决策正确
	不拒绝 H_0	决策正确	第 II 类错误

如果仔细思考，你就会意识到假设检验的显著性水平和第 I 类错误（错误地拒绝 H_0）之间有着重要的联系：显著性水平就是犯第 I 类错误的概率。例如，用 0.05 显著性水平进行假设检验，当原假设真的正确时做出拒绝原假设的错误决定的概率是 0.05。如果用 0.01 显著性水平进行假设检验，错误地拒绝原假设的概率为 0.01。（犯第 II 类错误的概率也可以量化，但是超出了本书的范围。）

选择假设时的偏好

正如我们看到的，一个操作良好的假设检验会遵循相当严格的过程，这个过程倾向于降低偏好破坏检验的概率。然而很多方式都可以引入偏好，尤其是在选择假设的时候。考虑下述的情况，调查一家工厂向周围河流排放污染物的水平是否超过政府所允许的最大水平。原假设的合理选择是真实的污染物排放平均水平等于所允许的最大水平：

H_0：污染物排放的平均水平=政府允许的最大水平

然而，这也留给我们两个对备择假设的合理选择，每个备择假设都将某种偏好引入最终结果中。

如果工厂进行真实检验，他们倾向于声称污染物排放的平均水平小于政府允许的最高水平。也就是说，他们会选择：

H_a：污染物排放的平均水平<政府允许的最大水平

使用这个备择假设，会有两种可能的结果。

（1）拒绝 H_0，在这种情况下，可以得出结论，污染物排放的平均水平小于政府允许的最大水平。这个结果是工厂乐意看见的结果。

（2）不拒绝 H_0，在这种情况下检验没有结论。

换句话说，通过选择“<”假设检验，工厂能够确保最坏的结果只是让检验以没有证据证明他们超过政府允许的最大水平而结束，结论可能对他们有利。

H_a：污染物排放的平均水平>政府允许的最大水平

选择这个备择假设，拒绝 H_0 意味着工厂违反了标准，而不拒绝 H_0 是没有结论的。换句话说，选择右侧（“>”）检验的结果是可能发现工厂违反标准。

拓展 3

7.3 总体成数的假设检验

接下来我们研究有关比例的假设检验。除了需要使用不同的方法计算抽样分布的标准差，前面一节所有的基础知识都可以应用到这里。下面用一个案例说明这个过程。

假设一个政党候选人在选举前委托进行一项民意调查。使用一个 n=400 个可能投票者的随机样本，投票结果是 204 个人支持候选人。这名候选人应该有获胜的信心吗？

对于假设检验，我们需要了解投票结果（样本统计量）是否支持候选人有超过 50%选票的假设。通常，用 p 代表在投票总体中支持候选人的投票者所占的比例，用 $\hat{p}$ 代表在样本中支持候选人的投票者所占的比例。由于在样本的 400 个人中有 204 个人支持候选人，样本成数：

$$\hat{p}=\frac{204}{400}=0.51$$

接下来具体阐明原假设和备择假设。通常情况下，将原假设设定为一个等式：

H_0: p=0.5（50%的投票者支持候选人）

候选人想知道他是否能获得大多数人的支持，所以备择假设是右侧的：

H_a: p>0.5（多于 50%的投票者支持候选人）

▶▶ 7.3.1　总体成数假设检验的计算

我们如何确定样本中是否有足够的证据来拒绝原假设？回顾假设检验的四个步骤，我们发现已经完成了前两步（具体描述假设及收集样本数据）。现在，如同在第 7.2 节处理样本均值那样，我们必须确定在原假设正确的假设下，偶然获得样本结果的概率。

与处理样本均值的过程类似，假设随机抽取许多样本容量 n=400 的样本。对于每个样本，计算支持候选人的投票者所占的比例。由于样本容量足够大，样本成数的分布应该非常接近正态分布。在原假设（投票总体中支持候选人的投票者所占的比例是 0.5）正确的条件下，该分布的峰值是原假设声明的总体成数，即 p=0.5。抽样分布的标准差用以下公式计算：

$$\text{样本成数分布的标准差}=\sqrt{\frac{p(1-p)}{n}}$$

在案例中，标准差：

$$\sqrt{\frac{p(1-p)}{n}}=\sqrt{\frac{0.5(1-0.5)}{400}}=0.025$$

图 7-5 显示了样本成数的分布。在抽样分布中，我们将样本成数（$\hat{p}$=0.51）看作一个单独的点。与对样本均值进行假设检验一样，我们观察到以下结果：

（1）如果样本结果接近抽样分布的峰值，那么没有理由认为原假设是错误的，不能拒绝原假设。

（2）如果样本结果远离抽样分布的峰值，那么可能的解释是抽样分布的峰值不是在原假设声明的数值处达到，在这种情况下，我们拒绝原假设。

> **技术备忘录**
>
> 只有当 $np\geqslant5$ 及 $n(1-p)\geqslant5$ 时，样本成数分布的标准差公式才能准确。在本书中，我们所考虑的问题都满足这些条件。

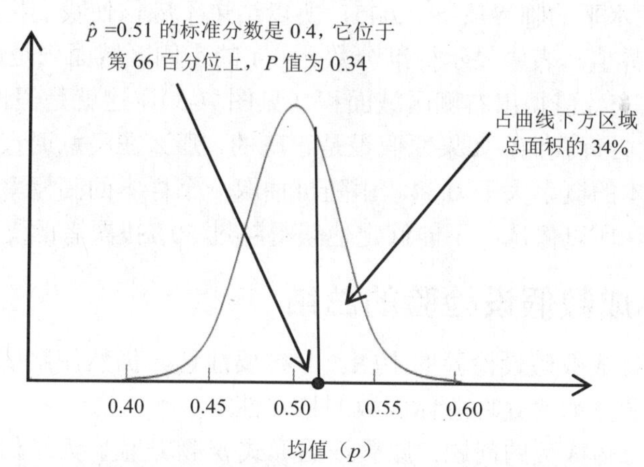

图 7-5　投票选举的样本成数分布（均值为 0.5，标准差为 0.025）

下面通过用标准差量化距离来确定样本成数是“接近”还是“远离”抽样分布的峰值（限定原假设是正确的）。对于样本成数，标准分数（z）的公式变为：

$$z = \frac{\text{样本成数} - \text{总体成数}}{\text{抽样分布的标准差}} = \frac{\hat{p} - p}{\sqrt{p(1-p)/n}}$$

现在可以计算并解释以上案例的标准分数。回顾一下，样本容量 $n=400$，样本成数是 51%（$\hat{p}=0.51$），总体成数 $p=0.5$。因此，样本成数的标准分数是：

$$z = \frac{\hat{p} - p}{\sqrt{p(1-p)/n}} = \frac{0.51 - 0.5}{0.025} = 0.4$$

民意调查中的样本成数离样本成数分布的峰值有 0.4 个标准差的距离。正如我们在图 7-5 中看见的，这个结果并不极端，这表明不应该拒绝原假设，即候选人不能对获得大多数人支持充满信心。

在 1948 年的美国总统选举中，大多数调查机构和报纸预测共和党候选人杜威（Dewey）将大胜民主党候选人杜鲁门（Turman）。事实上，杜鲁门以 49.5%对 45.1%的得票比例赢得了胜利。

假设检验中样本成数的标准分数

给定样本容量（n）、样本成数（$\hat{p}$）和声明的总体成数（p），则样本成数的标准分数是：

$$z = \frac{\hat{p} - p}{\sqrt{p(1-p)/n}}$$

▶▶ 7.3.2 显著水平和 p 值

我们可以通过显著性水平或 P 值进一步量化问题。先由显著性水平开始。由于选举民意调查案例使用了右侧检验，我们在表 7-1 中找出显著性水平的临界值。标准分数 $z=0.4$ 并不大于 0.05 显著性水平的临界值 $z=1.645$，所以结果不应该使我们拒绝原假设。为了找出 P 值，查表找到临界值。表中显示标准分数 $z=0.4$ 的左侧区域面积是 0.655 4。由于是右侧检验，用 1 减去这个数值得出右侧区域面积（见图 7-5），这就是假设检验的 P 值，为 1−0.665 4=0.344 6。它告诉我们，如果原假设是正确的，那么在民意调查中随机选择一个与找到的一样极端的样本的概率大于 0.34。由随机抽取一个样本的高概率可知，我们没有足够的理由拒绝原假设，所以候选人不能假定他获得超过 50%投票者的支持。

▶▶ 7.3.3 总体成数假设检验的总结

现在我们总结总体成数假设检验的步骤。一定要注意，仍然使用前面总结的假设检验的四个步骤，这里仅关注如何处理总体成数的特殊性。

（1）由于要解决总体成数的问题，原假设的形式 p=陈述值。为了做出是拒绝还是不拒绝原假设的决策，我们必须确定如果原假设是正确的，那么找出一个和我们在假设检验中找到的一样极端的样本这一事件是可能发生还是不可能发生。

（2）根据样本成数的标准分数（z）确定这个概率，样本成数的标准分数可用下列公式计算：

$$z=\frac{\hat{p}-p}{\sqrt{p(1-p)/n}}$$

式中，n 是样本容量；$\hat{p}$ 是样本成数；p 是原假设声明的总体成数。

（3）然后使用标准分数完成以下两个步骤，这与总体均值假设检验一样。

1）可以通过比较标准分数和表 7-1 给出的临界值确定单侧检验的统计显著性水平，也可以通过比较标准分数和临界值确定双侧检验的统计显著性水平。

2）可以通过标准分数表确定 P 值。对于左侧检验，P 值是正态曲线下标准分数右侧区域的面积；对于双侧检验，它就是单侧检验找出的 P 值的两倍。

（4）如果结果在所选择的水平（通常是 0.05 或者 0.01）下显著，那么我们拒绝原假设。如果结果不是统计显著的，那么我们就不能拒绝原假设。

【例 7-6】　惯用左手的人

随机抽取一个 n=750 人的样本，其中有 92 人是惯用左手的人。使用这个样本数据检验“10%的人是惯用左手的人”这个声明。

答案：

步骤 1：声明与惯用左手的人的总体成数有关，所以这是一个总体成数的假设检验。原假设是 10%的人是惯用左手的人的声明，即 H_0: p=0.1。为了检验这个声明，我们需要计算真实的总体成数高于或者低于 10%的概率。因此，备择假设是 H_a: $p\neq0.1$。这是一个双侧检验。

步骤 2：样本统计量为样本容量 n=750 和样本中惯用左手的人所占的比例：

$$\hat{p}=\frac{92}{750}\approx0.123$$

步骤 3：这个样本成数（$\hat{p}$=0.123）的标准分数是：

$$z=\frac{\hat{p}-p}{\sqrt{p(1-p)/n}}=\frac{0.123-0.1}{\sqrt{0.1\times(1-0.1)/750}}\approx2.1$$

在双侧检验中，0.05 显著性水平下的标准分数临界值是–1.96 和 1.96。检验中的标准分数 2.1 超过了 1.96，所以我们得出结论，检验在 0.05 水平上是显著的。从正态分布表中可知，标准分数 2.1 的右侧区域面积是 1–0.982 1=0.017 9。如果是单侧检验，那么这就是 P 值。但是本例是双侧检验，所以要将它乘以 2，即 $2\times0.0179=0.0358$。图 7-6 所示为抽样分布的 P 值。

步骤 4：由于检验在 0.05 水平下是显著的，我们拒绝原假设并得出结论：惯用左手的人的总体成数不等于 10%。请记住，显著性水平是犯第 I 类错误的概率，所以当原假设正确时，我们拒绝原假设而犯第 I 类错误的概率是 0.05。

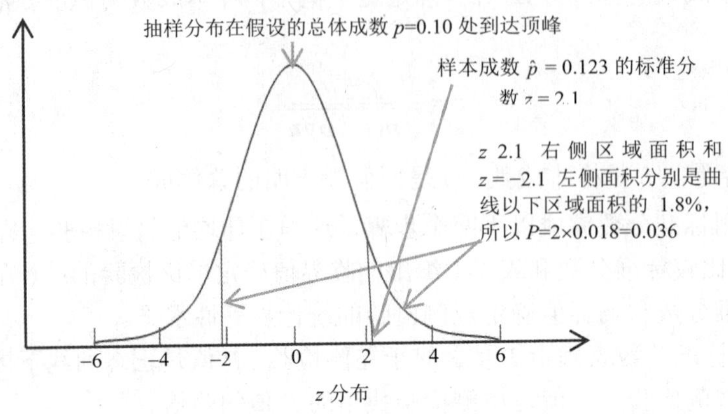

图 7-6　样本成数的分布

本章小结

1. 假设检验是利用样本提供的数据资料来检验事先对总体某些数量特征所做的假设是否可信的一种统计方法。当对总体参数的真实性感到怀疑，需要通过样本来考察其正确与否时，往往借助假设检验做判断，来决定接受或拒绝这一假设。

2. 假设检验包括 4 个步骤。第一步，根据备择假设的形式，决定是需要左侧、右侧还是双侧的假设检验；第二步，从总体中取得一个样本，并测量样本统计量；第三步，在假定原假设正确的条件下，确定观测的样本统计量；第四步，根据选择的显著性水平（通常是 0.05 或 0.01，但有时也会用到其他显著性水平），决定是拒绝原假设还是不拒绝原假设。

3. 假设检验一般有三种检验方式，即比较检验统计量与临界值的大小、计算概率值及构造置信区间。

4. 基于单侧假设检验显著性的判定：通过对标准分数（z）和在某一给定显著性水平下样本均值的临界值进行比较来决定是否拒绝原假设。

5. 假设检验中的常见错误：第Ⅰ类错误和第Ⅱ类错误。第Ⅰ类错误即在原假设正确时拒绝原假设，发生第Ⅰ类错误的概率为 α——检验的显著性水平。第Ⅱ类错误即在原假设错误时接受原假设，发生第Ⅱ类错误的概率用 β 表示。

复习思考题

一、名词解释

假设检验　显著性　单侧检验　双侧检验　第Ⅰ类错误　第Ⅱ类错误

二、简答题

（1）假设检验的可能结果有哪些？

（2）假设检验的步骤有哪些？

（3）简述假设检验的一般方法。

（4）简述基于单侧假设检验显著性的判定。

（5）简述第Ⅰ类错误。

（6）简述第Ⅱ类错误。

三、判断题（把“√”或“×”填在题后的括号里）

（1）α错误又称为显著性水平、Ⅰ类错误，即原假设 H_0 为假时，被我们接受所犯这类错误的概率。（　　）

（2）检验的显著性水平（用 α 表示）被定义为能允许犯第Ⅰ类错误的概率，它决定了否定域的大小。（　　）

（3）第Ⅰ类错误是，零假设 H_0 实际上是错的，却没有被否定。第Ⅱ类错误则是，零假设 H_0 实际上是正确的，却被否定。（　　）

（4）在拒绝 H_0 的前提下，若增大 α 的水平，有可能变为接受 H_0。（　　）

（5）在同样的显著性水平条件下，单侧检验较之双侧检验，可以在犯第Ⅰ类错误的危险不变的情况下，减少犯第Ⅱ类错误的危险。（　　）

（6）每当方向能被预测的时候，在同样显著性水平条件下，双侧检验比单侧检验更合适。（　　）

（7）方差分析是为了推断多个总体的方差是否相等而进行的假设检验。（　　）

（8）在右侧检验中，如果 $P<\alpha$，则拒绝 H_0。（　　）

（9）不可能同时减少第Ⅰ类错误和第Ⅱ类错误。（　　）

（10）对单个总体成数的检验的充分必要条件是样本必须是大样本。（　　）

（11）如果变量的分布未知，那么必须是大样本才有可能进行均值比较。（　　）

四、单选题

（1）假设检验的基本思想是（　　）。

A．中心极限定理　　B．小概率原理　　C．大数定律　　D．置信区间

（2）如果一项假设规定的显著水平为 0.05，下列表述正确的是（　　）。

A．接受 H_0 时的可靠性为 95%　　B．接受 H_1 时的可靠性为 95%

C．H_0 为假时被接受的概率为 5%　　D．H_1 为真时被拒绝的概率为 5%

（3）某种药物的平均有效治疗期限按规定至少达到 37 小时，平均有效治疗期限的标准差已知为 11 小时。从这一批这种药物中抽取 100 件进行检验，以该简单随机样本为依据，确定应接收还是拒收这批药物的假设形式为（　　）。

A．H_0：$\mu=37$　H_1：$\mu\neq37$　　B．H_0：$\mu\geqslant37$　H_1：$\mu<37$

C．H_0：$\mu<37$　H_1：$\mu\geqslant37$　　D．H_0：$\mu>37$　H_1：$\mu\leqslant37$

（4）在一次假设检验中，当显著水平设为 0.05 时，结论是拒绝原假设，现将显著水平设为 0.1，那么（　　）。

A．仍然拒绝原假设　　B．不一定拒绝原假设

C．需要重新进行假设检验　　D．有可能拒绝原假设

（5）下列场合适合用 t 统计量的是（　　）。

A．总体正态，大样本，方差未知
B．总体非正态，大样本，方差未知
C．总体正态，小样本，方差未知
D．总体非正态，小样本，方差未知

（6）犯第Ⅰ类错误是指（　　）。

A．否定不真实的零假设
B．不否定真实的零假设
C．否定真实的零假设
D．不否定不真实的零假设

（7）在假设检验中，接受原假设时（　　）。

A．可能犯第Ⅰ类错误
B．可能犯第Ⅱ类错误
C．同时犯两类错误
D．不会犯错误

（8）在进行假设时，在其他条件不变的情形下，增加样本量，检验结论犯两类错误的概率将（　　）。

A．都减小　B．都增加　C．都不变　D．一个增加一个减少

（9）两个样本均值经过 t 检验判定有显著差别，P 值越小，说明（　　）。

A．两样本均值差别越大
B．两总体均值差别越小
C．越有理由认为两样本均值有差别
D．越有理由认为两总体均值有差别

（10）在假设检验中，$1-\alpha$ 是指（　　）。

A．拒绝了一个真实的原假设的概率
B．接受了一个真实的原假设的概率
C．拒绝了一个错误的原假设的概率
D．接受了一个错误的原假设的概率

（11）在假设检验中，$1-\beta$ 是指（　　）。

A．拒绝了一个正确的原假设的概率
B．接受了一个正确的原假设的概率
C．拒绝了一个错误的原假设的概率
D．接受了一个错误的原假设的概率

五、多选题

（1）下面判断正确的有（　　）。

A．若观察到的显著性水平为43%，则原假设是可信的
B．若观察到的显著性水平为4%，则此结果为统计显著
C．一个高度显著的结果不可能由于偶然的缘故
D．若观察到的显著性水平为1%，则原假设看上去是不可信的
E．若观察到的显著性水平为1%，那么100次中仅有1次的机会原假设为真

（2）假设检验涉及两类错误，第Ⅰ类错误发生的概率记作 α，第Ⅱ类错误发生的概率记作 β，下面陈述正确的是（　　）。

A．第Ⅰ类错误称为弃真错误，第Ⅱ类错误称作取伪错误
B．第Ⅰ类错误称作取伪错误，第Ⅱ类错误称为弃真错误
C．在一定样本容量下，减少 α 会引起 β 增大
D．在一定样本容量下，减少 β 不会引起 α 增大
E．奈曼·皮尔生原则是在控制 α 的条件下，尽可能使 β 小

（3）下列关于假设检验的陈述正确的是（　　）。

A．假设检验实质上是对原假设进行检验
B．假设检验实质上是对备择假设进行检验
C．当拒绝原假设时，只能认为肯定它的根据尚不充分，而不是认为它绝对错误

D．假设检验并不是根据样本结果简单地或直接地判断原假设和备择假设哪个更有可能正确

E．当接受原假设时，只能认为否定它的根据尚不充分，而不是认为它绝对正确

（4）在假设检验中，当我们做出检验统计量的观测值为落入原假设的拒绝域时，表示（ ）。

A．没有充足的理由否定原假设　　B．原假设是成立的

C．可以放心地信任原假设　　D．检验的 P 值较大

（5）选择一个合适的检验统计量是假设检验中必不可少的步骤，其中“合适”实质上是指（ ）。

A．选择的检验统计量应与原假设有关

B．选择的检验统计量应与备择假设有关

C．在原假设为真时，所选的检验统计量的抽样分布已知

D．在备择假设为真时，所选的检验统计量的抽样分布已知

E．所选的检验统计量的抽样分布已知，不含未知参数

（6）关于 t 检验，下面正确的说法是（ ）。

A．t 检验实际是解决大样本均值的检验问题

B．t 检验实际是解决小样本均值的检验问题

C．t 检验适用于任何总体分布

D．t 检验对正态总体适用

E．t 检验要求总体的 σ 已知

（7）在方差分析中，依据 P 值做统计决策时，若 P 值大于显著性水平，则（ ）。

A．拒绝原假设　　B．不拒绝原假设

C．所检验因素对因变量观测值没有显著影响

D．所检验因素对因变量观测值有显著影响

（8）在方差分析中，依据 P 值做统计决策时，若 P 值小于显著性水平，则（ ）。

A．拒绝原假设　　B．不拒绝原假设

C．所检验因素对因变量观测值没有显著影响

D．所检验因素对因变量观测值有显著影响

六、计算题

1．一种元件，要求其使用寿命不低于 1 000（小时），现在从一批这种元件中随机抽取 25 件，测得其寿命平均值为 950（小时）。已知这种元件寿命服从标准差 100（小时）的正态分布，试在显著水平 0.05 下确定这批元件是否合格。

2．一种袋装食品每包的标准重量应为 1 000 克。现从生产的一批产品中随机抽取 81 袋，测得其平均重量为 990 克。已知这种产品重量服从标准差为 51 克的正态分布。要求：

（1）试利用总体均值估计的置信区间在 $\alpha = 0.05$ 条件下来检验这批产品的包装重量是否合格？

（2）利用总体均值估计的置信区间在 $\alpha = 0.10$ 条件下重新检验这批产品的包装重量是否合格？

第8章　相关性和因果关系是统计学分析的重点——现象之间关系

引导案例

人类身高密码

受表兄达尔文1859年出版的《物种起源》影响，从1860年开始，佛朗西斯·高尔登（Francis Galton，1822—1911）使用统计方法研究遗传学，经过20多年努力，高尔登终于取得统计历史最伟大的成就之一——回归与相关发展。研究发现，遗传使得子代平均重量比母代更靠近总体的中心。若以身高为例，则高（矮）个子父母平均来说，其子女也会高（矮）些，但是不如父母那么高（矮），要向平均身高的方向“回归”；同一重量的母代所产生子代受随机因素干扰（《身高遗传向普通回归》，1886年）。

在实际生活中，我们可以列举很多客观现象之间存在的相互关系、相互影响、相互制约的案例，例如，商品销售价格与利润额、施肥量与农作物的产量、工资增长与劳动生产率、胶卷的出厂时间长短和胶卷的感光速率变化之间的关系。从数量上研究这些现象的相互依存关系，它们具体形式是什么，怎样根据一个变量（或者多个变量）的变动来估计另一个变量的变动，如何用计算机处理和实现这些结果，是本章要解决的主要问题。

8.1　相关分析的概念、分类和内容

8.1.1　相关分析的概念

在自然界和社会现象中，现象间的普遍联系、相互制约往往表现为相互依存的关系。这种依存关系通常有两种关系类型，即函数关系和相关关系。

1. 函数关系

函数关系是指现象（变量）间存在的一种严格的数量依存关系。在这种关系中，当一个或几个变量取一定的值时，另一个变量有确定值与之相对应，我们称这种关系为确定性的函数关系。

例如，圆的面积随半径的变化而变化。每给定一个圆的半径就有一个唯一确定的圆面积和它对应，面积是半径的函数。在社会经济现象中，同样也存在这种关系。例如，商品销售额=销售量×销售价格，当销售价格不变时，销售量发生变化，就有一个确定的销售额

与它对应，销售额是销售量的函数。

2．相关关系

相关关系是指现象间确实存在的、但在数量上表现为不确定的相互依存关系。这种关系的特征是：一种现象发生变化，会引起另一种现象的变化，但这种变动关系不是唯一确定的。

这意味着一个变量虽然受另一个变量影响，却并不由这个变量完全确定。例如，粮食平均亩产和施肥量之间存在一定的依存关系，即随着施肥量的增加，平均亩产一般会相应地增加，但其增加情况不是唯一确定的。因为平均亩产除受施肥量影响外，还受种子、土壤、气温、雨量、密植程度等因素的影响，这种关系就是相关关系。在许多社会经济现象中都存在这种相关关系，如提高劳动生产率会使成本降低、利润增加等。

函数关系与相关关系虽然有明显的区别，但两者之间有非常紧密的联系。函数关系往往通过相关关系表现出来，而在研究相关关系时，为了找出现象间数量关系的内在联系和表现形式，又需要借助函数关系的形式加以描述。

在相关分析中，若相关现象之间存在一定的因果关系，通常把起决定作用的变量作为自变量，一般用 x 表示，把受自变量影响而相应变化的变量作为因变量，一般用 y 表示。例如，研究劳动生产率与利润之间的关系时，劳动生产率为自变量，利润为因变量。若现象间只存在相关关系并不存在明显的因果关系，如每万元产值耗电量与产值之间的关系，究竟以哪种现象为自变量，哪种现象为因变量，则要根据研究的目的来决定。

▶▶ 8.1.2　相关关系的分类

社会经济现象之间的相关关系是错综复杂的，表现为各种不同的形态和类型。现从不同的角度对其进行划分。

1．按相关的变量多少不同，可分为单相关和复相关

1）单相关。两个变量之间的相关关系称为单相关。

2）复相关。3 个或 3 个以上变量之间的两两相关关系称为复相关或多元相关，即一个因变量和 2 个（或者 2 个以上）自变量之间的复杂依存关系。

2．按相关的表现形式不同，可分为线性相关和非线性相关

1）线性相关（直线相关）。当相关关系的一个变量变动时，另一个变量也相应地发生大致均等的变动，这种相关关系称为线性相关。

2）非线性相关（曲线相关）。当相关关系的一个变量变动时，另一个变量变动是不均等的，这种相关关系称为非线性相关。

3．按相关的程度不同，可分为不相关、完全相关和不完全相关

1）不相关。如果两个变量彼此的数量变化互相独立，这种关系为不相关。

2）完全相关。如果一个变量的数量变化由另一个变量的数量变化所唯一确定，这时两个变量间的关系称为完全相关。在这种情况下，相关关系实际上是函数关系。所以，函数关系是相关关系的一种特殊情况。

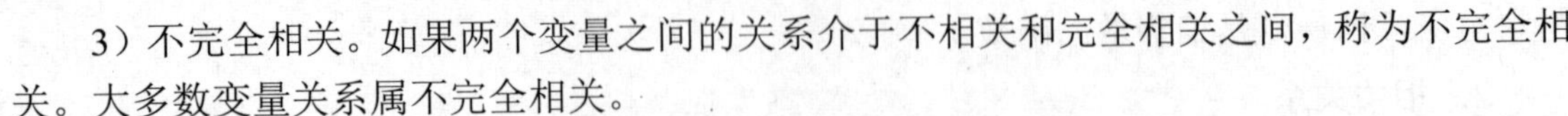

3）不完全相关。如果两个变量之间的关系介于不相关和完全相关之间，称为不完全相关。大多数变量关系属不完全相关。

4．按相关的方向不同，可把线性相关分为正相关和负相关

1）正相关。正相关指两个变量的变化方向一致，都是增长趋势或下降趋势，如图 8-1 所示。

2）负相关。负相关指两个变量变化趋势相反，一个下降而另一个上升，或一个上升而另一个下降，如图 8-2 所示。

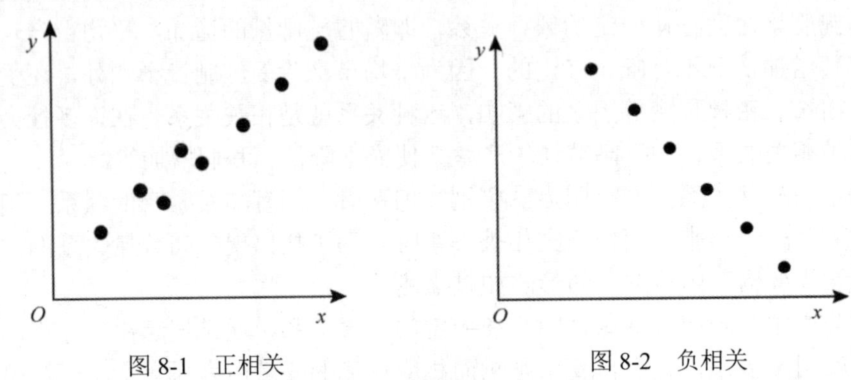

图 8-1　正相关　　　　图 8-2　负相关

▶▶ 8.1.3　相关分析的主要内容

相关分析的内容分为狭义相关分析与广义相关分析。

狭义相关分析的主要内容是：定性与定量分析相结合，正确选择变量，确定变量之间有无相关关系，并确定相关关系的表现形式、密切程度和方向等。

广义相关分析除了狭义相关分析内容，还包括：对具有相关关系的变量建立它们之间的数学模型（或称回归方程），并对建立的回归方程及其参数进行显著性检验。例如通过检验，可用建立的回归方程来计算，当自变量值有一定变化时，因变量值如何变化，以便揭示变量之间依存关系数量上的规律性；同时，通过测定因变量估计值与实际观测值之间的差异程度，判断因变量估计值的代表性大小。

8.2　相关关系测定

▶▶ 8.2.1　相关关系的一般判断

1．定性分析

要分析现象之间的相关关系，首先要对客观事物（或现象）进行定性认识和判断，确定现象之间的内在关系。由于任何事物都有其质的规定性，质的规定性表明了事物自身与其他事物的区别和联系，因此对事物这种质的规定性的认识和分析，就称为定性分析。按照人们认识事物的顺序，先有对事物的定性判断，才能据此进行量的分析。

2. 相关表

在对现象之间的相关关系做出定性分析后，再以表格形式显示现象之间的数量关系，这种表称为相关表。

通过相关表可初步判断变量之间相关关系的类型、密切程度和相关方向。

【例 8-1】

现在以某地区 8 个工业企业 2018 年的有关月产量与生产费用的资料，编制相关表，如表 8-1 所示。

表 8-1 月产量与生产费用相关表

企业编号	月产量 x（千吨）	生产费用 y（万元）
1	1.2	62
2	2.0	86
3	3.1	80
4	3.8	110
5	5.0	115
6	6.1	132
7	7.2	135
8	8.0	160

表 8-1 称为简单相关表，它适合原始资料较少情况下对变量相关程度进行简单判断。从表 8-1 可以看出，随着生产性固定资产的增多，工业增加值有增加的趋势。

3. 相关图

相关图的绘制是在直角坐标中，以横轴表示自变量，纵轴表示因变量，标出每对变量值的坐标点或散布点，表示其分布的状况。通过相关图，可以大致看出两个变量之间有无相关关系，以及相关的形态、方向和密切程度。现在用表 8-1 的资料绘制相关图，如图 8-3 所示。

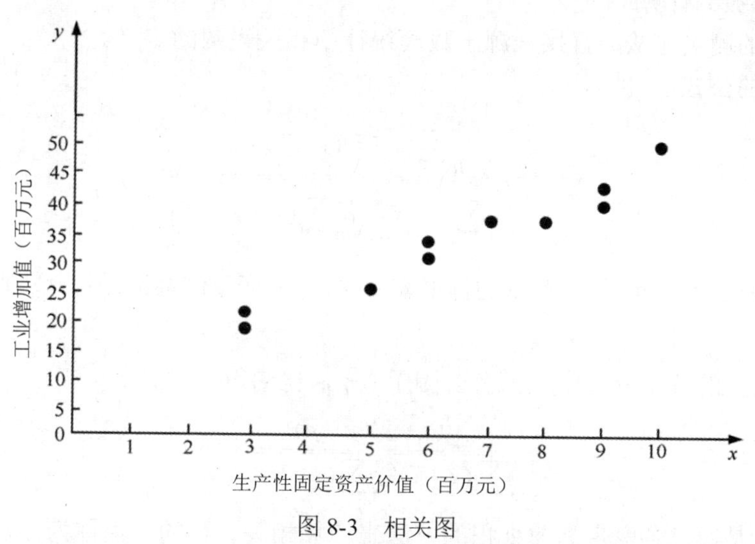

图 8-3 相关图

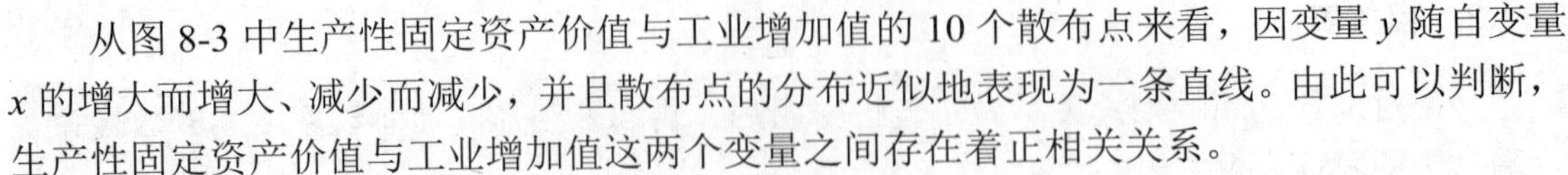

从图 8-3 中生产性固定资产价值与工业增加值的 10 个散布点来看，因变量 y 随自变量 x 的增大而增大、减少而减少，并且散布点的分布近似地表现为一条直线。由此可以判断，生产性固定资产价值与工业增加值这两个变量之间存在着正相关关系。

8.2.2 相关系数

1．相关系数的意义

相关系数是在直线相关条件下，说明两个变量之间相关关系密切程度的统计分析指标。相关系数通常用 r 表示。

相关系数比相关表和相关图更能概括地表现相关的形式和程度。根据相关系数的大小，或把若干个相关系数加以比较，可以发现现象在发展变化中是具有决定作用的因素，因而相关系数对于判断变量之间相关关系的密切程度，有重要的意义。

相关系数的取值范围是在−1 和+1 之间，即 $-1 \leqslant r \leqslant 1$。当 $r>0$ 时，为正相关；当 $r<0$ 时，为负相关。$|r|$越接近于 1，表示相关关系越强；$|r|$越接近于 0，表示相关关系越弱。如果$|r|=1$，则表示两个变量完全直线相关。如果$|r|=0$，则表示两个变量完全不相关。但要注意的是，r 只表示 x 与 y 的直线相关密切程度，当 r 很小甚至为 0 时，并不表示 x 与 y 之间不存在其他非直线性的相关关系。

为在实际分析时有个判断标准，现将相关关系密切等级列于表 8-2 中。

表 8-2　相关关系密切等级表

相关系数绝对值$\|r\|$	相关密切程度等级
0.3 以下	不相关
0.3～0.5	低度相关
0.5～0.8	显著相关
0.8 以上	高度相关

2．相关系数的计算

相关系数的测定方法，直接来源于数理统计中相关系数的定义。

相关系数的公式：

$$r=\frac{\sigma_{xy}^{2}}{\sigma_{x}\sigma_{y}}=\frac{\frac{1}{n}\sum(x-\overline{x})(y-\overline{y})}{\sqrt{\frac{1}{n}\sum(x-\overline{x})^{2}}\sqrt{\frac{1}{n}\sum(y-\overline{y})^{2}}} \tag{8-1}$$

式中，n 是资料项数；σ_x 是 x 变量的标准差；σ_y 是 y 变量的标准差；σ_{xy}^2 是两个变量的协方差。

在式（8-1）的分子分母中，都有公因子 $1/n$，化简得：

$$r=\frac{\sum(x-\overline{x})(y-\overline{y})}{\sqrt{\sum(x-\overline{x})^{2}}\sqrt{\sum(y-\overline{y})^{2}}} \tag{8-2}$$

式（8-2）是通过各变量离差乘积的方法来计算相关系数的，也称为“积差法”相关系

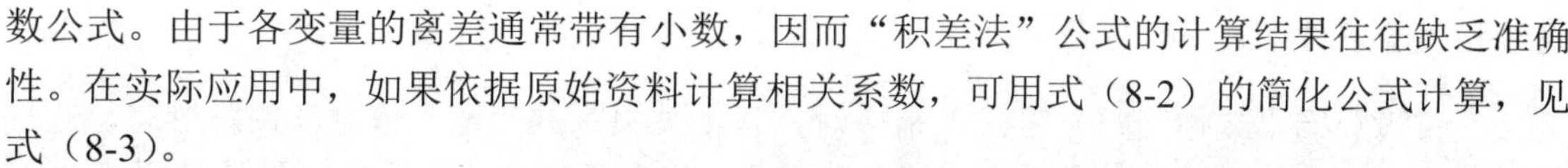

数公式。由于各变量的离差通常带有小数，因而“积差法”公式的计算结果往往缺乏准确性。在实际应用中，如果依据原始资料计算相关系数，可用式（8-2）的简化公式计算，见式（8-3）。

$$r=\frac{n\sum xy-\sum x\sum y}{\sqrt{n\sum x^2-(\sum x)^2}\sqrt{n\sum y^2-(\sum y)^2}} \tag{8-3}$$

该式是由积差法公式推导出来的。按照该公式计算系数，只需列 3 个计算栏：xy , x^2 , y^2 。避免了平均数、协方差、标准差的直接计算，大大简化了运算过程。

【例 8-2】

现在用表 8-1 的资料，计算 8 个企业月产量与生产费用之间的相关系数。所需资料如表 8-3 所示。

表 8-3　相关系数计算表

企业序号	月产量 x（千吨）	生产费用 y（万元）	x^2	y^2	xy
1	1.2	62	1.44	3 844	74.4
2	2.0	86	4.00	7 396	172
3	3.1	80	9.61	6 400	248
4	3.8	110	14.44	12 100	418
5	5.0	115	25.00	13 225	575
6	6.1	132	37.21	17 424	805.2
7	7.2	135	51.84	18 225	972
8	8.0	160	64.00	25 600	1 280
合计	36.4	880	207.54	104 214	4 544.6

$$r=\frac{n\sum xy-\sum x\sum y}{\sqrt{n\sum x^2(\sum x)^2}\sqrt{n\sum y^2-(\sum y)^2}}=\frac{8\times 4\,544.6-36.4\times 880}{\sqrt{8\times 207.54-36.4^2}\sqrt{8\times 104\,214-880^2}}$$
$$=0.969\,7$$

计算结果表明，生产性固定资产价值和工业增加值之间存在高度的正相关关系。

通过以上的计算与分析过程，我们看到：统计中研究现象之间的相关关系，应该是真实的、客观存在的关系，而不是主观臆造或形式上的偶然巧合。这就要求我们在实际进行相关关系分析时，应依据有关的科学理论，通过观察和试验，在对现象做深入分析的基础上，来确定这种相关关系，而且还要经过理论和实践的进一步检验。只有这样，才可能得到正确的结论。

8.3　回归分析

8.3.1　回归分析的概念

在相关分析中，相关系数可以从数量上说明变量之间相关关系的方向和密切程度（在直线相关的条件下）。

回归分析（或称回归方程式）是指对具有相关关系的变量，依据其关系形态，选择一个合适的数学模型，用来近似地表示变量间数量平均变化关系的一种统计方法。

回归分析的内容很多，按分析变量的多少不同，可分为一元回归分析与多元回归分析；按分析变量间的表现形态不同，可分为线性回归分析与非线性回归分析等。本节只讨论一元线性回归分析的有关理论和方法。

拓展1

8.3.2 相关分析与回归分析的关系

1. 相关分析与回归分析的区别

（1）相关分析所研究的两个变量是对等关系；回归分析所研究的两个变量不是对等关系，必须确定哪个是自变量，哪个是因变量。

（2）对两个变量 x 和 y 来说，相关分析只能计算出一个反映两个变量间相关密切程度的相关系数，计算中互换 x 和 y 的位置不影响相关系数的数值；在回归分析中，对互有因果关系的变量，有时可以根据研究目的的不同分别建立两个不同的回归方程。以 x 为自变量，y 为因变量，可以得出 x 对 y 的回归方程；以 y 为自变量，x 为因变量，可得出 y 对 x 的回归方程；不能把这两个回归方程简单地看成互为反函数。

（3）相关分析对资料的要求是，两个变量可以都是随机变量；回归分析对资料的要求是，自变量是可以控制的变量或给定的变量，而因变量是随机变量。

2. 相关分析与回归分析的联系

（1）相关分析是回归分析的基础和前提。如果缺少相关分析，没有从定性上说明现象间是否具有相关关系，没有对相关关系的密切程度做出判断，就不能进行回归分析，即便进行了回归分析，其回归方程的代表性也有待商榷。

（2）回归分析是相关分析的深入和继续。对现象间的相关分析仅仅说明其具有密切的相关关系是不够的，只有进行了回归分析，拟合了回归方程，才可能进行有关分析的回归预测，相关分析才有实际意义。因此，如果仅有回归分析而缺少相关分析，将因为缺乏必要的基础和前提而影响回归分析的可靠性；如果仅有相关分析而缺少回归分析，就会降低相关分析的意义。只有把两者结合起来，才能达到分析研究的目的。

8.3.3 一元线性回归模型

1. 一元线性回归模型的描述

一元线性回归模型又称简单直线回归模型，它是分析具有线性相关关系的两个变量之间数量变动关系的数学表达式。

当 x 与 y 变量互为因果关系时，依据分析研究的目的不同，可建立两个直线回归方程式。

（1）y 对 x 的直线回归方程。

$$\hat{y} = a + bx \tag{8-4}$$

式中，$\hat{y}$ 是因变量 y 的估计理论值；x 是自变量的实际值；a,b 是待定参数。

a，b 的几何意义是：a 为直线方程的截距，b 为斜率。其经济意义是：a 为当 x 为 0 时 y 的估计值；b 是当 x 每增加一个单位时 y 的平均增加量，b 也称 y 对 x 的回归系数。

（2）x 对 y 的直线回归方程。

$$\hat{x} = a' + b'y \tag{8-5}$$

式（8-5）中 a' 与 b' 的意义等同于式（8-4）中的 a 与 b，只是 x 与 y 的位置互换而已。

当 x 与 y 变量只有单向的依存关系时，只能建立一个直线回归方程，一般是 y 对 x 的回归直线，即式（8-4）。

2．一元线性回归模型的参数估计

在相关图中，如果自变量与因变量对应的散布点近似为直线，或计算出的相关系数具有显著的直线相关关系，则可拟合一条回归直线。拟合回归直线的目的是要找到一条理想的直线，用直线上的点来代表所有的相关点。统计理论已证明，用最小平方法配合的直线最具有代表性，是最佳线。

应用最小平方法配合直线，其基本要求是实际值与估计理论值的离差平方和为最小。用公式表示为：

$$\sum(y-\hat{y})^2 = \sum(y-a-bx)^2 = \text{最小值}$$

设 $Q = \sum(y-a-bx)^2$，则 Q 是两个待定参数 a,b 的函数。要使 Q 为最小值，就要用数学中对二元函数求极值的原理，求 Q 关于 a 和 b 的偏导数，并令其等于零，整理得出直线回归方程中求解参数 a 和 b 的标准方程组。

$$\begin{cases} \sum y = na + b\sum x \\ \sum xy = a\sum x + b\sum x^2 \end{cases} \tag{8-6}$$

这就是求解参数 a，b 的二元一次方程组。解之即得求 a,b 的公式，如下所示：

$$\begin{cases} b = \dfrac{n\sum xy - (\sum x)(\sum y)}{n\sum x^2 - (\sum x)^2} \\ a = \dfrac{\sum y}{n} - b\dfrac{\sum x}{n} \end{cases} \tag{8-7}$$

【例 8-3】

现仍用表 8-1 某地区的 8 个工业企业 2018 年的有关月产量与生产费用的资料为例，具体说明求解 a,b 值和建立直线回归方程的方法。

从相关图 8-3 中可以看出，生产性固定资产价值与工业增加值为线性相关，并通过表 8-3 相关系数的测算，得知二者之间为高度的正相关关系，由此可建立 y 对 x 的直线回归方程。根据表 8-4 的资料求出所需的有关数据。

表 8-4　直线回归模型计算表

单位：100 万元

企业序号	月产量 x（千吨）	生产费用 y（万元）	x^2	xy	估计理论值 $\hat{y}$
1	1.2	62	1.44	74.4	66.79
2	2.0	86	4.00	172	77.11
3	3.1	80	9.61	248	91.3
4	3.8	110	14.44	418	100.33
5	5.0	115	25.00	575	115.81
6	6.1	132	37.21	805.2	130
7	7.2	135	51.84	972	144.19
8	8.0	160	64.00	1 280	154.51
合计	36.4	880	207.54	4 544.6	—

$$n=8 \quad \sum x=36.4 \quad \sum x^2=207.54 \quad (\sum x)^2=1\,324.96$$

$$\sum y=880 \quad \sum xy=4544.6$$

将上述数据代入式（8-7），求解 a 和 b 的数值。

$$b=\frac{n\sum xy-(\sum x)(\sum y)}{n\sum x^2-\sum(x^2)}=\frac{8\times 4544.6-36.4\times 880}{8\times 207.54-1324.96}=12.90$$

$$a=\frac{\sum y}{n}-b\frac{\sum x}{n}=\frac{880}{8}-12.90\times\frac{36.4}{8}=51.31$$

将 a 和 b 的数值代入式（8-4），得出工业增加值对生产性固定资产价值的直线回归方程：

$$\hat{y}=51.31+12.90x$$

回归方程的实际意义是：a=51.31，是回归直线在 y 轴上的截距；b=12.9，表示月产量每增加一个单位（千吨），生产费用平均增加 12.9（万元）。

回归直线确定后，将各企业的月产量依次代入方程式，即可求得各企业生产费用的理论值，将其填入表 8-4 中，以供绘制回归直线图和计算回归估计标准误差使用。例如：

企业 1　$\hat{y}=51.31+12.9\times1.2=66.79$（万元）

企业 2　$\hat{y}=51.31+12.9\times2.0=77.11$（万元）

利用回归直线模型还可以进行预测。例如，某企业月产量预计可达 4000 吨，在其他条件相对稳定时，可预测其生产费用为：

$\hat{y}=51.31+12.9\times4=102.91$（万元）

这里需要指出，一个直线回归方程只能做一种推算，不能进行另一种相反推算，即只能以自变量 x 推算因变量 y，而不能以 y 推算 x。如上例所配合的直线回归方程，只能在给定生产性固定资产价值时，来推算工业增加值，不可给定工业增加值来推算固定资产价值。在互为因果关系的变量之间，根据研究需要，可建立 y 对 x 的直线回归方程和 x 对 y 的直线回归方程，但此时的两个回归方程是两条不同的回归直线，具有不同的斜率和意义，只能给定自变量推算因变量。

3．回归系数与相关系数的关系

回归系数 b 与相关系数 r 有着非常密切的数量关系，在相关分析和回归分析中二者之间可互相推算。

根据回归系数式（8-7），得

$$r=\frac{\sigma_{xy}^2}{\sigma_x\sigma_y}$$

根据相关系数式（8-1），得

$$\frac{b}{r}=\frac{\sigma_y}{\sigma_x}$$

所以

$$b=r\frac{\sigma_y}{\sigma_x} \tag{8-8}$$

由于 σ_y/σ_x 为非负数，因此，由式（8-8）可知 b 与 r 同号且 b 正比于 r，这是一个很重要的结论。它为在某场合下依据 r 来推算 y 随 x 的变动情况提供了理论依据。

现在用以上有关算例的结果来验证二者的关系。由表 8-3 的结果及进一步计算得

$$\sigma_x=2.331\,24\text{ , }r=0.97,\quad \sigma_y=30.44$$

再由表 8-4 的结果得

$$b\ \approx\ 4.154\,4$$

即

$$b=r\sigma_y/\sigma_x=0.9918\times9.7698/2.3324\approx4.1544$$

$$r=b\sigma_y/\sigma_x=4.1544\times2.3324/9.7698=0.9918$$

拓展 2

可见，推算结果与依据原始资料计算的结论完全一致。

▶▶ 8.3.4　估计标准误差

根据所配合的回归直线方程式推算出各个估计值 $\hat{y}$ 后，其估计的可靠性如何，则要通过计算估计标准误差来判断。在表 8-4 中，因变量的估计值 $\hat{y}$ 与实际观察值 y 是不等的，其估计误差为 $y-\hat{y}$。估计误差的大小反映估计值的准确性。但我们要观察的不是某一个变量值与估计值的误差 $y_i-\hat{y}_i$，而是整体的差别情况，这就需要用估计标准误差指标来反映。

拓展 3

1．估计标准误差的意义与计算

估计标准误差是用来说明回归方程代表性大小的统计分析指标。其计算原理与标准差基本相同，估计标准误差说明估计理论值的代表性。若估计标准误差小，表明回归方程估计准确程度高，代表性大；反之，估计准确程度低，代表性小。估计标准误差的公式如下。

（1）定义公式。定义公式反映了实际观察值 y 与估计值 $\hat{y}$ 之间的平均离差程度。

$$s_y=\sqrt{\frac{\sum(y-\hat{y})^2}{n-2}} \tag{8-9}$$

式中，s_y是估计标准误差；$n-2$是自由度，因在一元线性回归方程中，计算了a和b两个参数，即失去了两个自由度。

按照式（8-9）计算估计标准差十分烦琐，运算较大，因为它需要计算出因变量y所有的估计值。在实际中，运用简化公式计算估计标准误差。

（2）简化公式。在已知直线回归方程的情况下，简化公式是根据回归直线方程中的参数a和b计算的，特点是能与相关分析和回归分析中的数据资料相结合，其计算结果等同于定义公式。

$$S_y=\sqrt{\frac{\sum y^2-a\sum y-b\sum xy}{n-2}} \tag{8-10}$$

【例8-4】

现仍用表8-4的有关资料，说明回归标准误差的计算方法。

经过有关计算已知

$$\sum(y-\hat{y})^2=442.43, n-2=6, \sum y^2=104\,214, \sum y=880, \sum xy=4\,544.6, a=51.31, b=12.9$$

按照式（8-9）得

$$S_y=\sqrt{\frac{\sum(x-\hat{y})^2}{n-2}}=\sqrt{\frac{442.43}{6}}=8.59(万元)$$

按照式（8-10）得

$$S_y=\sqrt{\frac{\sum y^2-a\sum y-b\sum xy}{n-2}}$$
$$=\sqrt{\frac{104214-51.31\times880-12.9\times4544.6}{6}}$$
$$=8.59(万元)$$

其结果表明，8个企业生产费用的估计理论值与实际值的平均误差为8.59万元。由此可见，只有把回归估计值与估计的标准误差结合起来分析运用，才更具有意义。

2．估计标准误差与相关系数的关系

估计标准误差S_y与相关系数r在数量上也存在密切的关系，这就从另一个角度说明了相关分析与回归分析之间的联系。二者之间的关系可由下列公式表述：

$$r=\sqrt{1-\frac{S_y^2}{\sigma_y^2}} \tag{8-11}$$

$$S_y=\sigma_y\sqrt{1-r^2} \tag{8-12}$$

式（8-11）、式（8-12）中有关符号的意义同前。

式（8-11）和式（8-12）的意义在于：从互相联系的两个算式中可以看出r与S_y的变化方向是相反的。当r越大时，S_y越小，这时相关密切程度较高，回归直线的代表性就大，当$r=\pm1$时，$S_y=0$，现象间完全相关，各相关点均落在回归直线上，此时对x的任何变

化，y 总有一个相应的值与之对应。当 r 越小时，S_y 就越大，这时相关密切程度较低，回归直线的代表性就小。当 $r=0$ 时，S_y 取得最大值，这时，现象间不存在直线关系。

在实际的相关分析中，一般不用这种方法计算相关系数。这种计算方法存在两个缺陷：

（1）需要先求出回归直线方程，计算出估计标准误差，才能求得相关系数。从一般的认识程序来看，只有相关关系密切的情况下，配合回归方程才有意义；如果关系不密切，下一步的计算就不必要了，因而要求先计算相关系数以判断相关关系的密切程度。

（2）以这种方法计算出的结果，难以判断是正相关还是负相关。

所以实际工作中常常采用另一种推算方法，即根据式（8-12）由相关系数 r 去推算估计标准误差 S_y。

8.4　回归分析应注意的几个问题

1．在定性分析的基础上进行定量分析

在定性分析的基础上进行定量分析，是保证正确运用相关分析和回归分析的必要条件。也就是在确定哪些变量是自变量，哪些变量是因变量之前，必须对所研究的现象有充分的认识。相关分析的方法不能解释相关关系产生的原因，它本身不能判断现象之间是否存在质的联系。这些问题的解决，必须依靠对现象的定性分析。如果把本来没有内在关系的现象进行相关分析，将会导致虚假相关的错误。比如，研究某地区人口出生数量与该地区老年人口再婚数量之间的关系，显然是没有任何意义的。若据此进行回归分析推算预测，其结论也是荒谬的。

2．要注意现象质的界限及相关关系作用的范围

在进行相关分析和回归分析时，要注意现象质的界限及相关关系作用的范围。超出了这个范围，分析的结果就会有悖于客观实际。我们用数学模型得到的回归方程，一般都是根据一定范围内的有限资料来计算的，其有效性只适用于该范围内，不适用于该范围外。也就是说，利用回归方程，一般只适用于内插预测，不适用于外推预测。这是由于最小平方法指的是对现有资料范围配合一条最佳线，如果外推到范围以外，就不一定是最佳线了。我们根据样本资料所配合的回归方程是在一定条件下建立的，因此也只能在一定条件下应用。例如，农作物生产量与施肥量只在一定的范围内才具有正相关关系，施肥量超过一定的限度，产量不但不会增加，反而会减少。因此，在用相关分析、回归分析进行推算预测时，要注意它的作用范围。

3．要将各种分析指标结合运用

相关分析与回归分析中的各种分析指标，既有区别又有联系。相关分析的相关系数，是反映现象之间直线关系密切程度的指标；回归分析的直线回归方程，反映着现象之间数量变化的联系；回归估计标准误差则表明了回归直线的代表性大小。它们从不同侧面揭示了现象之间数量联系上的特征，因而在相关分析、回归分析时，只有把几者有机地结合起来，才能更准确地描述相关现象之间数量变化的规律性。

4．要对参数的有效性进行检验

在回归分析中，要对回归模型计算出来的参数（包括常数项及回归系数）的有效性进行显著性检验，以判断回归预测的有效性。经过检验，如发现某回归系数的数值没有显著意义，或某些自变量间存在着多重共线性，则具有这种情况的自变量应从回归方程中剔除，以保证回归预测的有效性和准确性。

本章小结

1．相关和回归是对客观事物的依存关系定量分析的科学方法，它们之间既有联系又有区别。从推断统计来应用相关和回归方法，必须弄清楚它们的概率分布特征，正确地把两种方法结合起来。

2．根据观察数据构造线性回归模型时，要符合或基本符合关于误差项和模型的几项理论假定，特别是对时序资料，由于前后各期指标数值可能存在依存关系，不符合 x、y 各对数据独立的要求，由此建立的回归模型是无效的。

3．要正确理解相关和回归分析中各种测定方法的意义和正确解释计算的结果。例如，相关系数，不应将多元回归中的偏相关系数同简单线性相关系数混为一谈。还要注意相关系数和判定系数的区别。

对回归系数 b 也要正变量变化的方向，b 的符号同相关系数的符号一致，表明变量变化的方向，但它不表示变量之间相关的密切程度，只是 x 与 y 两变量变动的比率。

4．构造和应用回归模型进行估计或预测，必须对现象进行全面分析，以确定是用多元回归还是简单回归。同时，在做出估计或预测之前，必须对模型进行显著性检验。一般情况下，应用回归模型估计只限于模型赖以建立的资料本身的范围，主要用于内插预测。如果用于外推预测，必须十分谨慎。

此外，还要消除多元回归模型中可能存在的多重共线性。因为多元回归模型只有在自变量不存在显著相关或高度相关的情况下，才能对各自变量的变动引起因变量的变动做出可靠的预测。

复习思考题

一、名词解释

函数关系　相关关系　相关系数　相关分析　回归分析　自变量　因变量　回归方程　回归系数　估计标准误差

二、简答题

（1）什么是函数关系？什么是相关关系？二者有什么区别与联系？

（2）什么是正相关、负相关、不相关？试举例说明。

（3）相关系数的意义是什么？怎样利用相关系数来判别现象之间的相关关系？

（4）回归分析与相关分析的联系和区别有哪些？

（5）配合回归直线方程有什么要求？方程中参数 a,b 的经济意义是什么？

（6）什么叫估计标准误差？简述估计标准误差在回归与相关分析中的意义。

（7）应用相关分析与回归分析应注意哪些问题？

三、判断题（把“√”或“×”填在题后的括号里）

（1）相关关系和函数关系都属于完全确定性的依存关系。(　　)

（2）如果两个变量的变动方向一致，同时呈上升或下降趋势，则二者是正相关关系。(　　)

（3）假定变量 x 与 y 的相关系数是 0.8，变量 m 与 n 的相关系数为−0.9，则 x 与 y 的相关密切程度高。(　　)

（4）当直线相关系数 r=0 时，说明变量之间不存在任何相关关系。(　　)

（5）相关系数 r 有正负、有大小，因而它反映的是两现象之间具体的数量变动关系。(　　)

四、单选题

（1）相关系数 r 的取值范围是（　　）。

A．$-\infty<r<+\infty$　　B．$-1\leqslant r\leqslant +1$　　C．$-1<r<+1$　　D．$0\leqslant r\leqslant +1$

（2）年劳动生产率 z（千元）和工人工资 y=10+70x，这意味着年劳动生产率每提高 1 千元时，工人工资平均（　　）。

A．增加 70 元　　B．减少 70 元　　C．增加 80 元　　D．减少 80 元

（3）若要证明两变量之间线性相关程度是高的，则计算出的相关系数应接近于(　　)。

A．+1　　B．0　　C．0.5　　D．−1

（4）某校经济管理类学生学习统计学的时间（x）与考试成绩（y）之间建立线性回归方程 $y_c=a+bx$。经计算，方程为 $y_c=200-0.8x$，该方程参数的计算（　　）。

A．a 值是明显不对的　　B．b 值是明显不对的

C．a 值和 b 值都是不对的　　D．a 值和 b 值都是正确的

（5）相关分析研究的是（　　）。

A．变量之间的数量关系　　B．变量之间的变动关系

C．变量之间的相互关系的密切程度　　D．变量之间的因果关系

（6）在回归直线 $y_c=a+bx$ 中，b 表示（　　）。

A．当 x 增加一个单位时，y 增加 a 的数量

B．当 y 增加一个单位时，x 增加 b 的数量

C．当 x 增加一个单位时，y 的平均增加量

D．当 y 增加一个单位时，x 的平均增加量

（7）当相关系数 r=0 时，表明（　　）。

A．现象之间完全无关　　B．相关程度较小

C．现象之间完全相关　　D．无直线相关关系

（8）下列现象的相关密切程度最高的是（　　）。

A．某商店的职工人数与商品销售额之间的相关系数为 0.87

B．流通费用水平与利润率之间的相关关系为–0.94

C．商品销售额与利润率之间的相关系数为 0.51

D．商品销售额与流通费用水平的相关系数为–0.81

五、多选题

（1）下列哪些现象之间的关系为相关关系？（　　）

A．家庭收入与消费支出关系　　B．圆的面积与它的半径关系

C．广告支出与商品销售额关系　　D．单位产品成本与利润关系

E．在价格固定情况下，销售量与商品销售额关系

（2）相关系数表明两个变量之间的（　　）。

A．线性关系　　B．因果关系　　C．变异程度

D．相关方向　　E．相关的密切程度

（3）单位成本(元)依产量(千件)变化的回归方程为 $y_c=78-2x$，这表示（　　）。

A．产量为 1 000 件时，单位成本 76 元

B．产量为 1 000 件时，单位成本 78 元

C．产量每增加 1 000 件时，单位成本下降 2 元

D．产量每增加 1 000 件时，单位成本下降 78 元

E．当单位成本为 72 元时，产量为 3 000 件

（4）在直线相关和回归分析中，（　　）。

A．据同一资料，相关系数只能计算一个

B．据同一资料，相关系数可以计算两个

C．据同一资料，回归方程只能配合一个

D．据同一资料，回归方程随自变量与因变量的确定不同，可能配合两个

E．回归方程和相关系数均与自变量和因变量的确定无关

（5）相关系数 r 的数值（　　）。

A．可为正值　　B．可为负值　　C．可大于 1

D．可等于−1　　E．可等于 1

（6）相关系数与回归系数（　　）。

A．回归系数大于零则相关系数大于零　　B．回归系数小于零则相关系数小于零

C．回归系数大于零则相关系数小于零　　D．回归系数小于零则相关系数大于零

E．回归系数等于零则相关系数等于零

六、计算题

某工业企业某种产品产量与单位成本资料如下所示。

年　份	2008	2009	2010	2011	2012	2013	2014	2015
产品产量（万件）	2	3	4	3	4	5	6	7
单位成本（元/件）	73	72	71	73	69	68	66	65

试计算：（1）根据上述资料，绘制相关图，判别该数列相关与回归的种类。

（2）配合适当的回归方程。

（3）根据回归方程，指出每当产品产量增加 1 万件时，单位成本的变化情况。

（4）计算相关系数和估计标准误差。

第9章　如何利用公司历史数据进行趋势判断——时间序列分析

引导案例

美国华达职业健康诊所是一家私人医疗诊所，它位于内华达州的 Sparks 市。这家诊所专攻工业医疗，并且在该地区经营已经超过 15 年。1991 年年初，该诊所进入了增长阶段。在其后的 26 个月里，该诊所每个月的账单收入从 57 000 美元增长到超过 300 000 美元。直至 1993 年 4 月 6 日，当诊所的主建筑物被烧毁时，诊所一直经历着戏剧性的增长。

诊所的保险单包括实物财产和设备，也包括出于正常商业经营的中断而引起的收入损失。确定实物财产和设备在火灾中的损失额，受理财产的保险索赔要求是一个相对简单的事情。但是确定在进行重建诊所的 7 个月中，收入的损失额是很复杂的，它涉及业主和保险公司之间的讨价还价。对如果没有发生火灾，诊所的账单收入“将会有什么变化”的计算，没有预先制定规则。为了估计失去的收入，诊所用一种预测方法来测算在 7 个月的停业期间将要实现的营业增长。在火灾前的账单收入的实际历史资料，将为拥有线性趋势和季节成分的预测模型提供基础资料。这个预测模型使诊所得到损失收入的一个准确的估计值，这个估计值最终被保险公司所接受。

这是一个时间序列分析方法在保险业务中的成功案例。这个案例中的时间序列分析方法的统计思想对现代经济管理同样具有重要的启迪和现实意义。例如，对于企业销售收入和销售成本的预测，我们当然要观察过去的实际资料，根据这些历史资料，我们可以对其发展水平、发展速度进行分析，也可能得到销售的一般水平或趋势，如销售收入随时间增长或下降的趋势；对这些资料的进一步观察，还可能显示销售收入在不同季节的规律，如每年的销售高峰出现在第三季度，而销售低谷出现在第一季度。通过观察历史资料，可以对过去的销售规律有较好的了解，因此对产品的未来销售情况，做出较为准确、公正的判断。时间序列分析能反映客观事物的发展变化，能揭示客观事物随时间演变的趋势和规律。

9.1　时间序列的编制

9.1.1　时间序列的含义和作用

时间序列又称时间数列、动态数列，是将某一统计指标在不同时间上的数值按时间先后顺序排列而形成的一种统计数列。

时间序列由两个基本要素构成：一个是现象所属的时间；另一个是反映现象的统计指标数值，也称为发展水平。

时间序列在统计研究中具有重要作用，主要表现在以下几个方面：

- 通过时间序列可以描述某一社会经济现象的发展状况、变化的过程和规律。
- 利用时间序列资料便于计算一系列动态分析指标。
- 根据时间序列可以揭示现象发展变化的趋势，从而为统计预测提供依据。

9.1.2　时间序列的种类

时间序列按其指标表现形式的不同，可分为绝对数时间序列、相对数时间序列和平均数时间序列三种。其中，绝对数时间序列是基本，相对数时间序列和平均数时间序列是在其基础上派生出的。

1．绝对数时间序列

总量指标是反映一定时间、地点和条件下某种现象总体规模或水平的统计指标，它的表现形式为绝对数。

把同一总量指标在不同时间上的数值按时间先后顺序排列而形成的时间序列称为绝对数时间序列。它用来反映被研究现象在各期达到的绝对水平及其发展变化情况，又可分为时期数列和时点数列。

（1）时期数列。

在绝对数时间序列中，如果各项指标都是反映某种现象在一段时期内发展过程的总量，即时期指标，这种绝对数时间序列就称为时期数列。

时期数列的特点：

1）数列中各个指标的数值是可以相加的，即相加具有一定的经济意义。由于时期数列中每个指标的数值是表示在一段时间内发展过程的总量，所以相加后的数值就表示现象在更长一段时间内发展过程的总量。

2）数列中每个指标数值的大小与所属的时期长短有直接的联系。在时期数列中，每个指标值所包括的时间长度，称为“时期”。时期的长短，主要根据研究目的而定，可以是一日、一旬、一月、一季、一年或更长时期。一般来说，时期越长，指标数值就越大，反之就越小。

3）数列中每个指标的数值，通常是通过连续不断登记而取得的。

（2）时点数列。

在绝对数时间序列中，如果各项指标都是反映现象在某一时刻上（瞬间）的总量，即时点指标，这种绝对数时间序列就称为时点数列。

时点数列的特点：

1）数列中各个指标的数值是不能相加的，相加不具有实际经济意义。这是由于时点数列中每个指标数值都是表明现象在某一瞬间上的数量，相加无法说明属于哪一时点的数量。

2）数列中每个指标数值的大小与其时间间隔长短没有直接联系。在时点数列中，两个相邻指标数值在时间上的距离叫作“间隔”。由于时点数列的每个指标数值只表明现象某一时点上的数量，年末数值可能大于月末数值，也可能小于月末数值，因此，它的指标数值大小与时间间隔长短没有直接联系。

3）数列中每个指标的数值，通常是通过一定时期登记一次性取得的。

2．相对数时间序列

相对指标是说明现象之间数量对比关系的指标，用两个或两个以上有联系的指标数值对比来求得，其结果表现为相对数。

把同一相对指标在不同时间上的数值按时间先后顺序排列而形成的时间序列称为相对数时间序列。它反映社会经济现象之间相互联系的发展过程。

在相对数时间序列中，各个指标数值是不能相加的，相加也没有经济意义。

3．平均数时间序列

把同一平均指标在不同时间上的数值按时间先后顺序排列而形成的时间序列称为平均数时间序列。它反映现象在一段时间内一般水平发展变化的过程。

在平均数时间序列中，各个指标数值也是不能相加的，相加没有经济意义。

▶▶ 9.1.3 编制时间序列的原则

编制时间序列的目的是通过同一指标不同时间的数值对比来反映社会经济现象的发展变化及其规律性。因此，保证数列中各个指标数值之间的可比性，就成为编制时间序列应遵守的基本原则。具体来说，应注意下列四点。

1．时期长短应该统一

在时期数列中，由于各个指标数值的大小与时期长短有直接的关系，因此，各个指标所属的时期长短应当前后统一。时间越长，指标数值就越大，反之就越小。时期长短不一，往往很难进行直接比较。但这个原则也不能绝对化，有时为了特殊的研究目的，也可将时期不等的指标编成时期数列，如表 9-1 所示。

表 9-1 我国历史时期的钢产量比较

年 份	1900—1948	1953—1957	1991—1995
钢产量（万吨）	760	1 667	42 708

从表 9-1 中可以明显看出，我国第一个五年计划时期的钢产量超过以前将近半个世纪钢产量 1 倍以上，第八个五年计划时期又比第一个五年计划时期有了更快的发展，增长了 24 倍以上。

对于时点数列来说，由于各个指标只反映现象在某一时点的状态，所以不存在时期长短应该统一的问题，两时点间隔长短，对时点指标数值的大小没有直接影响，但为了更有利于对比，时点间隔最好保持一致。

2．总体范围应该统一

在时间序列中，各个指标所包括的总体范围前后应该一致。如研究某地区工业生产发展情况，如果该地区的行政区划有了变动，则前后指标就不能直接对比，必须将资料进行适当的调整，以求总体范围的统一，然后再做动态分析。

3．计算方法应该统一

时间序列各项指标的计算口径、计量单位和计算方法应该一致，保持不变。例如，要研究企业劳动生产率的变动，产量用实物量还是用价值量，人数用全部职工数还是用生产工人数，前后都要统一。再如，要对比不同时期的工农业产值，就应该注意价格水平的变化，采用统一的不变价格表示。价格标准不同，就不能从指标的对比中正确反映工农业产量的实际变化程度。

4．经济内容要统一

有时时间序列的指标在名称上是一个指标，但经济内容或经济含义不同或有了改变，这也是不可比的。例如，工业企业里的工资指标，按费用要素分组的工资包括全部职工的工资，而按成本项目分组的工资只包括基本生产工人的工资，如果把这样一些指标数值编成时间序列来反映现象的变动，就会得出错误的结论。

9.2　时间序列的水平指标

为了进一步分析和认识现象发展变化的结果，根据时间序列可以计算一系列动态分析指标，可以分为水平指标与速度指标两大类。本节主要介绍水平指标，包括发展水平、平均发展水平、增长量和平均增长量。

9.2.1　发展水平

发展水平是时间序列中的每个指标数值，它反映现象在不同时间发展达到的规模和水平，是计算其他动态分析指标的基础。

发展水平可表现为绝对数，如工资总额、工业总产值、年末职工人数；也可表现为相对数或平均数，如人口出生率、工人劳动生产率等。

在时间序列中，由于发展水平所处的位置不同，有最初水平、中间水平和最末水平之分。通常用符号 a 表示发展水平。在时间序列 $a_0,a_1,a_2,\dots,a_{n-1},a_n$ 中，a_0 为最初水平，a_n 为最末水平，其余 $a_1,a_2,\dots,a_{n-1}$ 为中间水平。在对两个时间的发展水平做动态对比时，作为对比基础时期的发展水平称为基期水平，作为研究时期的指标水平称为报告期水平或计算期水平。

9.2.2 平均发展水平

平均发展水平是时间序列中各个指标数值加以平均所得的平均数，在统计上又称为序时平均数或动态平均数，它表明现象在一段时间内发展过程达到的一般水平。

拓展 1

序时平均数可根据绝对数时间序列计算，也可根据相对数时间序列和平均数时间序列计算。其中，绝对数时间序列序时平均数的计算方法是最基本的方法。

1．由绝对数时间序列计算序时平均数

由于绝对数时间序列分时期数列和时点数列，它们具有不同特点，因而计算序时平均数的方法也不一样，现分别加以说明。

（1）由时期数列计算序时平均数。

由于数列中各项指标数值相加等于全部时期的总量，因此可直接采用简单算术平均法，即将数列中各指标数值相加，再除以时期数求得序时平均数。其计算公式如下：

$$\bar{a}=\frac{a_1+a_2+\cdots+a_{n-1}+a_n}{n}=\frac{\sum a}{n} \tag{9-1}$$

式中，$\bar{a}$ 是序时平均数；a 是各期发展水平；n 是时期项数。

（2）由时点数列计算序时平均数。

时点数列分为连续时点数列和间断时点数列，它们的序时平均数计算方法因掌握资料的情况不同而不同。

1）根据连续时点数列计算序时平均数。如果时点数列的资料是逐日记录，而又是逐日排列的，则称为连续时点数列。

在掌握间隔相等的连续时点（如每日的时点）资料时，用式（9-1）计算求得。

例如，已知某企业一个月内每天的工人人数，要计算该月内每天平均工人人数，可将每天的工人人数相加，除以该月的日历日数即得。

在掌握间隔不相等的连续时点资料时，如被研究现象不是逐日变动，而是间隔几天变动一次的，可用加权算术平均法计算序时平均数。其计算公式为：

$$\bar{a}=\frac{\sum af}{\sum f}$$

式中，$\bar{a}$ 是序时平均数；a 是各时点指标数值；f 是间隔的时间。

【例 9-1】

常州某服装公司 2017 年 4 月 1 日在册职工 300 人，4 月 11 日新进职工 9 人，而到 4 月 16 日又离开 4 人，其余时间职工人数没有变化，则该公司 4 月平均职工人数为：

$$\bar{a}=\frac{300\times10+309\times5+305\times15}{10+5+15}=304(\text{人})$$

2）根据间断时点数列计算序时平均数。在间断时点数列中有间隔相等和间隔不等两种情况：

① 对间隔相等的间断时点数列求序时平均数。当掌握的资料是间隔相等的期初或期末资料时，序时平均数的计算方法是：假设在两时点间的变动是均匀的。将期初数量加期末数量，除以 2，即得本身的序时平均数；然后，再将各段时期的序时平均数相加，除以时期数，则得整个时期的序时平均数。

【例 9-2】

某企业 2018 年第二季度商品库存额资料如表 9-2 所示。

表 9-2　某企业 2018 年第二季度商品库存额记录　单位：万元

日　期	4 月初	4 月末	5 月末	6 月末
商品库存额	100	86	104	114

根据表 9-2 可计算各月和第二季度的平均商品库存额：

$$4\text{月平均库存额}=\frac{100+86}{2}=93\text{（万元）}$$

$$5\text{月平均库存额}=\frac{86+104}{2}=95\text{（万元）}$$

$$6\text{月平均库存额}=\frac{104+114}{2}=109\text{（万元）}$$

$$\text{第二季度平均库存额}=\frac{93+95+109}{3}=99\text{（万元）}$$

将上述计算第二季度平均库存额的两个步骤合并，则为：

$$\text{第二季度平均库存额}=\frac{\frac{100+86}{2}+\frac{86+104}{2}+\frac{104+114}{2}}{3}=\frac{93+95+109}{3}=99\text{（万元）}$$

将上面计算过程概括为一般公式：

$$\overline{a}=\frac{\frac{a_1+a_2}{2}+\frac{a_2+a_3}{2}+\cdots+\frac{a_{n-1}+a_n}{2}}{n-1}=\frac{\frac{a_1}{2}+a_2+a_3+\cdots a_{n-1}+\frac{a_n}{2}}{n-1} \tag{9-2}$$

式中，$\overline{a}$ 是序时平均数；a 是各时点指标数值；n 是时点项数。

这种计算方法也称为“首末折半法”。

② 对间隔不等的间断时点数列求序时平均数。在时点数列中，如果相邻时点间隔不等时，就须首末折半后用相应的时点间隔数加权计算。其计算公式为：

$$\overline{a}=\frac{\frac{a_1+a_2}{2}f_1+\frac{a_2+a_3}{2}f_2+\cdots+\frac{a_{n-1}+a_n}{2}f_{n-1}}{\sum_{i=1}^{n-1}f_i} \tag{9-3}$$

式中，$\overline{a}$ 是序时平均数；a 是各时点指标数值；f 是各时点间隔的距离。

【例 9-3】

某地区 2018 年城乡居民储蓄存款余额资料如表 9-3 所示。

表 9-3　某地区 2018 年城乡居民储蓄存款余额　　　　单位：万元

日　期	1月1日	3月1日	7月1日	8月1日	10月1日	12月31日
存款余额	38	42	54	56	60	71

根据表 9-3 资料计算的该地区 2018 年城乡居民平均储蓄存款余额为：

$$\overline{a}=\frac{\frac{38+42}{2}\times 2+\frac{42+54}{2}\times 4+\frac{54+56}{2}\times 1+\frac{56+60}{2}\times 2+\frac{60+71}{2}\times 3}{2+4+1+2+3}=53.29\text{（万元）}$$

根据间断时点数列计算序时平均数，是假定研究现象在相邻两个时点之间的变动是均匀的，实际上各种现象的变动一般是不均匀的。所以，其计算结果具有一定程度的假定性。因此，要使计算结果尽量反映实际情况，间断时点数列的间隔不宜过长，以缩小计算误差。

2．由相对数时间序列计算序时平均数

相对数时间序列是派生数列，即其中各项指标数值都是由两个绝对数对比计算出来的。按照数列的性质，要求利用其相应的两个绝对数时间序列，分别计算分子数列的序时平均数和分母数列的序时平均数，而后加以对比，即可求得。其计算公式为：

$$\overline{c}=\frac{\overline{a}}{\overline{b}} \tag{9-4}$$

式中，$\overline{c}$ 是相对数时间序列的序时平均数；$\overline{a}$ 是分子数列的序时平均数；$\overline{b}$ 是分母数列的序时平均数。

具体计算时又分以下几种情况。

（1）由两个时期数列对比而成的相对数时间序列求序时平均数。

若构成相对数时间序列的分子数列和分母数列为时期数列，则分别用时期数列的公式，计算其序时平均数。其计算公式为：

$$\overline{c}=\frac{\overline{a}}{\overline{b}}=\frac{\frac{\sum a}{n}}{\frac{\sum b}{n}}=\frac{\sum a}{\sum b}$$

【例 9-4】

某企业 2018 年第一季度各月的计划产量及计划完成程度如表 9-4 所示。计算该企业第一季度平均月计划完成程度。

表 9-4　某企业 2018 年第一季度计划产量及计划完成程度

月　份	1	2	3
计划产量(件)	600	700	720
计划完成程度(%)	90	110	120

在此，必须注意，不能直接用各月产量计划完成程度相加，除以 3 求得，而必须先求出各月的实际产量（实际产量=计划产量×计划完成程度）。

1 月实际产量=600×90%=540（件）

2 月实际产量=700×110%=770（件）

3 月实际产量=720×120%=864（件）

然后计算第一季度平均月实际产量：

$$\overline{a}=\frac{\sum a}{n}=\frac{540+770+864}{3}=\frac{2174}{3}\approx 724.7\text{（件）}$$

用同样的方法，可计算第一季度平均月计划产量：

$$\overline{b}=\frac{\sum b}{n}=\frac{600+700+720}{3}\approx 673.3\text{（件）}$$

将 $\overline{a}$ 与 $\overline{b}$ 对比，则得第一季度平均月计划完成程度：

$$\overline{c}=\frac{\overline{a}}{\overline{b}}=\frac{724.7}{673.3}\approx 107.6(\%)$$

（2）由两个时点数列对比而成的相对数时间序列求序时平均数。

若构成相对数时间序列的分子数列与分母数列都是间隔相等的时点数列，用式（9-2）先分别求出 a 数列的 $\overline{a}$ 和 b 数列的 $\overline{b}$，然后求 $\overline{c}$；若两个都是间隔不等的时点数列，则用式（9-3）先分别求出 $\overline{a}$ 和 $\overline{b}$，然后求 $\overline{c}$。

【例 9-5】

某企业 2018 年第一季度工人人数与职工总数资料如表 9-5 所示。计算该企业第一季度工人占全部职工总数的平均比重。

表 9-5　某企业 2018 年第一季度工人人数与职工总数　　单位：人

日/月	1/1	1/2	1/3	1/4
工人人数	1 400	1 650	1 794	1 760
职工总数	2 000	2 200	2 400	2 200

利用式（9-2），则可计算第一季度工人占全部职工总数的平均比重：

$$\overline{c}=\frac{\dfrac{\dfrac{1400}{2}+1650+1794+\dfrac{1760}{2}}{4-1}}{\dfrac{\dfrac{2000}{2}+2200+2400+\dfrac{2200}{2}}{4-1}}=\frac{1675}{2233}\approx 75(\%)$$

（3）一个时期数列和一个时点数列对比而成的相对数时间序列求序时平均数。

此时，计算序时平均数的基本公式仍是式（9-4），至于 $\bar{a}$ 和 $\bar{b}$ 的具体计算方法，则根据分子数列和分母数列的性质、类别而定。

【例 9-6】

某商业企业 2018 年第一季度商品销售额与库存额的资料如表 9-6 所示，计算该商业企业第一季度平均商品周转次数。

表 9-6　某企业 2018 年第一季度商品销售额与库存额

月　　份	1	2	3	4
商品销售额（万元）	120	143	289	—
月初商品库存额（万元）	50	70	60	110

第一季度平均月商品销售额可按下式计算：

$$\bar{a}=\frac{120+143+289}{3}=184\text{（万元）}$$

第一季度平均月商品库存额可按下式计算：

$$\bar{b}=\frac{\frac{50}{2}+70+60+\frac{110}{2}}{4-1}=\frac{210}{3}=70\text{（万元）}$$

第一季度平均商品周转次数：

$$\bar{c}=\frac{\bar{a}}{\bar{b}}=\frac{184}{70}\approx 2.63\text{（次）}$$

3．由平均数时间序列计算序时平均数

平均数时间序列也是由绝对数时间序列派生的，因此要计算平均数时间序列的序时平均数，也须先求出分子、分母两个数列的序时平均数，然后对比计算。其计算公式仍为式（9-4）。

由于平均数时间序列所属性质不同，可将其分为由一般平均数组成的时间序列和由序时平均数组成的时间序列。在计算方法上二者是不同的。

（1）由一般平均数组成的时间序列计算序时平均数。

其计算方法与由相对数时间序列计算序时平均数的方法一样，即先求出分子、分母数列的序时平均数，然后用式（9-4）求得。

【例 9-7】

某企业 2018 年第一季度工人人数和工业总产值资料如表 9-7 所示，计算该企业第一季度平均月劳动生产率。

表 9-7　某企业 2018 年第一季度工人人数和工业总产值

月　　份	1	2	3	4
月初工人人数（人）	1 850	2 050	1 950	2 150
工业总产值（万元）	250	272	271	—

第一季度平均月工业总产值为：

$$\bar{a}=\frac{250+272+271}{3}\approx 264.33\text{（万元）}$$

第一季度平均月工人数为：

$$\bar{b}=\frac{\frac{1850}{2}+2050+1950+\frac{2150}{2}}{4-1}=\frac{6000}{3}=2000\text{（人）}$$

第一季度平均月劳动生产率：

$$\bar{c}=\frac{\bar{a}}{\bar{b}}=\frac{264.33}{2\ 000}=0.132\ 165\text{（万元）}=1\ 321.65\text{（元）}$$

（2）由序时平均数组成的时间序列计算序时平均数。

根据序时平均数时间序列计算序时平均数，如果数列中各个时期的间隔相等，可用简单算术平均法计算序时平均数；如果数列中各个时期的间隔不等，则以间隔长度为权数，用加权算术平均法计算序时平均数。现分别举例说明。

【例 9-8】

某水泥厂 2018 年各季度平均月产量资料如表 9-8 所示，计算该水泥厂平均全年月产量。

表 9-8　某水泥厂 2018 年各季度平均月产量　　单位：万吨

季　度	1	2	3	4
平均月产量	230	270	280	260

表 9-8 中各季水泥产量时期相等，可用简单算术平均法计算全年平均月产量：

$$\text{全年平均月产量}=\frac{230+270+280+260}{4}=260\text{（万吨）}$$

【例 9-9】

2018 年某旅游景点旅客的月平均人数资料如表 9-9 所示，计算该旅游景点全年平均每月人数。

表 9-9　2018 年某旅游景点旅客的月平均人数　　单位：万人次

月　份	1	2～3	4～8	9～11	12
月平均人次	10	13	16	14	10

表 9-9 中旅游景点月平均人次的时期不等，应采用加权算术平均法计算序时平均数：

$$\text{全年平均每月人数}=\frac{10\times1+13\times2+16\times5+14\times3+10\times1}{1+2+5+3+1}=\frac{168}{12}=14\text{（万人次）}$$

9.2.3　增长量和平均增长量

1．增长量

增长量是说明社会经济现象在一定时期内所增长的绝对数量，它是报告期水平与基期水平之差，反映报告期比基期增长的程度水平。

计算公式为：

$$增长量=报告期水平-基期水平$$

根据选用基期水平差异，增长量可分为逐期增长量和累计增长量。逐期增长量是指报告期水平与前一期水平之差，它表明本期比上一期增长的绝对数量；累计增长量是指报告期水平与某一固定时期（基期）水平之差，它表明本期比某一固定时期增长的绝对数量，即说明在某一段较长时间内总的增长量。

这两个指标可用如下形式表示：

逐期增长量：　$a_1 - a_0, a_2 - a_1, \cdots, a_n - a_{n-1}$

累计增长量：　$a_1 - a_0,\ a_2 - a_0, \cdots, a_n - a_0$

逐期增长量与累计增长量的关系：

- 逐期增长量之和等于累计增长量；
- 两个相邻累计增长量之差等于对应的逐期增长量值。

在实际工作中，常计算年距增长量指标，它是报告期水平与上年同期水平之差，用于清除季节变动的影响。

2. 平均增长量

平均增长量说明社会经济现象在一定时期内平均每期增长的数量，用来反映现象平均增长水平。

计算公式为：

$$平均增长量=\frac{逐期增长量之和}{逐期增长量个数}=\frac{累计增长量}{时间数列项数-1}$$

9.3 时间序列的速度指标

时间序列的速度指标主要有发展速度、增长速度、平均发展速度和平均增长速度。

9.3.1 发展速度和增长速度

1. 发展速度

发展速度是两个时期发展水平对比而得的一种相对数，它可以说明现象发展的快慢程度，说明报告期水平是基期水平的百分之几（或若干倍），通常用百分数表示。

用公式表示为：

$$发展速度=\frac{报告期水平}{基期水平}$$

根据采用的基期差异，发展速度可分为环比发展速度和定基发展速度。环比发展速度是报告期水平与前一时期水平之比计算的发展速度，用来说明报告期水平已经发展到了前一期水平的百分之几（或几倍），表明这种现象逐期的发展程度。定基发展速度是每期发展水平与固定时期发展水平之比计算的发展速度。

环比发展速度：$\dfrac{a_1}{a_0},\dfrac{a_2}{a_1},\cdots,\dfrac{a_n}{a_{n-1}}$

定基发展速度：$\dfrac{a_1}{a_0},\dfrac{a_2}{a_0},\cdots,\dfrac{a_1}{a_0}$

环比发展速度和定基发展速度之间的关系：总的定基发展速度等于各期环比发展速度的连乘积，即：

$$\frac{a_n}{a_0}=\frac{a_1}{a_0}\times\frac{a_2}{a_1}\times\frac{a_3}{a_2}\times\cdots\times\frac{a_n}{a_{n-1}}$$

两个相邻时期的定基发展速度之比，等于对应的环比发展速度，即：

$$\frac{a_n}{a_0}\div\frac{a_{n-1}}{a_0}=\frac{a_n}{a_{n-1}}$$

在实际工作中，常要计算年距发展速度指标。它是报告期发展水平与上年同期发展水平之比。计算年距发展速度，可以消除季节变动的影响，表明本期比上年同期的相对发展程度。

2．增长速度

增长速度是根据增长量与基期水平对比而求得的一种相对数。它表明现象在一定时期内增长的程度，说明报告期水平比基期水平增长了百分之几（或若干倍）。

用公式表示为：

$$增长速度=\frac{增长量}{基期水平}$$

增长速度与发展速度具有密切关系：发展速度减 1（或 100%），就可求得增长速度。

$$\begin{aligned}增长速度&=\frac{增长量}{基期水平}=\frac{报告期水平-基期水平}{基期水平}\\&=\frac{报告期水平}{基期水平}-1=发展速度-1(或100\%)\end{aligned}$$

同样，由于采用的基期不同，增长速度也有环比增长速度和定基增长速度之分。

环比增长速度是报告期的逐期增长量与前一期发展水平之比，表明现象逐期的增长程度。其计算公式为：

$$环比增长速度=\frac{逐期增长量}{前一期水平}=环比发展速度-1$$

定基增长速度是报告期累计增长量与某一固定基期水平之比，它表明现象在较长时期内总的增长程度。其计算公式为：

$$环比增长速度=\frac{累计增长量}{固定基期水平}=定基发展速度-1$$

由此可见，发展速度大于 1，则增长速度为正值，说明现象增长的程度时用“增加了”

表示；反之，发展速度小于 1，则增长速度为负值，说明现象降低的程度时用“降低了”表示。

需要注意，环比增长速度的连乘积不等于定基增长速度。

【例 9-10】

计算我国江苏省常州市 2013—2017 年第三产业产量的发展速度和增长速度，如表 9-10 所示。

表 9-10　2013—2017 年我国江苏省常州市第三产业产值的发展速度和增长速度

年　份		2013	2014	2015	2016	2017
第三产业产值（亿元）		564.59	704.05	864.77	998.45	1 261.43
发展速度	环比	—	1.247 0	1.228 3	1.154 6	1.263 4
	定基	1	1.247 0	1.531 7	1.768 5	2.234 3
增长速度(%)	环比	—	24.7	22.83	15.46	26.34
	定基	—	24.7	53.17	76.85	123.42

从表 9-10 中可看出，2017 年定基发展速度为 223.43%，而 2013—2017 年的环比发展速度的连乘积为：

$$124.7\%\times122.83\%\times115.46\%\times126.34\%\approx223.43\%$$

正好等于 2017 年的定基发展速度。

在实际工作中，也经常计算年距增长速度，它是现象报告期的年距增长量与上年同期发展水平之比，或用年距发展速度减 1 求得，用于说明年距增长量与上年同期发展水平对比达到的相对增长程度。

9.3.2　平均发展速度和平均增长速度

为了观察社会经济现象在一个较长时期内逐期平均发展变化的程度和逐期平均增长变化的程度，就要使用平均发展速度和平均增长速度指标。

1. 平均发展速度

平均发展速度是各期环比发展速度的平均数。由于环比发展速度是根据同一现象在不同时间发展水平对比而得的动态相对数，因此它不能应用上述所讲的计算序时平均数的方法简单计算。

平均发展速度有两种计算方法：几何平均法和方程法。

（1）几何平均法。

计算平均发展速度时，因为总速度不等于各期环比发展速度的和，而等于各期环比发展速度的连乘积，所以不能应用算术平均法，而要应用几何平均法来计算。在实践中，如果制订长期计划，则要求用几何平均法计算其平均发展速度。按此平均发展速度发展，可以保证在最后一年达到规定的 a_n 水平，所以几何平均法也称为“水平法”。即从最初水平 a_0 出发，以平均发展速度 $\bar{x}$ 代替各环比发展速度 $x_1,x_2,x_3,\dots,x_n$，经过 n 期发展，正好达到最末水平 a_n，用公式表示如下：

$$a_0\ x_1\ x_2\ x_3 \cdots x_n = a_n$$

$$a_0 \underbrace{\bar{x}\ \bar{x}\ \bar{x} \cdots \bar{x}}_{n个} = a_n$$

$$\bar{x}^n = \frac{a_n}{a_0}$$

因此，平均发展速度 $\bar{x}$ 计算公式为：

$$\bar{x} = \sqrt[n]{\frac{a_n}{a_0}}$$

因为 a_n/a_0 为 n 期的定基发展速度，根据定基发展速度等于相应时期各环比发展速度连乘积的关系，所以计算平均发展速度也可以用下列公式：

$$\bar{x} = \sqrt[n]{\frac{a_n}{a_0}} = \sqrt[n]{x_1 x_2 x_3 \cdots x_n} = \sqrt[n]{\prod x}$$

又因为 a_n/a_0 也是整个时期的总速度，所以平均发展速度还可以根据总速度计算，公式如下：

$$\bar{x} = \sqrt[n]{\frac{a_n}{a_0}} = \sqrt[n]{R}$$

式中，$\bar{x}$ 是平均发展速度；x_n 是各期环比发展速度；$\prod$ 是连乘符号；R 是总速度；n 是环比发展速度的项数。

【例 9-11】

以表 9-10 2013—2017 年我国江苏省常州市第三产业产值资料，计算平均发展速度。

根据最初水平和最末水平计算平均发展速度：

$$\bar{x} = \sqrt[4]{\frac{a_5}{a_1}} = \sqrt[4]{\frac{1\,261.43}{564.59}} = 122.26(\%)$$

根据各环比发展速度计算平均发展速度：

$$\bar{x} = \sqrt[4]{1.247\,0 \times 1.228\,3 \times 1.154\,6 \times 1.263\,4} = 122.26(\%)$$

（2）方程法。

在实践中，如果长期计划按累计法制订，则要求用方程法计算平均发展速度，按此平均发展速度发展，可以保证在计划内各期发展水平的累计达到计划规定的总数，所以方程法也称累计法。即从最初水平 a_0 出发，各期按平均发展速度 $\bar{x}$ 计算发展水平，则计算的各期发展水平累计总和，应与实际所具有的各期发展水平的累计总和相等。列出方程式，再求解便得出平均发展速度。

设 $\bar{x}$ 为平均发展速度，按平均发展速度计算的各期水平的假定值如下。

第一期：$a_1 = a_0\bar{x}$

第二期：$a_2 = a_0\bar{x}\,\bar{x} = a_0\bar{x}^2$

⋮

第 n 期：$a_n = a_0\bar{x}^{n-1}\bar{x} = a_0\bar{x}^n$

故各期发展水平之和为：

$$a_0\bar{x} + a_0\bar{x}^2 + a_0\bar{x}^3 + \cdots + a_0\bar{x}^n = a_0(\bar{x} + \bar{x}^2 + \bar{x}^3 + \cdots + \bar{x}^n)$$

因各期实际水平之和为：

$$a_1 + a_2 + a_3 + \cdots + a_n = \sum_{i=1}^{n} a_i$$

两者相等，代入方程式：

$$a_0(\bar{x}^n + \bar{x}^{n-1} + \cdots + \bar{x}^2 + \bar{x}) = \sum_{i=1}^{n} a_i$$

即
$$\bar{x}^n + \bar{x}^{n-1} + \cdots + \bar{x}^2 + \bar{x} = \frac{\sum_{i=1}^{n} a_i}{a_0}$$

解此方程所得的正根就是要计算的平均发展速度。但是要解这个高次方程是比较复杂的，在实际工作中都是根据事先编好的《平均增长速度查对表》来计算的。

下面，举例说明如何应用查表法来求平均增长速度和平均发展速度。

2．平均增长速度

平均增长速度是各期环比增长速度的序时平均数，它表明现象在一定时期内逐期平均增长变化的程度。

根据增长速度与发展速度之间的运算关系，要计算平均增长速度，首先要计算出平均发展速度指标，然后将其减 1（或 100%）求得，即：

$$平均增长速度 = 平均发展速度 - 1(或100\%)$$

平均发展速度大于“1”，平均增长速度就为正值，表示某种现象在一个较长时期内逐期平均递增的程度，这个指标也叫作“平均递增速度”或“平均递增率”；反之，平均发展速度小于“1”，平均增长速度为负值，表示某种现象在一个较长时期内逐期平均递减程度，这个指标也可叫作“平均递减速度”或“平均递减率”。

【例 9-12】

某地区 2012—2017 年住宅建设投资额如表 9-11 所示。

表 9-11　某地区 2012—2017 年住宅建设投资额　单位：亿元

年　份	2012	2013	2014	2015	2016	2017
住宅建设投资额	10.0	11.0	12.0	13.5	14.0	14.5

第一步，计算递增或递减速度：

$$\frac{a_1 + a_2 + a_3 + a_4 + a_5}{n} = \frac{11.0 + 12.0 + 13.5 + 14.0 + 14.5}{5} = \frac{65}{5} = 13$$

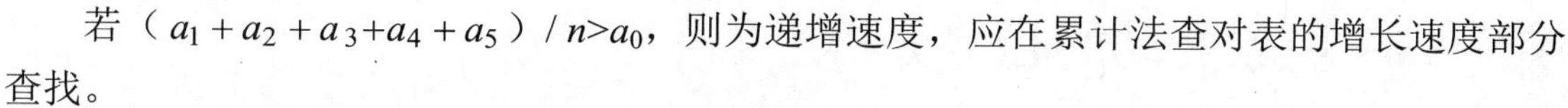

若（$a_1+a_2+a_3+a_4+a_5$）/ $n>a_0$，则为递增速度，应在累计法查对表的增长速度部分查找。

第二步，计算总发展速度：

$$\frac{a_1+a_2+a_3+a_4+a_5}{a_0}=\frac{65}{10}=6.5=650(\%)$$

第三步，查表。如表 9-12 所示，在累计法查对表中的 n=5 的栏内，找到接近 650%数值在 648.55%～650.44%，再查到该数所在行左边第一栏内的百分比在 8.8%～8.9%，即平均每年增长速度即该地区“十一五”期间住宅建设投资平均每年发展速度在 108.8%～108.9%。运用内插法，还可得到更具体的数值。计算过程如下：

$$\frac{650\%-648.55\%}{650.44\%-648.55\%}=\frac{d}{8.9\%-8.8\%}$$

$$d=\frac{1.45\%\times0.1\%}{1.89\%}=0.077\%$$

5 年的平均增长速度为 8.8% + 0.077% =8.877%；平均发展速度为 108.877%。

表 9-12　累计法查对表

平均每年增长速度(%)	各年发展总和为基期的百分比（%）				
	1 年	2 年	3 年	4 年	5 年
⋮	⋮	⋮	⋮	⋮	⋮
8.8	108.80	227.17	355.96	496.08	648.53
8.9	108.90	227.49	356.63	497.26	650.41
⋮	⋮	⋮	⋮	⋮	⋮
10.9	110.90	233.89	370.29	521.54	689.32
11.0	111.00	234.21	370.97	522.77	691.27
⋮	⋮	⋮	⋮	⋮	⋮

▶▶ 9.3.3　增长 1%的绝对值

增长速度反映了经济现象增长的相对程度，而增长量反映了经济现象增长的绝对数量。在对经济现象的增长情况进行统计分析时，往往将绝对数与相对数结合起来分析，即将增长 1%绝对值与速度指标结合起来进行统计分析。增长 1%绝对值是指逐期增长量与环比增长速度的比值。通常，基期水平越高，发展速度增长 1%的绝对值就越大。增长 1%绝对值的计算公式为：

$$\text{增长1\%的绝对值}=\frac{\text{逐期增长量}}{\text{环比增长速度}}=\frac{a_n-a_{n-1}}{\dfrac{a_n-a_{n-1}}{a_{n-1}}\times100}=\frac{a_{n-1}}{100}$$

9.4 现象变动的趋势分析

9.4.1 现象变动分析的影响因素

时间序列各项发展水平的变化，是由许多复杂因素共同作用的结果。影响因素归纳起来大体有四类。

1．长期趋势（*T*）

长期趋势指现象在一段较长的时间内，由于普遍的、持续的、决定性的基本因素的作用，使发展水平沿着一个方向，逐渐向上或逐渐向下变动的趋势。

例如，粮食生产由于种植方法的不断改良、日益发达的农田水利设施等因素的影响，从较长时期来看，总趋势是持续增加、向上发展的。认识和掌握事物的长期趋势，可以把握事物发展变化的基本特点。

2．季节变动（*S*）

季节变动指现象受季节影响而发生的变动。

其变动的特点是，在一年或更短的时间内随着时序的更换，使现象呈周期重复的变化。引起季节变动的原因既有自然因素，也有人为因素，如气候条件、节假日及风俗习惯等。季节变动的影响有以一年为周期的，也有以月、周、日（少于一年）为变动周期的。认识和掌握季节变动，对于近期行动决策有重要的作用。

3．循环变动

循环变动指现象发生周期比较长（一般是一年以上）、有规律的涨落、起伏的变动。

通常所指的循环变动是经济发展繁荣与衰退不断交替的变动。它与春夏交替的天时循环变动有明显的不同(时间周期较长)，也不同于朝单一方向持续发展的长期趋势。循环变动可能由于不同的原因，使得变动的周期长短不同，常在一年以上，七八年甚至几十年长期变动。各期始末难定为何年何月，上下波动程度也不相同。

4．不规则变动

不规则变动指现象除了受以上各种变动的影响，还受临时的、偶然因素或不明原因引起的非周期性、非趋势性的随机变动。不规则变动是无法预知的、起伏的变动。

现象变动趋势分析就是要把时间序列受各种因素的影响状况分别测定出来，弄清楚研究对象发展变化的原因及其规律，为预测未来和做出决策提供依据。

一般来说，时间序列变动包含上述四种因素的影响，因而时间序列的成分结构包括这四种变动形式。但从实际情况看，季节变动和循环变动在某些场合并不存在。比如，按年排列的动态数列就无法体现季节变动；农业生产发展趋势一般不存在循环变动。因此，在实际工作中，要对研究现象进行具体分析，实际包含什么因素就测定什么因素。在这里我

们仅介绍长期趋势和季节变动的测定。

▶▶ 9.4.2　长期趋势的测定

长期趋势的测定就是用一定的方法对时间序列进行修匀，使修匀后的数列排除季节变动、循环变动和无规则变动等因素的影响，显示出现象变动的基本趋势，作为预测的依据。测定长期趋势的方法主要有时距扩大法、移动平均法和数学模型法。数学模型又有线性模型和非线性模型之分。

1. 时距扩大法

这是对长期的时间序列资料进行统计修匀的一种简便方法。它是把原有动态数列中各时期资料加以合并，扩大每段计算所包括的时间，得到较长时距新的时间序列。相对较长时期时间序列可以消除由于时距较短偶然因素影响所引起的波动，清楚地显示现象变动的趋势和方向。

时距扩大修匀可以用扩大时距后的绝对数表示，也可以用扩大时距后的平均数表示。前者只适用于时期数列，后者可以用于时期数列和时点数列。

2. 移动平均法

移动平均法是采用逐期递推移动的方法计算一系列扩大时距的序时平均数，并以这一系列移动平均数作为对应时期的趋势值。

通过移动平均数对数列修匀，可以消除原数列中的短期波动，更深刻地描述现象发展的长期趋势。

移动平均法所采用的扩大时距，也应由时间序列的具体特点决定。同时距扩大法一样，要注意数列水平波动的周期性。一般要求扩大的时距与周期变动的时距相吻合，或为它的整倍数，比如，对于具有季度水平资料的时期数列，经受每年季节性的涨落，主要必须消除季节变动因素，以运用 4 项或 8 项移动平均为宜。

移动平均法的具体做法是从时间序列第一项数值开始，按一定项数求序时平均数，逐项移动，得出一个由移动平均数构成的新的时间序列，这个派生数列把受某些偶然因素影响所出现的波动修匀了，使整个数列的总趋势更加明显。移动平均法根据资料的特点及研究的具体任务，可能进行 3 项、4 项、5 项乃至更多项移动平均。

数列项数为奇数项时，移动平均所得的数值放在中间一项的位置上，一次移动即可得到趋势值；偶数项移动平均所得的数值放在中间两项位置中间，并需要将第一次得到的趋势值进行二次移正平均，才能得到新的趋势值并组成新的时间序列。被移动平均的项数越多，对原数列修匀的作用就越大，但得到的新时间序列的项数越少。

【例 9-13】

表 9-13 是我国 2005—2014 年啤酒产量资料，利用移动平均法计算长期趋势。

表 9-13　我国 2005—2014 年啤酒产量　　单位：万吨

年　份	序　号	产　量	移动平均趋势值		
			3 项移动平均	4 项移动平均	5 项移动平均
2005	1	58 478.1			
2006	2	67 884.6	66 941.767		
				69 792.625	
2007	3	74 462.6	73 564.133		72 741.3
				75 689.975	
2008	4	78 345.2	78 291.767		78 384.7
				81 079.375	
2009	5	82 067.5	83 284.967		83 935.9
				86 792.425	
2010	6	89 442.2	89 608.167		90 098.1
				93 403.775	
2011	7	97 314.8	97 182.533		97 732.1
				102 060.4	
2012	8	104 709.6	106 266.467		107 944.5
				113 828.6	
2013	9	116 694.0	119 333.2		
2014	10	136 515.0			

根据资料进行 3 项、4 项和 5 项移动平均。

3 项移动平均：第一个平均数为（58 478.1+ 67 884.6 + 74 462.6）÷3 ≈ 66 941.767，对正第 2 年的位置。依次类推，得出 3 年移动平均数列 8 项。

4 项移动平均：第一个平均数为(58 478.1 + 67 884.6 + 74 462.6+78 345.2)÷4=69 792.625，正对第 2～3 项的中间。依次类推，得出 4 项移动平均数列。每个新的指标值都无法对应具体时间，无法作为长期趋势值，因此还需进行一次移正平均，即再进行一次两项移动平均，这样各平均数都对准各期，形成修正的 4 项平均移正平均数列。

5 项移动平均：第一个平均数为(58 478.1 + 67 884.6 + 74 462.6+78 345.2+82 067.5)÷5=72 741.3，对应第 3 项（2007 年）的趋势值。依次类推，得出最后 5 年移动平均值 107 944.5，为 2012 年趋势值。

从表 9-13 看出，移动平均的结果使短期的偶然因素引起的波动被削弱，整个时间序列被修匀得更加平滑，波动趋于平稳。

按移动平均法对时间序列修匀后，趋势值的个数比原数列实际水平的个数减少了。上面举例中，按 4 项和 5 项移动，首尾都有两个时期得不到趋势值。这无疑在一定程度上减少了研究最初和最末发展阶段显示趋势特点的可能性。所以移动平均法虽然能够看到长期趋势变动的特点，但是，移动平均数不能对趋势进行分析修匀，即无法对现象的发展趋势做出预测。

拓展 2

3．数学模型法

这是对时间序列进行分析修匀的常用方法，它用适当的数学模型对时间序列配合一个方程式，据以计算各期的趋势值。测定长期趋势广泛使用这种方法。下面分别介绍直线趋势和曲线趋势的测定。

（1）直线趋势的测定。

如果时间序列逐期增长量相对稳定，即现象发展水平按相当固定的绝对速度变化时，则采用直线（线性函数）作为趋势线，来描述趋势变化，预测前景。

如以时间因素作为自变量（t），把数列水平作为因变量（y），配合的直线趋势方程为：

$$y_c = a + bt \tag{9-5}$$

式中，y_c 是时间序列的趋势值；t 是时间的序号；参数 a,b 的求法用最小平方法。

最小平方法是测定长期趋势最普遍使用的方法。它的原理是：数列实际值与数列的趋势值的离差平方和达到一个最小值，即 $\sum(y-y_c)^2$ =最小值。符合这个条件的只有一条线，所以这条线又称原数列的最适线，它使趋势线同原数列最佳配合。

根据数学运算，式（9-5）可导出下列两个 a,b 求解标准方程：

$$\begin{cases}\sum y = na + b\sum t \\ \sum ty = a\sum t + b\sum t^2\end{cases}$$

解得：

$$a = \frac{\sum y}{n} - \frac{b\sum t}{n} = \overline{y} - b\overline{t}$$

$$b = \frac{\sum ty - \frac{1}{n}(\sum t)(\sum y)}{\sum t^2 - \frac{1}{n}(\sum t)^2}$$

【例 9-14】

我国国内生产总值资料如表 9-14 所示，用最小平方法求国内生产总值的直线趋势方程。这里以 1,2,3,…,n 代表年份顺序。

表 9-14　最小平方法计算表　　单位：万吨

年　份	时间代码 t	国内生产总值 y	t^2	ty	y_c=48 602+7 635.9t
2005	1	58 478.1	1	58 478.1	56 237.9
2006	2	67 884.6	4	135 769.2	63 873.8
2007	3	74 462.6	9	223 387.8	71 509.7
2008	4	78 345.2	16	313 380.8	79 145.6
2009	5	82 067.5	25	410 337.5	86 781.5
2010	6	89 442.2	36	536 653.2	94 417.4
2011	7	97 314.8	49	681 203.6	102 053.3
2012	8	104 790.6	64	838 324.8	109 689.2
2013	9	116 694.0	81	1 050 246.0	117 325.1

续表

年　份	时间代码 t	国内生产总值 y	t^2	ty	y_c=48 602+7 635.9t
2014	10	136 515.0	100	1 365 150.0	124 961.0
合计	55	905 994.6	385	5 612 931.0	—

根据以上联立方程，求解得：

$$b=\frac{5\,612\,931-\dfrac{1}{10}\times 55\times 905\,994.6}{385-\dfrac{1}{10}\times(55)^2}=7\,635.9$$

$$a=\frac{905\,994.6}{10}-\frac{7\,635.9\times 55}{10}=48\,602$$

代入直线方程：

$$y_c=a+bt=48\,602+7\,635.9t$$

该直线趋势方程表明，当 $t=0$ 时，趋势值为 48 602 亿元，即该直线的起点值；每增加一年，国内生产总值平均增长 7 635.9 亿元。将各年代码依次代入方程，可以得出趋势值数列，并可进行外推预测。

计算时可以利用移动坐标轴而不改变变量之间函数图形的特点，让新坐标系中所有观察点的横坐标相加为 0，纵坐标依然为原来数值，参数 a,b 计算就很简单。通常，当时间序列(总观察点)为奇数项时，移动坐标轴，以中间项那年为新的坐标原点，比如，某数列有 9 项水平，时间跨度从 2008—2016 年，则新坐标 t 值分别为：

年　　份	2008	2009	2010	2011	2012	2013	2014	2015	2016
新坐标	−4	−3	−2	−1	0	1	2	3	4

当时间序列(总观察点)为偶数项时，则可用两个中间项的中点为原点，这时就不是以年为测定的标准单位，而是以半年为测定的标准单位。比如，某数列有 8 项，时间跨度从 2009—2016 年，则新坐标 t 值如下：

年　　份	2009	2010	2011	2012	2013	2014	2015	2016
新坐标	−7	−5	−3	−1	1	3	5	7

当以上两种情况出现时，$\sum t=0$，标准方程简化为：

$$\begin{cases}\sum y=na\\ \sum ty=b\sum t^2\end{cases}$$

因此：

$$a=\frac{\sum y}{n}$$

$$b=\frac{\sum ty}{\sum t^2}$$

这样处理，计算过程可以大大简化。

（2）曲线趋势的测定。

在现实生活中，大量的现象是非线性发展的。曲线类型很多，我们仅选定指数曲线来讨论非线性趋势的测定。

当时间序列大体上是按每期以相同的增长速度变化，即各期环比增长速度大体相同时，这种数列的基本趋势是指数曲线型，方程式为：

$$y_c = ab^t$$

进行指数曲线配合，必须先将指数曲线化为直线的形式。

对方程式 $y_c = ab^t$ 两边取对数，得：

$$\lg y = \lg a + t\lg b$$

令 $y^t = \lg y,\ A = \lg a,\ B = \lg b$，则指数曲线的方程式可表示为直线形式：

$$y^t = A + Bt$$

于是，可以按直线配合的方法确定所需的指数曲线。

【例 9-15】

2011—2016 年某地的人口资料如表 9-15 所示，其年增长速度大体上一样，我们用最小平方法配合指数曲线方程。

表 9-15　某地区 2011—2016 年人口指数曲线计算表

年份	人口 y (万人)	t	t^2	y^t=lg$y$	t lg$y$	y_c=84.547×(1.011 3)^t
2011	85.50	1	1	1.932 0	1.932 0	85.50
2012	86.48	2	4	1.936 9	3.873 8	86.47
2013	87.46	3	9	1.941 8	5.825 4	87.45
2014	88.47	4	16	1.946 8	7.787 2	88.43
2015	89.46	5	25	1.951 6	9.758 0	89.43
2016	90.44	6	36	1.956 4	11.738 4	90.44
合计	—	21	91	11.665 5	40.914 8	—

$$B = \frac{\sum t\lg y - \frac{1}{n}\sum t\sum \lg y}{\sum t^2 - \frac{1}{n}(\sum t)^2} = \frac{40.914\,8 - \frac{1}{6}\times 21\times 11.665\,5}{91 - \frac{1}{6}\times (21)^2} \approx 0.004\,89$$

$$b=1.011\,3$$

由 $y^t = A + Bt$，得：

$$\frac{11.665\,5}{6} = A + 0.004\,89\times\frac{21}{6}$$

$$A \approx 1.9\,271,\ a = 84.547$$

则配合的指数曲线方程如下：

$$y' = 1.927\,1 + 0.004\,89t$$

$$y_c = ab^t = 84.547\times 1.011\,3^t$$

指数曲线方程中参数的意义是十分明确的。a 表示修匀数列的初始水平，b 表示 t 单位时间趋势值发展速度。比如，在上面的例子中，b=1.0113 表示某地人口数的趋势值每年发展速度为 101.13%，或者该地区人口平均每年以 1.13%的速度递增。

9.4.3 季节变动的测定

1. 季节变动的含义

在日常经济生活中，经常会听到“销售旺季”“旅游旺季”或“销售淡季”“旅游淡季”之说。这种现象是由于这些活动因季节的不同而发生变化。所谓季节变动，是指客观现象由于受自然因素和生产或生活条件的影响在一年内随着季节更换而引起的比较有规律的变动。

现在季节变动中的“季节”，不仅仅指一年中的四季，而是指任何一种小于一年周期性的变化。农业生产、旅游业、商品销售、交通运输等都有明显的季节变动规律。要对现象的季节变动进行分析和研究，可以通过确定现象过去的季节变动规律来为当前的生产经营活动提供依据。此外，也可通过对季节变动的测定消除时间序列中的季节因素，以便分析其他构成因素的影响。

季节变动是一种各年变化强度大体相同并且每年重复出现的有规律的变动。

季节模型是由一套指数组成的，各个指数刻画了现象在一个年度内各月或季的典型数量特征。

如果所分析的是月份数据，季节模型就由 12 个指数组成；如果是季度数据，季节模型就由 4 个指数组成。季节变动分析就是对一个时间序列计算出这种月(季)指数，即季节指数，也称季节比率，然后根据各季节指数与其平均数的偏差程度来测定季节变动的程度。下面将介绍常用的简单分析方法——按月（季）平均法。

2. 按月（季）平均法

这种方法不考虑长期趋势影响，直接用原时间序列来计算。它是用各月（或季）的平均数作为该月（或季）的代表值，以消除随机影响，然后计算出各年总月（或总季）的平均数作为全年的代表值。二者相比，即季节比率。其具体计算步骤如下。

（1）根据各年按月（季）的时间序列资料计算出各年同月（季）的平均水平：

$$\overline{y}_i = \frac{\sum_{i=1}^{N} y_i}{N} \quad （N 为年数）$$

（2）计算各年所有月（季）的总平均水平：

$$y = \frac{\sum_{i=1}^{n} y_i}{n} \quad （n 为月数或季数）$$

（3）将各年同月（季）的平均水平与总平均水平进行对比，即得出季节比率：

$$s_i = \frac{\overline{y}_i}{\overline{y}}$$

【例 9-16】

某服装公司 2012—2016 年各月的销售额资料及计算的季节比率如表 9-16 所示。

表 9-16　某服装公司销售额季节比率计算表

月份	各年销售额					5 年同月销售额合计（万元）	5 年同月销售额平均（万元）	季节比率(%)	调整季节比率(%)
	2012 年	2013 年	2014 年	2015 年	2016 年				
	(1)	(2)	(3)	(4)	(5)	(6)	(7)	(8)	(9)
1	1.1	1.1	1.4	1.4	1.3	6.3	1.26	18.1	17.6
2	1.2	1.5	2.1	2.1	2.2	9.1	1.82	26.1	25.3
3	1.9	2.2	3.1	3.1	3.3	13.6	2.72	39.0	37.9
4	3.6	3.9	5.2	5.0	4.9	22.6	4.52	64.8	62.9
5	4.2	6.4	6.8	6.6	7.0	31.0	6.20	88.9	86.3
6	4.2	16.4	18.8	19.5	20.0	78.9	15.78	262.4	254.8
7	24.0	28.0	31.0	31.5	31.8	146.3	29.26	419.5	407.3
8	9.5	12.0	14.0	14.5	15.3	65.3	13.06	187.2	181.7
9	3.8	3.9	4.8	4.9	5.1	22.5	4.50	64.5	62.6
10	1.8	1.8	2.4	2.5	2.6	11.1	2.22	31.8	30.9
11	1.2	1.3	1.2	1.4	1.4	6.5	1.30	18.6	18.1
12	0.9	1.0	1.1	1.2	1.1	5.3	1.06	15.2	14.8
总计	57.4	79.5	91.9	93.7	96.0	418.5	83.7	1 236	1 200

5 年间月份的平均销售额为：

$$\overline{y}_i = \frac{\sum_{i=1}^{N} y_i}{N}$$

则 1 月平均销售额为：

$$\overline{y} = \frac{1.1+1.1+1.4+1.4+1.3}{5} = 1.26$$

见表中第（7）栏数字。

5 年间总平均月销售额为：

$$y = \frac{\sum_{i=1}^{n} \overline{y}_i}{n}$$

$$= \frac{1.26+1.82+2.72+4.52+6.2+15.78+29.26+13.06+4.5+2.22+1.3+1.06}{12}$$

$$\approx 6.98(\text{万元})$$

季节比率为：

$$s_i = \frac{\overline{y}_i}{\overline{y}}$$

例如，1 月的季节比率为：

$$s_1 = \frac{1.26}{6.98} = 18.1(\%)$$

2 月的季节比率为：

$$s_2 = \frac{1.82}{6.98} = 26.1(\%)$$

见表中第（8）栏数字。

12 个月的季节比率之和应为 1 200%，4 个季度的季节比率之和应为 400%。如果不等，应当调整。其方法是：将 1 200（或 400）除以 12 个月（或 4 个季度）的季节比率之和，得到一个调整系数，然后，将此系数分别乘以原来的各个季节比率所得的数，即调整后的季节比率，它们之和为 1 200（或 400）。本例 12 个月的季节比率之和为 1 236，调整系数为 0.97。

这样，由各月份季节比率组成的数列清楚地表明，该服装公司销售额的季节性变动趋势，自 1 月起逐月增长，7 月达到最高峰，8 月开始下降，到 12 月降到最低点。若以横轴表示月份，纵轴表示季节比率，绘成季节变动图，就更能明显地看出季节性变动趋势，如图 9-1 所示。

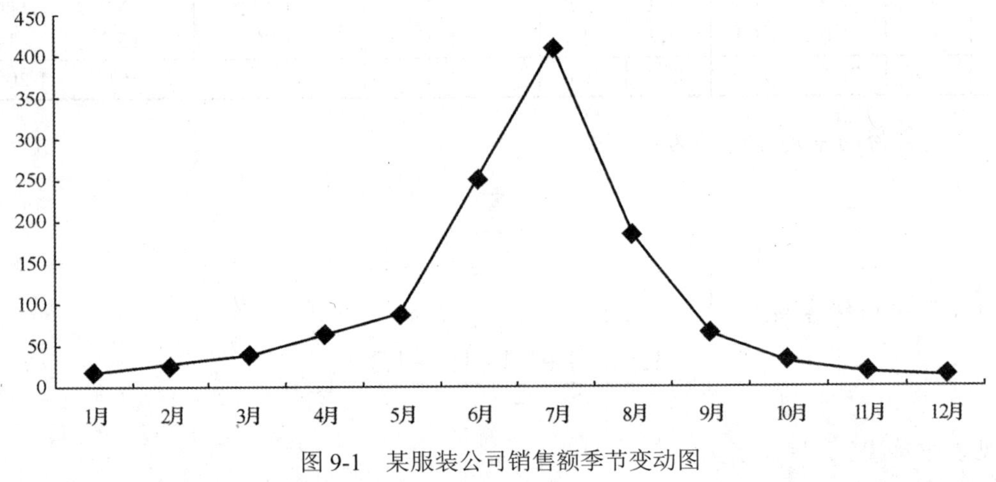

图 9-1　某服装公司销售额季节变动图

按月平均法计算简便，容易掌握。但季节比率的计算不够精确，因为它不考虑长期趋势的影响。在前后期月水平波动较大的资料中，后期各月水平比前期水平有较大提高，对平均数的影响大，从而影响了季节比率的准确性。我们可以用移动平均趋势剔除法来测定季节变动。在此，就不再介绍了。

应用季节变动的资料，可以进行某些外推预测。比如，时间序列没有明显的长期趋势，或允许不考虑长期趋势存在的情况下，可直接以按月（季）平均法计算的季节比率来调整各月（季）预测值。有两种方法：

（1）如果已测得下一年度全年预测值，则各月（季）预测值等于月（季）平均预测值乘以该月（季）的季节比率。

（2）如果已知下一年几个月的实际水平，则以后各月（季）的预测值等于已知月（季）

的实际水平乘以后各月（季）的季节比率与已知月（季）季节比率之比。

就上面关于服装销售的例子，假设已预测 2012 年全年销售额为 99.6 万元，平均每月销售额为 8.3 万元，则：

1 月预测值为 8.3×17.6%≈1.46（万元）

2 月预测值为 8.3×25.5%≈2.12（万元）

其余各月预测依次类推。

本章小结

1．在社会经济统计中，时间数列可以用来反映社会经济发展变化的过程和特点，研究现象发展变化的趋势和规律，对未来状态进行科学的预测。

对时间数列可以从不同角度分类。从计算动态分析指标考虑，可按指标形式分为总量指标、相对指标和平均指标数列。对时间数列性质和类型的识别，可以采用直观的曲线图，也可用自相关分析法。

2．时间数列的分析指标常用的有平均发展水平、平均增长量、发展速度、增长速度、平均发展速度和平均增长速度等。这些指标不仅可以概括现象发展变化的过程和特点，而且是进行纵向、横向比较评价的依据。

3．对时间数列进行分解，从中抽象出长期趋势、季节变动、循环变动和不规则变动，并加以测定，可以更具体地认识时间数列的特征和便于选择预测模型。

长期趋势量化测定的主要方法是用最小二乘法拟合线性或非线性模型；测定季节变动则有按月平均法和长期趋势剔除法；测定循环变动和不规则变动通常用剩余法。

复习思考题

一、名词解释

时间数列　序时平均数　逐期增长量　累计增长量　环比发展速度　定基发展速度　平均发展速度　增长率　平均增长率

二、简答题

（1）什么是时间数列？编制时间数列应注意哪些基本要求？

（2）时期数列和时点数列有哪些不同的特点？

（3）进行动态水平和速度分析分别运用哪些指标？

（4）由时期数列和时点数列计算序时平均数有什么不同？当计算相对数或平均数时间数列的序时平均数时，应该怎样利用时期数列和时点数列计算上的特点来进行计算？

（5）环比发展速度和定基发展速度二者关系如何？环比增长速度和定基增长速度之间是否也存在相同的关系？

（6）什么是增长量？逐期增长量和累计增长量有何不同？二者关系如何？

（7）几何平均法与方程法计算平均发展速度有什么不同？哪些现象适用几何平均法？哪些现象适用方程法？举例说明。

（8）计算和运用平均发展速度应注意哪些问题？

（9）长期趋势测定的时距扩大法、移动平均法和数学模型法各自特点是什么？

三、判断题（把“√”或“×”填在题后的括号里）

（1）定基增长速度等于相应各环比增长速度的连乘积。（　）

（2）某企业 2000 年产值比 1993 年增长 1 倍，比 1998 年增长 0.5 倍，则 1998 年比 1993 年增长 0.33 倍。（　）

（3）计算期各期发展水平之和与最初水平之比，实际上就是各期定基发展速度之和。（　）

（4）某市社会商品零售额 1995—2000 年的环比增长速度分别为 10.10%、9.50%、10.23%、11.28%、12.03%，则其平均增长速度为 10.63%。（　）

（5）增长 1%的绝对值是前期水平与 100 之比。（　）

（6）两个相邻的定基发展速度之商等于相应的环比发展速度。（　）

四、单选题

（1）根据各季度商品销售额数据计算的季节指数分别为：一季度 125%，二季度 70%，三季度 100%，四季度 105%。受季节因素影响最大的是（　）。

A．一季度　B．二季度　C．三季度　D．四季度

（2）某地国内生产总值 2009 年比 2007 年增长 58%，2008 年比 2007 年增长 43%，则 2009 年比 2008 年增长（　）。

A．8.49%　B．9.59%　C．10.49%　D．10.59%

（3）下列说法中，正确的是（　）。

A．定基增长速度等于相应时期内各环比增长速度的连乘积

B．定基发展速度等于相应时期内各环比发展速度的连乘积

C．两个相邻时期定基发展速度的乘积等于相应时期的环比发展速度

D．两个相邻时期定基增长速度的乘积等于相应时期的环比增长速度

（4）若要观察现象在某一段时期内变动的基本趋势，需要分析测度现象的（　）。

A．季节变动　B．循环变动　C．长期趋势　D．不规则变动

（5）已知各期环比增长速度分别为 2%、5%、8%和 7%，则相应的定基增长速度的计算方法为（　）。

A．102%×105%×108%×107%−1　B．102%×105%×108%×107%

C．2%×5%×8%×7%−1　D．2%×5%×8%×7%

（6）下列属于时点序列的是（　）。

A．某企业连续 3 年的月度销售额　B．某企业各月末职工人数

C．某地 2008—2012 年各季度 GDP 资料　D．我国连续十年职工平均工资数据

五、多选题

（1）时点数列的各指标值（　）。

A．可以连续计量　　B．只能间断计量
C．其大小与时间长短无关　　D．反映现象在某一时刻状况的总量
E．直接相加没有独立的实际意义

（2）编制时间数列应遵循的原则有（　　）。
A．时间长短应该相等　　B．总体范围应该一致
C．指标经济内容应该相同　　D．指标的计算方法应该一致
E．计量单位应该一致

（3）下列数列中属于时点数列的有（　　）。
A．各年新增人口数　　B．各年高校毕业人数　　C．各季商品库存量
D．各季商品销售额　　E．各季储蓄存款额

（4）可以称为序时平均数的有（　　）。
A．平均发展水平　　B．平均增长量　　C．平均发展速度
D．平均增长速度　　E．移动平均值

六、计算题

1．假定某企业规定 2016—2020 年 5 年内，劳动生产率应提高 50%。2016 年该企业提高了 10%，2017 年又提高了 10%。要求：

（1）2016—2020 年后 3 年中平均每年劳动生产率应提高百分之几，方能完成这 5 年确定的目标？

（2）如果按每年提高 10%计算，则 2020 年劳动生产率应提高多少？

2．某地区 2015 年国民生产总值为 350 亿元，人口为 600 万人，若该地区国民生产总值平均每年递增 8%，从 2015—2020 年控制净增人口为 46 万人，试计算：

（1）到 2020 年该地区国民生产总值将为多少亿元？

（2）2016—2020 年平均人口自然增长率应控制在多少？

（3）到 2020 年该地区人均国民生产总值将为多少？

第 10 章　什么因素引起了销售额的急剧下降——指数和因素分析

引导案例

2016 年 12 月全国居民消费价格指数(CPI)：CPI 环比上涨 0.2%，同比上涨 2.1%。2016 年全年 CPI 同比上涨 2.0%，涨幅比 2015 年扩大了 0.6 个百分点。从环比看，12 月 CPI 上涨 0.2%。其中，食品价格环比上涨 0.4%，影响 CPI 环比上涨约 0.08 个百分点。12 月受全国平均气温偏高影响，鲜菜和鲜果价格涨幅均弱于历史同期平均涨幅，环比分别上涨 0.1%和 2.9%，合计影响 CPI 上涨约 0.05 个百分点。粮食、水产品和猪肉价格环比分别上涨 0.3%、0.3%和 0.2%，合计影响 CPI 上涨约 0.03 个百分点。非食品价格环比上涨 0.2%，影响 CPI 环比上涨约 0.15 个百分点。其中，汽油、柴油、液化石油气等能源价格分别上涨 3.1%、3.6%和 2.1%，合计影响 CPI 上涨约 0.06 个百分点。从同比看，CPI 涨幅比上月回落 0.2 个百分点，主要是受对比基数相对较高的影响。食品价格同比上涨 2.4%，涨幅比上月回落 1.6 个百分点；非食品价格同比上涨 2.0%，涨幅比上月扩大 0.2 个百分点。其中，鲜菜价格涨幅由上月的 15.8%回落至 2.6%，对 CPI 的影响减少了 0.30 个百分点，是同比涨幅回落的主要原因。

展望 2017 年宏观经济。报告预测 2016 年实际 GDP 同比增速 6.7%，并将 2017 年实际 GDP 同比增速预测从 6.7%调整至 6.6%，预计 2018 年实际 GDP 同比增速为 6.5%。中金报告认为，2017 年消费对 GDP 增速的贡献或将明显加大，实际固定资产投资增速可能略有下降，而外需有望温和复苏。报告预计，2017 年全年 CPI 可能在 1.7%左右，走势较为平稳；全年 PPI 或将从 2016 年的−1.6%进一步回升至 1.9%。报告预计，短期内货币政策可能没有宽松的空间，鉴于真实利率已经在经济再通胀（尤其是房价上行）后明显下降，预计 2017 年基准利率将保持不变。明年下半年央行可能将 7 天逆回购利率微降 10 个基点，并可能下调存款准备金率一次。预计 2016 年年底美元对人民币汇率将在 6.78 左右，2017 年年底到 6.98 左右。2017 年财政政策仍将在稳增长中发挥主要作用，但政策组合可能更着重于提振消费需求，而非投资支出。财政政策有望从减税和增加补贴两方面促进居民收入和消费增长，以及增加教育、医疗和扶贫等方面的公共支出。

指数作为一种分析工具，不仅被广泛应用在分析社会经济发展和景气预测上，而且还是对综合国力、生活水平、经济效益、金融运行状态等综合研究评判的重要工具。

本章主要介绍统计指数和利用指数进行因素分析。

10.1　统计指数及其种类

10.1.1　指数的概念

指数的概念有广义与狭义之分。从广义上讲，凡是说明社会经济现象数量变动的相对数就是指数。如前面讲过的发展速度就是广义指数。狭义指数是指那些不能直接加总和不能直接对比的复杂经济数据，经过引入同度量因素后，可以进行加总和对比，从而反映经济现象总体的综合变动方向与变动程度的相对数，是一种特殊的动态相对数。

例如，要研究不同时期的钢材、煤炭、汽车、机床等多种产品的综合变动情况，由于它们各具有不同的使用价值和计量单位，不能在数量上直接加总，因而无法将不同时期的总产量直接对比，就不能说明多种产品产量的综合变动方向和变动程度。这类不能直接加总的复杂的经济现象需要通过狭义指数来说明其综合变动情况。本章所阐述的统计指数就是这种狭义上的指数。

10.1.2　统计指数的作用

1. 综合反映复杂现象总体数量上的变动方向和程度

运用统计指数，可以把不能直接加总的复杂现象的数量，过渡到可以进行相加和相互比较，以相对数的形式表明这种现象在数量上的综合变动方向和变动程度。在综合指数形式的编制指数中，根据其分子与分母的差额，还可以观察现象绝对量的增减变动情况。

2. 分析现象总体变动中受各个因素变动的影响程度

任何复杂的社会经济现象总体的数量变动都是其构成因素的变动综合影响的结果。如工业产值的变动，不仅受工业产品产量多少的影响，而且受其价格高低的影响，二者共同影响的结果表现为工业产值的总变动。通过统计指数方法，计算出现象总体和各种因素指数，就可以深入分析各因素对总体变动的影响程度和绝对额。

3. 研究社会经济现象在长时期内的发展趋势

将同类指数按时间的先后顺序排列编制成动态数列，利用趋势分析方法，可以分析和研究社会经济现象在长时期内的发展变化趋势。

10.1.3　统计指数的种类

统计指数可以从不同的角度进行分类。

1. 统计指数按研究的范围不同，分为个体指数和总指数

（1）个体指数。

个体指数是反映总体中个别现象或个别项目变动的相对数。

例如，反映个别产品产量变动的个体产量指数和反映个别商品价格变动的个体价格指数等。

$$个体指数 = \frac{报告期水平}{基期水平}$$

设 q 为产品产量，p 为产品价格，k 为个体指数，则个体产量指数为：

$$k_q = \frac{q_1}{q_0}$$

个体价格指数为：

$$k_p = \frac{p_1}{p_0}$$

（2）总指数。

总指数是反映现象数量综合变动的特殊相对数。

例如，反映多种产品的总产量变动的产量总指数，反映多种商品价格总变动的价格总指数。

总指数用代号 $\bar{k}$ 表示，如产量总指数 $\bar{k}_q$ 、价格总指数 $\bar{k}_p$ 。

2．统计指数按指标性质差异，分为数量指标指数和质量指标指数

数量指标指数是反映复杂现象总规模、总水平数量变动程度的指数，如工业产品产量指数、商品销售量指数等。

质量指标指数是反映复杂现象总体内涵数量变动程度的指数，如价格指数、成本指数等。

3．统计指数数列按所采用的基期是否固定，分为环比指数和定基指数

环比指数是指在一个指数数列中，各时期的指数都是以其前一期为基期对比形成的指数数列。

环比指数反映某种现象逐期变动的趋势和变动程度。

定基指数是指在一个指数数列中，各时期的指数都是按照某一固定的基期对比形成的指数数列。

定基指数反映某种现象在一个较长时期内的变动趋势和变动程度。

4．总指数按编制的方法不同，分为综合指数和平均指数

综合指数是指将两个时期不能直接对比的指标，通过同度量因素过渡到能够对比计算出的指数。它是总指数编制的基本形式。

平均指数是从个体指数出发，通过对个体指数加权平均计算的指数。这是总指数的另一种计算形式。

10.2 总指数的编制与应用

总指数按编制的方法不同，分为综合指数法和平均指数法。下面就分别介绍这两种指数的编制及其应用。

10.2.1 综合指数法

1．综合指数

综合指数是由两个不同时期的总量指标进行对比形成的。

综合指数指标中一般包含两个或两个以上的影响因素，在计算综合指数某个因素变化时，我们将其中被研究因素以外的一个或一个以上的因素固定下来，仅观察被研究因素的变动情况，这样编制出来的总指数就是综合指数。它的特点是先综合后对比。

2．综合指数的编制原理

首先，引入同度量因素，以解决复杂总体所包括的许多研究指标不能直接相加的问题。为此，需要从现象的内在联系出发，确定与研究现象相联系的因素，使其成为同度量因素，从而将不能直接加总的指标过渡到能够相加和对比的指标，然后进行对比。所谓同度量因素，是使不能直接相加的不同度量现象过渡到可以加总的那个因素。例如，不同商品的销售量由于经济意义不同，不能直接相加。如果销售量乘以价格即销售额，而销售额是价值指标，具有广泛的综合性，可以相加和对比。那么价格就是同度量因素。

其次，将同度量因素加以固定，以消除同度量因素变动的影响，测定所要研究的因素的变动情况。例如，我们要研究的是两个时期产品销售总额中各类产品销售量的变动，就需要将各个产品价格作为同度量因素，并且把选定价格固定在同一个时期，以测定两个时期各类产品销售量的变动情况。

最后，将两个时期的总量指标进行对比，其结果即综合指数，它综合地反映了复杂总体研究指标的变动情况。

在实际应用中，将同度量因素固定在报告期还是基期是个十分重要的问题，因为同度量因素不仅起同度量的作用，而且具有加权的作用，用不同时期的同度量因素计算，会得到不同的综合指数结果。所以，编制数量指标指数和质量指标指数时，各有不同的解决方法和规定。

3．数量指标综合指数的编制

在编制数量指标指数对数量指标的综合变动进行分析时，需要确定相应的同度量因素。

下面以产量总指数为例说明数量指标指数的编制方法。不同的产品有不同的计量单位，在数量上不能直接相加，必须通过同度量因素将不可加总的产量还原成可以相加的产值。在还原的过程中，价格充当了同度量因素的角色。从产量过渡到产值后要在产值的变动中体现产量的变动，就要对作为同度量因素的价格加以固定，以排除价格变动的影响。

设 q 为产量，p 为价格，则有产量×价格=产值，即 $q\times p=qp$。

$$产量总指数=\frac{某一价格计算的报告期产值总和}{同一价格计算的报告期产值总和}$$

用 $\overline{k}$ 表示总指数，则产量总指数 $\overline{k_q}$ 的计算公式为：

即
$$\bar{k}_q=\frac{\sum q_1p}{\sum q_0p}$$

一般选择基期价格作为同度量因素计算产量总指数，则
$$\bar{k}_q=\frac{\sum q_1p_0}{\sum q_0p_0}$$

式中，$\sum q_1p_0$ 是按基期价格计算的报告期产值之和；$\sum q_0p_0$ 是基期产值之和。

把同度量因素固定在基期来编制综合指数的方法，是在 1864 年由德国经济学家埃蒂恩·拉斯贝尔（Etienne Laspeyres）首先提出来的，因而将其称为拉氏公式。他主张不论是数量指标指数还是质量指标指数都是采用基期同度量因素（权数）的指数。

把同度量因素固定在报告期来编制综合指数的方法，是由德国经济学家哈曼·派许（Hermann Paasche）在 1874 年首先提出的，故称为派许公式或者派氏公式。他主张不论是数量指标指数还是质量指标指数都是采用报告期同度量因素（权数）的指数。

在编制数量指标综合指数时，应将作为同度量因素的质量指标固定在基期。

在统计工作的实践中，为了研究比较长时期的产量变动情况，便于对各期产量指数进行比较，在编制工业产品产量指数时，把价格固定在某个更长远的基期上，即采用不变价格作为同度量因素。

其计算公式为：
$$\bar{k}_q=\frac{\sum q_1p_n}{\sum q_0p_n}$$

式中，p_n 是不变价格。

【例 10-1】

根据表 10-1 所示的资料，说明数量指标综合指数的编制过程及其数值的实际意义。

表 10-1　某工业企业三种产品的产量及价格资料

产品名称	计量单位	产量 q		价格 p（元）	
		基　期	报 告 期	基　期	报 告 期
甲	吨	1 200	1 440	50	59
乙	件	600	660	80	92
丙	米	3 000	3 450	25	27

从表 10-1 中可看出，三种产品产量都有所变动。要研究三种产品产量总体变动情况，就需要编制三种产品产量的综合指数 $\bar{k}_q$：

$$\bar{k}_q=\frac{\sum q_1p_0}{\sum q_0p_0}=\frac{1440\times50+660\times80+3450\times25}{1200\times50+600\times80+3\,000\times25}=\frac{211050}{183000}\approx1.15\,33=115.33(\%)$$

绝对数：$\sum q_1p_0-\sum q_0p_0=211\,050-183\,000=28\,050$（元）

计算结果表明，该企业三种工业产品产量报告期比基期增长了 15.33%，产量的提高使得产值报告期比基期增加了 28 050 元。

4. 质量指标综合指数的编制

在编制质量指标指数对质量指标的综合变动进行分析时，也要确定相应的同度量因素。下面以价格总指数为例来说明质量指标指数的编制方法。

不同产品的价格虽然在形式上都用货币作为计量单位，但它仍然属于不能直接加总的非同度量现象，在数值上仍然不具有可加性，必须通过同度量因素将不可加总的价格还原为可以加总的产值。在还原的过程中，产量就成为同度量因素。

设 q 为产量，p 为价格，则有价格×产量=产值，即 $p\times q=pq$。

q 作为同度量因素，在计算时仍需要固定在同一个时期。

用 $\bar{k}_p$ 表示价格综合指数，则其计算公式为：

$$价格总指数=\frac{某一时期产量计算的报告期产值之和}{同一时期产量计算的基期产值之和}$$

即

$$\bar{k}_p=\frac{\sum qp_1}{\sum qp_0}$$

一般选择报告期产量作为同度量因素，质量指标综合指数的计算公式应为：

$$\bar{k}_p=\frac{\sum q_1p_1}{\sum q_1p_0}$$

【例 10-2】

现仍以表 10-1 的资料为例，说明质量指标综合指数的编制过程及其应用。

三种产品的价格均有所变动，要反映三种产品的价格的总变动情况，必须应用综合指数的计算公式。

$$\bar{k}_p=\frac{\sum q_1p_1}{\sum q_1p_0}=\frac{1\,440\times59+660\times92+3450\times27}{1\,440\times50+660\times80+3450\times25}=\frac{238\,830}{211\,050}\approx1.131\,6=113.16(\%)$$

绝对数：

$$\sum q_1p_1-\sum q_1p_0=238\,830-211\,050=27\,780\,(元)$$

计算结果表明，该企业三种产品价格报告期比基期增长了 13.16%，使产值报告期比基期增加了 27 780 元。

10.2.2　平均指数法

在计算综合指数时，需要较多的数据资料。但在实际工作中，经常会出现资料不全或只有间接资料的情况。比如，只有个体价格指数，而缺乏基期或报告期价格；只有基期或报告期的产值，而缺乏基期与报告期产量等。这时，就需要采用平均指数法计算总指数。平均指数法是以个体指数为基础，采用加权形式来编制的总指数。根据选用的权数不同，平均指数法可进一步分为加权算术平均法、加权调和平均法、固定权数加权平均法。

1. 加权算术平均法

加权算术平均法是以个体指数为变量值，以一定时期的总值资料为权数，对个体指数加权平均以计算总指数的方法。

【例 10-3】

某企业有关生产情况如表10-2所示。要求根据以下资料反映该企业产量总体变动情况。

表 10-2 某企业产值情况

产品名称	基期产值（万元）	个体产量指数(元)
甲	280	112
乙	370	108
丙	350	114
合计	1 000	—

若按数量指标综合指数 $\bar{k}_q=\dfrac{\sum q_1p_0}{\sum q_0p_0}$ 计算，则缺乏分子资料，不能直接应用，而应做适当的变形，将 $k_q=\dfrac{q_1}{q_0}\Rightarrow q_1=k_qq_0$ 代入 $\bar{k}_q$ 的综合指数计算公式，得

$$\bar{k}_q=\frac{\sum q_1p_0}{\sum q_0p_0}=\frac{\sum k_qq_0p_0}{\sum q_0p_0}$$

式中，k_q 是个体产量指数，是变量值；q_0p_0 是基期产值，是权数。

$\bar{k}_q=\dfrac{\sum q_1p_0}{\sum q_0p_0}$ 在表现形式上同加权算术平均数计算公式 $\bar{x}=\dfrac{\sum xf}{\sum f}$ 一样，故称为加权算术平均指数。将表中数据代入，得

$$\bar{k}_q=\frac{\sum k_qq_0p_0}{\sum q_0p_0}=\frac{1.12\times280+1.08\times370+1.14\times350}{1\,000}=\frac{1112.2}{1\,000}=1.112\,2=111.22(\%)$$

绝对数：$\sum k_qq_0p_0-\sum q_0p_0=1112.2-1\,000=112.2$（万元）

计算结果表明，该企业三种产品产量报告期比基期平均增长了11.22%。由于产量变动，使企业总产值报告期比基期增加了112.2万元。

2. 加权调和平均法

【例 10-4】

根据表10-3所示的企业生产情况来求该企业产品价格的变动情况。

表 10-3 某企业生产情况

产品名称	报告期产值（万元）	个体价格指数（%）
甲	330	109
乙	430	111
丙	440	113
合计	1 200	—

若按质量指标综合指数 $\bar{k}_p=\dfrac{\sum q_1p_1}{\sum q_1p_0}$ 计算，则缺乏分母资料，不能直接计算，应做如下变形，将 $k_p=\dfrac{p_1}{p_0}\Rightarrow p_0=\dfrac{p_1}{k_p}$ 代入 $\bar{k}_p$ 的综合指数计算公式，得

$$\bar{k}_p=\frac{\sum q_1p_1}{\sum q_1p_0}=\frac{\sum q_1p_1}{\sum q_1\dfrac{p_1}{k_p}}=\frac{\sum q_1p_1}{\sum \dfrac{1}{k_p}q_1p_1}$$

式中，k_p是个体价格指数，是变量值；q_1p_1是报告期产值，是权数。

$\bar{k}_p=\dfrac{\sum q_1p_1}{\sum \dfrac{1}{k_p}q_1p_1}$在表现形式上同调和平均数计算公式$h=\dfrac{\sum m}{\sum \dfrac{1}{x}m}$一样，故将其称为加权调和平均指数。

将表中数据代入，得

$$\bar{k}_p=\frac{\sum q_1p_1}{\sum \dfrac{1}{k_p}q_1p_1}=\frac{1\,200}{\dfrac{330}{1.09}+\dfrac{430}{1.11}+\dfrac{440}{1.13}}=\frac{1\,200}{1\,079.52}\approx 1.111\,6=111.16(\%)$$

绝对数：$\sum q_1p_1-\sum \dfrac{1}{k_p}q_1p_1=1\,200-1\,079.52=120.48$（元）

计算结果表明，该企业三种产品价格报告期比基期平均增长了 11.16%；价格变动使企业总产值报告期比基期增加了 120.48 元。

3．固定权数加权平均法

前面所介绍的加权算术平均数指数和加权调和平均数指数计算公式中的权数都是以绝对数形式出现的，要求有全面的统计资料，而在实际工作中往往很难满足。因此，在统计实践中，常常把这个权数用比重的形式固定下来，一段时间内不做变动，这种权数称为固定权数。以指数化因素的个体指数为基础，使用固定权数对个体指数（或类指数）进行加权平均计算的总指数称为固定权数平均指数。

固定权数用 w 表示，$\sum w=100$，固定权数平均数指数有以下计算公式：

$$\bar{k}=\frac{\sum kw}{\sum w}$$ 称为固定权数加权算术平均指数

$$\bar{k}=\frac{\sum w}{\sum \dfrac{1}{k}w}$$ 称为固定权数加权调和平均数指数

采用固定权数的加权平均指数，不仅可以避免每次编制指数权数资料来源的困难，而且也便于前后不同时期的比较。

4．居民消费价格指数和其他指数编制

世界上大多数国家都编制居民消费价格指数（Consumer Price Index，CPI），反映城乡居民购买并用于消费的消费品及服务价格水平的变动情况，并用它来反映通货膨胀程度。从 2001 年起，我国采用国际通用做法，逐月编制并公布以 2000 年价格水平为基期的居民消费价格定基指数，作为反映我国通货膨胀（或紧缩）程度的主要指标。下面以我国居民消费价格指数为例，说明固定权数加权平均法的应用。

第一步：将全部消费品及服务项目分类。居民消费价格指数包括居民用于日常生活的

全部商品和服务项目。按国家统计局《居民消费价格指数商品及服务项目目录》规定分 8 个大类，即食品、烟酒及用品、衣着、家庭设备用品及维修服务、医疗保健及个人用品、交通和通信、娱乐教育文化用品及服务、居住。每个大类包括若干个中类，中类之下又有基本分类。根据全国城乡 9 万余户居民家庭消费支出调查资料中消费额较大的项目和习惯确定，共设 351 个基本分类。再在各基本类中选出若干代表规格品。

代表规格品是按照消费量较大，其价格变动趋势和变动程度有较强代表性的合格品的要求选择的，并且都规定了最低数量标准，各地可根据当地实际情况适当增加。

第二步：计算各类消费品及服务项目的权数。根据家计调查和统计报表资料，结合社会商品零售额统计资料，计算各类商品零售额在社会商品零售额中所占的比重，将其作为权数并固定下来，若干年保持不变，为连续编制物价指数提供了有利条件。

第三步：分层计算各分类指数。先以代表规格品个体物价指数计算基本分类物价指数，将计算出的基本分类指数作为个体物价指数计算中类物价指数，依次类推，计算大类物价指数，最终由各大类指数加权为居民消费价格总指数。基本分类指数是用简单几何平均法对若干代表规格品的个体物价指数进行平均，中类和大类及总指数均采用固定权数加权算术平均法。

【例 10-5】

现以各大类物价指数资料计算物价是指数的计算过程，来说明固定权数加权计算平均指数在居民消费价格总指数编制过程中的应用，如表 10-4 所示。

表 10-4　某地区居民消费价格总指数计算表

商品分类	物价指数 k_p(%)	固定指数 w(%)	k_pw(%)
食品类	106.3	390	41 457
烟酒及用品类	100.7	30	3 021
衣着类	103.8	70	7 266
家庭设备用品及维修服务类	100.9	80	8 072
医疗保健及个人用品类	99.8	90	8 982
交通和通信类	99.4	75	7 445
娱乐教育文化用品及服务类	101.2	152	15 382.4
居住类	98.5	113	11 130.5
合　计	—	1 000	102 755.9

该地区居民消费价格总指数为：

$$\overline{k}=\frac{\sum k_p w}{\sum w}=\frac{102\ 755.9}{1\ 000}\approx 102.8(\%)$$

指数在社会经济统计中应用很广泛。在我国统计实践中，重要的统计指数还有如下几种。

（1）商品零售物价指数。

商品零售物价指数是反映城乡商品零售价格变动趋势的一种经济指数，其计算方法和过程与居民消费价格指数相似，主要的不同在于它不能反映居住和服务价格的变动。从 2001 年开始，我国价格统计指数的公布和使用由以商品零售价格指数为主改为以居民消费价格指数为主，与国际惯例接轨。

（2）农产品收购价格指数。

农产品收购价格指数是反映国家农产品收购价格变动趋势和程度的指数，既是研究农产品收购价格变化对农民收入、国家财政支出等影响的依据，又是计算工农业产品综合比价指数的依据。它是以报告期农产品实际收购金额为权数，对各类代表规格品个体价格指数采用加权调和平均法计算农产品收购价格总指数，其计算公式为：

$$\bar{k}_p = \frac{\sum p_1 q_1}{\sum \frac{1}{k_p} p_1 q_1}$$

（3）工业生产指数。

工业生产指数概括地反映了一个国家或地区各种工业产品产量的综合变动程度，是衡量经济增长水平的重要指标之一。世界各国都非常重视工业生产指数的编制，但采用的方法完全不同。我国工业生产指数是通过计算各种工业产品的不变价格产值来编制的，其计算公式为：

$$\bar{k}_p = \frac{\sum p_n q_t}{\sum p_n q_0} \quad \text{或} \quad \bar{k}_p = \frac{\sum p_n q_t}{\sum p_n q_{t-1}}$$

国外普遍采用平均指数的形式来编制工业生产指数，其计算公式为：

$$\bar{k}_p = \frac{\sum k_q p_0 q_0}{\sum p_0 q_0}$$

为了简化指数编制工作，常以各种工业品的增加值比重作为权数，并且将其相对固定起来，即运用固定加权算术平均指数法，连续地编制各个时期的工业生产指数，与居民消费价格指数的编制相似。

（4）股票价格指数。

在发展比较充分的市场经济条件下，股票价格的波动和走向是反映经济景气状况的重要方面，也是影响投资人决策行为的主要因素之一。股票价格指数（以下简称股价指数），可以衡量整个股票市场价格变动的基本趋势，人们形象地称其为市场经济的“晴雨表”。

股票价格指数的计算方法很多，但一般以发行量为权数进行加权综合，其计算公式为：

$$\bar{k}_{1/0} = \frac{\sum p_{1i} q_i}{p_{0i} q_i}$$

式中，p_{1i} 为第 i 种股票报告期价格；p_{0i} 为第 i 种股票基期价格；q_i 为第 i 种股票的发行量，大多固定在报告期。

拓展 1

10.3　指数体系与因素分析

10.3.1　指数体系

1. 指数体系的概念

社会经济现象客观上存在错综复杂的经济联系，这种经济联系从静态上分析，表现为某些社会经济现象之间具有数量上的必然联系，如：

产品产值=产品产量×产品价格

商品销售额=商品销售量×商品价格

对这种在静态上的数量关系，按指数形式表现时（动态观察分析），同样也存在这种对等关系，即：

产品产值总指数=产品产量总指数×产品价格总指数

商品销售额总指数=商品销售量总指数×商品价格总指数

在统计研究中，把由这样三个或三个以上具有内在联系的，即经济上有联系、在数量上保持一定对等关系的统计指数组成的整体，称为指数体系。

指数体系内在的数量对等关系也表现在绝对数之间，即：

产品产值的增减额=产品产量变动影响的产值增减额

+产品价格变动影响的产值增减额

商品销售额的增减额＝商品销售量变动影响的销售额增减额×

商品价格变动影响的销售额增减额

上述指数体系，按编制综合指数的一般原理，用符号可写成：

$$\frac{\sum q_1p_0}{\sum q_0p_0}\times\frac{\sum q_1p_1}{\sum q_1p_0}=\frac{\sum q_1p_1}{\sum q_0p_0}$$

$$(\sum q_1p_0-\sum q_0p_0)+(\sum q_1p_1-\sum q_1p_0)=\sum q_1p_1-\sum q_0p_0$$

式中，$\frac{\sum q_1p_0}{\sum q_0p_0}$为产品产量总指数；$\frac{\sum q_1p_1}{\sum q_1p_0}$为产品价格总指数；$\frac{\sum q_1p_1}{\sum q_0p_0}$为产品产值总指数。

2．指数体系的作用

（1）利用指数体系可以进行指数间的推算。

指数体系表现为一个数量对等关系式，可以依据其组成的体系等式，根据已掌握的若干个指数，推算出体系中的某一个未知指数。

例如，某厂产量计划提高10%，单位成本计划降低5%，总成本将如何变动?

根据已知资料得知：产量指数为110%，单位成本指数为95%。

按指数体系可知：

总成本指数=产量指数×单位成本指数=110%×95%=104.5%

表明：总成本将提高4.5%。

（2）可以对复杂社会经济现象的总变动进行因素分析。

指数体系既反映了社会经济现象的总变动，又反映了其中各因素的变动。因而，可以利用指数体系对现象的总变动进行影响因素的定量分析，确定各因素变动对现象总变动在方向和程度上的影响，其中包括两方面的分析：相对数分析和绝对数分析。如产品产值总指数=产品产量总指数×产品价格总指数，是从相对数方面分析；产品产值的增减额=

产品产量变动影响的产值增减额+产品价格变动影响的产值增减额，则是从绝对数的角度分析。指数体系是因素分析的依据。

10.3.2　因素分析

1．因素分析的含义

因素分析法是利用指数体系从数量方面研究现象的综合变动中，各个因素变动对其影响的方向、程度和绝对效果的方法，也被称为指数分析法。

因素分析的研究对象是复杂的经济现象，这些复杂现象受两个或两个以上因素变动的共同影响。因素分析的目的是测定各个因素对总体的影响方向和程度。

因素分析的基本依据是指数体系。现象总变动指数等于若干因素指数的乘积，现象总变动的差额等于若干因素影响差额的总和，这是因素分析计算的依据。

因素分析的基本特点是以假定一个因素变动、其余因素不变为前提的。如果是三个因素的影响，必须假定其中两个因素不变，只测定另一个因素的影响。依因素分步进行，每步只测定诸因素中的一个因素的影响方向和程度。

因素分析的作用是揭示复杂现象总变动和影响复杂现象变动的各种因素变动的相对数和绝对数的变动方向与程度，为经济活动分析和决策提供可靠依据。

2．因素分析的种类

因素分析按被研究指标的性质不同可分为两类：总量指标的因素分析和平均指标的因素分析。前者分析绝对指标的总变动中各因素变动的影响，如总产值变动中的价格、产量的影响情况；后者分析加权平均指标的变动中变量值水平和总体结构的影响，如平均工资的变动中工资水平和工人结构的影响情况等。

因素分析按分析时包含的因素多少可分为两类：两因素分析和多因素分析。两因素分析是指研究对象仅包含两个因素变动的分析，它是因素分析的基本方法，如销售额受销售价格和销售量的影响分析。多因素分析是指研究对象包含两个以上因素变动的分析，如原材料支出额受产量、原材料单耗、原材料价格的影响。

3．因素分析的步骤

因素分析的运用应建立指数体系，并依据指数体系从相对数及绝对数两个方面进行分析计算。其步骤是：首先，计算被分析指标的总变动程度和绝对数。其次，计算各因素变动影响程度和影响绝对数。最后，计算指数体系间的等量关系并进行综合分析。

10.3.3　总量指标因素分析

总量指标因素分析是指对复杂现象总量指标和总量指标分解后各类因素的分析。例如，产值受产量、出厂价格因素的影响分析；销售额受销售量和销售价格因素影响的分析。

1. 两因素分析

两因素分析是指一个现象总变动受两个因素影响时，分析其中每个因素的变动对总变动影响的方向和程度。

【例 10-6】

现以表 10-5 的资料分析某商场三种商品销售额的变动，受销售量因素和价格因素变动的影响程度。

表 10-5 某商场三种商品销售资料

商品名称	计量单位	销售量 q		价格 p(元)	
		基期 q_0	报告期 q_1	基期 p_0	报告期 p_1
甲	套	300	380	280	260
乙	件	450	510	140	150
丙	米	1 200	1 500	70	78

（1）计算销售额总指数，测定现象总体变动的程度和绝对额。

$$\overline{k}_{qp}=\frac{\sum q_1p_1}{\sum q_0p_0}=\frac{380\times260+510\times150+1\,500\times78}{300\times280+450\times140+1\,200\times70}=\frac{292\,300}{231\,000}\approx1.265\,4=126.54(\%)$$

即销售额报告期比基期增长了 26.54%。

销售额绝对值变动：$\sum q_1p_1-\sum q_0p_0$ =292 300–231 000 = 61 300（元）

（2）分别计算销售量和单价两个因素变动的影响程度和绝对额。

销售量总指数：

$$\overline{k}_q=\frac{\sum q_1p_0}{\sum q_0p_0}=\frac{380\times280+510\times140+1\,500\times70}{300\times280+450\times140+1\,200\times70}=\frac{282\,800}{231\,000}\approx1.224\,2=122.42(\%)$$

绝对额：$\sum q_1p_0-\sum q_0p_0$ = 282 800–231 000=51 800(元)

这表明该商场由于销售量的变动，使得销售额报告期比基期增长了 22.42%，销售额增加了 518 000 元。

销售价格总指数：

$$\overline{k}_p=\frac{\sum q_1p_1}{\sum q_1p_0}=\frac{292\,300}{282\,800}\approx1.033\,6=103.36(\%)$$

绝对额：$\sum q_1p_1-\sum q_1p_0$ =292 300–282 800 = 9 500（元）

这表明该商场由于销售价格的变动，使得销售额报告期比基期增长了 3.36%，销售额增加了 9 500 元。

（3）利用指数体系从相对数和绝对数两方面进行影响因素的综合分析。

相对数：$\frac{\sum q_1p_0}{\sum q_0p_0}\times\frac{\sum q_1p_1}{\sum q_1p_0}=\frac{\sum q_1p_1}{\sum q_0p_0}$

即：122.42%×103.36%≈126.53%

绝对额：$(\sum q_1p_0-\sum q_0p_0)+(\sum q_1p_1-\sum q_1p_0)=\sum q_1p_1-\sum q_0p_0$
$=51\,800+9\,500=61\,300(元)$

计算和分析结果表明：该商场销售额报告期比基期增长了26.53%，销售额增加了61 300元。这是由于销售量的变动，使销售额增长了22.42%，绝对额增加了51 800元，以及由于销售价格的变动，使销售额增长了3.36%，绝对额增加了9 500元的共同作用的结果。

2．多因素分析

多因素分析是指一个现象的变动受多个（三个以上）因素影响时分析其中每个因素的变动对总变动影响的方向和程度，如原材料费用总额受产品产量、单位产品原材料消耗量和单位原材料价格三个因素的影响。

在静态情况下：

原材料费用总额=产品产量×单位产品原材料消耗量×单位原材料价格

那么在动态情况下四者之间的关系如何？

首先编制四个综合指数。设产品产量为 q，单位产品原材料消耗量为 m，单位原材料价格为 p。

根据因素分析的原则，在测定某一因素指标变动影响时将其他因素作为同度量因素固定起来，同度量因素为数量指标的固定在报告期，同度量因素为质量指标的固定在基期。

在编制多因素综合指数时应注意一个问题，就是在区分数量因素和质量因素时，由于分析的因素较多，要注意应相对地而不能绝对地判断。如上例中，产量（q）是数量指标，而单位产品消耗原材料的金额（mp）相对产量来说是质量指标。因此分析产量变动影响时，要把 mp 固定在基期。单位产品原材料消耗量（m）相对产量（q）是质量指标，相对原材料单价（p）是数量指标。所以分析单位产品原材料消耗量的变动影响时，要把产量固定在报告期，原材料单价固定在基期。对于原材料单价（p），相对原材料消耗总量（qm）这一数量指标来说，它是质量指标。因此分析其对原材料费用总额的变动影响时，应将 qm 固定在报告期。

根据以上原则编制各个综合指数：

产品产量综合指数 $$\bar{k}_q=\frac{\sum q_1m_0p_0}{\sum q_0m_0p_0}$$

单位产品原材料消耗量综合指数 $$\bar{k}_m=\frac{\sum q_1m_1p_0}{\sum q_1m_0p_0}$$

单位原材料价格综合指数 $$\bar{k}_p=\frac{\sum q_1m_1p_1}{\sum q_1m_1p_0}$$

原材料费用总额指数 $$\bar{k}_{qmp}=\frac{\sum q_1m_1p_1}{\sum q_0m_0p_0}$$

四个指数的关系：

$$\frac{\sum q_1 m_0 p_0}{\sum q_0 m_0 p_0} \times \frac{\sum q_1 m_1 p_0}{\sum q_1 m_0 p_0} \times \frac{\sum q_1 m_1 p_1}{\sum q_1 m_1 p_0} = \frac{\sum q_1 m_1 p_1}{\sum q_0 m_0 p_0}$$

即原材料费用总额指数=产品产量综合指数×单位产品原材料消耗量综合指数×单位原材料价格综合指数

【例 10-7】

假设某企业生产产品有关资料如表 10-6 所示，要求运用指数体系分析产品产量、单位产品原材料消耗量及原材料价格对原材料费用总额的影响。

表 10-6　某企业生产及原材料消耗资料

产品名称	计量单位	产品产量		单位原材料消耗量		单位原材料价格（元）	
		基期 q_0	报告期 q_1	基期 m_0	报告期 m_1	基期 p_0	报告期 p_1
甲	台	100	120	10	11	20	22
乙	件	300	360	8	7	15	14
丙	米	1 000	1 500	5	4	8	7

（1）原材料费用总额指数。

$$\overline{k}_{qmp} = \frac{\sum q_1 m_1 p_1}{\sum q_0 m_0 p_0} = \frac{120 \times 11 \times 22 + 360 \times 7 \times 14 + 1500 \times 4 \times 7}{100 \times 10 \times 20 + 300 \times 8 \times 15 + 1000 \times 5 \times 8} = \frac{106320}{96000} = 1.107\,5 = 110.75(\%)$$

绝对数：$\sum q_1 m_1 p_1 - \sum q_0 m_0 p_0$ =106 320–96 000=10 320（元）

计算表明，该企业原材料费用总额报告期比基期增长了 10.75%，费用总额增加了 10 320 元。

（2）产品产量指数。

$$\overline{k}_q = \frac{\sum q_1 m_0 p_0}{\sum q_0 m_0 p_0} = \frac{120 \times 11 \times 20 + 360 \times 8 \times 15 + 1\,500 \times 5 \times 8}{100 \times 10 \times 20 + 300 \times 8 \times 15 + 1\,000 \times 5 \times 8} = \frac{129\,600}{96\,000} = 1.35 = 135(\%)$$

绝对数：$\sum q_1 m_0 p_0 - \sum q_0 m_0 p_0$ =12 600–96 000=33 600（元）

计算表明，该企业由于产品产量变动，使原材料费用总额报告期比基期增长了 35%，绝对额增加了 33 600 元。

（3）单位产品原材料消耗量指数。

$$\overline{k}_m = \frac{\sum q_1 m_1 p_0}{\sum q_1 m_0 p_0} = \frac{120 \times 11 \times 20 + 360 \times 7 \times 15 + 1\,500 \times 4 \times 8}{120 \times 10 \times 20 + 360 \times 8 \times 15 + 1\,000 \times 5 \times 8} = \frac{112\,200}{127\,200} \approx 0.882\,1 = 88.21(\%)$$

绝对数：$\sum q_1 m_1 p_0 - \sum q_1 m_0 p_0$ =112 200–127 200=–15 000（元）

计算表明，该企业由于单位产品原材料消耗量变动，使原材料费用总额报告期比基期下降了约 11.79%，绝对额减少了 15 000 元。

（4）单位原材料价格指数。

$$\overline{k}_p = \frac{\sum q_1 m_1 p_1}{\sum q_1 m_1 p_0} = \frac{106\,320}{112\,200} \approx 0.947\,6 = 94.76(\%)$$

绝对数：$\sum q_1 m_1 p_1 - \sum q_1 m_1 p_0$ = 106 320–112 200=–5 880（元）

计算表明，该企业由于单位原材料价格变动，使原材料费用总额报告期比基期下降了约 5.24%，绝对额减少了 5 880 元。

（5）利用指数体系分析四者之间的数量关系。

$$\frac{\sum q_1 m_0 p_0}{\sum q_0 m_0 p_0} \times \frac{\sum q_1 m_1 p_0}{\sum q_1 m_0 p_0} \times \frac{\sum q_1 m_1 p_1}{\sum q_1 m_1 p_0} = \frac{\sum q_1 m_1 p_1}{\sum q_0 m_0 p_0}$$

即　132.50%×88.21%×94.76%≈110.75%

绝对数：$(\sum q_1 m_0 p_0 - \sum q_0 m_0 p_0) + (\sum q_1 m_1 p_0 - \sum q_0 m_0 p_0) + (\sum q_1 m_1 p_1 - \sum q_0 m_1 p_0)$

$= \sum q_1 m_1 p_1 - \sum q_0 m_0 p_0 = 31\ 200 + (-15\ 000) + (-5\ 880) = 10\ 320$（元）

整个计算分析表明，该企业原材料费用总额报告期比基期增长了 10.75%，增加了 10 320 元。这是由于产品产量的变动使原材料费用总额增长了 35%，增加了 33 600 元；单位产品原材料消耗量变动，使原材料费用总额下降了约 11.79%，绝对额减少了 15 000 元，以及单位原材料价格变动使原材料费用总额下降了约 5.24%，绝对额减少了 5 880 元共同作用的结果。

▶▶ 10.3.4　总平均指标因素分析

从静态的角度来看，总体某一标志平均水平的高低，既取决于各单位标志值水平的高低，也取决于标志值水平不同的总体单位的分布状况。

以平均工资为例：

$$\bar{x} = \frac{\sum xf}{\sum f}$$

式中，x 代表不同组别工资水平；f 代表各组工人人数。

从动态的角度分析平均工资的变动：

基期平均工资：$\bar{x}_0 = \dfrac{\sum x_0 f_0}{\sum f_0}$

报告期平均工资：$\bar{x}_1 = \dfrac{\sum x_1 f_1}{\sum f_1}$

式中，x_0 代表基期不同组别工资水平；x_1 代表报告期不同组别工资水平；f_0 代表基期各组工人人数；f_1 代表报告期各组工人人数。

那么，总平均工资的变动可用指数 $\dfrac{\bar{x}_1}{\bar{x}_0}$ 表示，即

$$\frac{\dfrac{\sum x_1 f_1}{\sum f_1}}{\dfrac{\sum x_0 f_0}{\sum f_0}}$$

把这种指数称为可变构成指数。

根据综合指数的编制原则，还可编制以下两个指数：

一是反映各组标志值（x）变动的指数：

$$\frac{\frac{\sum x_1 f_1}{\sum f_1}}{\frac{\sum x_0 f_1}{\sum f_1}}$$

这种以各组水平变动为基础，将各组在总体内部的结构给予固定，以说明各组水平变动情况的指数称为固定结构指数。

二是反映总体内部各组结构变动的指数：

$$\frac{\frac{\sum x_0 f_1}{\sum f_1}}{\frac{\sum x_0 f_0}{\sum f_0}}$$

这种以总体内部各组结构变动为基础，将各组水平给予固定，以说明总体内部各组结构变动情况的指数称为结构影响指数。

三个指数之间的数量关系为：

$$\frac{\frac{\sum x_1 f_1}{\sum f_1}}{\frac{\sum x_0 f_1}{\sum f_1}} \times \frac{\frac{\sum x_0 f_1}{\sum f_1}}{\frac{\sum x_0 f_0}{\sum f_0}} = \frac{\frac{\sum x_1 f_1}{\sum f_1}}{\frac{\sum x_0 f_0}{\sum f_0}}$$

即固定结构指数×结构影响指数=可变构成指数。

这三个指数构成总平均指标两因素分析的指数体系。

由此可见，从动态的角度看，总体平均水平的变动，既取决于各组水平的变动，也取决于总体内部各组结构的变动。

【例 10-8】

下面以表 10-7 为例，说明总平均水平的变动中受总体各组水平变动和总体内各组结构变动的影响方向和程度。

表 10-7 某企业工人工资及人数资料

工人类别	工资水平 x（元）		工人人数 f（人）	
	基期 x_0	报告期 x_1	基期 f_0	报告期 f_1
技术工人	600	700	600	800
辅助工人	400	500	400	700
合　计	—	—	1 000	1 500

根据以上资料：

（1）计算可变构成指数

$$\frac{\frac{\sum x_1 f_1}{\sum f_1}}{\frac{\sum x_0 f_0}{\sum f_0}}=\frac{\frac{700\times 800+500\times 700}{1\,500}}{\frac{600\times 600+400\times 400}{1\,000}}=\frac{606.67}{520}=1.166\,7=116.67(\%)$$

绝对数：$\frac{\sum x_1 f_1}{\sum f_1}-\frac{\sum x_0 f_0}{\sum f_0}=606.67-520=86.67$（元）

表明：该企业工人总平均工资报告期比基期增长了 16.67%，平均每人增加 86.67 元。

（2）计算固定构成指数

$$\frac{\frac{\sum x_0 f_1}{\sum f_1}}{\frac{\sum x_0 f_0}{\sum f_0}}=\frac{\frac{700\times 800+500\times 700}{1\,500}}{\frac{600\times 800+400\times 700}{1\,000}}=\frac{606.67}{506.67}=1.197\,4=119.74(\%)$$

绝对数：$\frac{\sum x_1 f_1}{\sum f_1}-\frac{\sum x_0 f_1}{\sum f_1}=606.67-506.67=100$（元）

表明：由于该企业各类工人工资水平变动，使该企业工人总平均工资报告期比基期增长了 19.74%，平均每人增加了 100 元。

（3）计算结构影响指数

$$\frac{\frac{\sum x_1 f_1}{\sum f_1}}{\frac{\sum x_0 f_1}{\sum f_1}}=\frac{\frac{600\times 800+400\times 700}{1\,500}}{\frac{600\times 600+400\times 700}{1\,500}}=\frac{506.67}{520}=0.974\,4=97.44(\%)$$

绝对数：$\frac{\sum x_0 f_1}{\sum f_1}-\frac{\sum x_0 f_0}{\sum f_0}=506.67-520=-13.33$（元）

表明：该企业由于各类工人结构（人数）变动，使得该企业工人总平均工资下降了 2.56%，平均每人减少了 13.33 元。

（4）利用指数体系分析三者之间的数量关系

$$\frac{\frac{\sum x_1 f_1}{\sum f_1}}{\frac{\sum x_0 f_1}{\sum f_1}}\times\frac{\frac{\sum x_0 f_1}{\sum f_1}}{\frac{\sum x_0 f_0}{\sum f_0}}=\frac{\frac{\sum x_1 f_1}{\sum f_1}}{\frac{\sum x_0 f_0}{\sum f_0}}$$

即：119.74%×97.44%=116.67%

绝对数：$\left(\frac{\sum x_1 f_1}{\sum f_1}-\frac{\sum x_0 f_1}{\sum f_1}\right)+\left(\frac{\sum x_0 f_1}{\sum f_1}-\frac{\sum x_0 f_0}{\sum f_0}\right)=\left(\frac{\sum x_1 f_1}{\sum f_1}-\frac{\sum x_0 f_0}{\sum f_0}\right)$

即：$100+(-13.33)=86.67$(元)

整个计算分析表明，该企业工人总平均工资报告期比基期增长了 16.67%，平均每人增加 86.67 元是由于各类工人工资水平变动，使工人总平均工资增长 19.74%，平均每人增加

100 元；又由于各类工人结构（人数）变动，使工人总平均工资下降 2.56%，平均每人减少 13.33 元的共同结果。

10.4 指数数列*

10.4.1 指数数列的概念及种类

1. 指数数列的概念

在统计的实践和理论研究中，为了反映客观事物在一个较长的时期不断发展变化的趋势，需要连续不断地编制指数，这便提出了指数数列的概念。

指数数列是将若干个同类现象的指数，按时间先后顺序排列而形成的数列。

可见，指数数列是一种时间数列，可用于复杂经济现象总体的动态分析。

2. 指数数列的种类

指数数列按作为基期的选择不同，分为环比指数数列和定基指数数列；按同度量因素所固定的时期不同，分为可变权数指数数列和不变权数指数数列。

10.4.2 环比指数数列和定基指数数列

1. 环比指数数列

在指数数列中，各期指数都以其前一期为基期来编制，称为环比指数数列。

数量指标环比指数数列：

$$\frac{\sum q_1p_0}{\sum q_0p_0},\frac{\sum q_2p_1}{\sum q_1p_1},\frac{\sum q_3p_2}{\sum q_2p_2},\cdots,\frac{\sum q_np_{n-1}}{\sum q_{n-1}p_{n-1}}$$

质量指标环比指数数列：

$$\frac{\sum q_1p_1}{\sum q_1p_0},\frac{\sum q_2p_2}{\sum q_2p_1},\frac{\sum q_3p_3}{\sum q_3p_2},\cdots,\frac{\sum q_np_n}{\sum q_np_{n-1}}$$

2. 定基指数数列

在指数数列中，各期指数都以某一固定时期为基期来编制，称为定基指数数列。

数量指标定基指数数列：

$$\frac{\sum q_1p_0}{\sum q_0p_0},\frac{\sum q_2p_0}{\sum q_0p_0},\frac{\sum q_3p_0}{\sum q_0p_0},\cdots,\frac{\sum q_np_0}{\sum q_0p_0}$$

质量指标定基指数数列：

* 本节为选修内容。

$$\frac{\sum q_1p_1}{\sum q_1p_0}, \frac{\sum q_2p_2}{\sum q_2p_0}, \frac{\sum q_3p_3}{\sum q_3p_0}, \cdots, \frac{\sum q_np_n}{\sum q_np_0}$$

环比指数数列和定基指数数列各有不同用途。若要说明各时期的现象与其前一时期对比变动的情况时，就应采用环比指数数列加以分析；要说明各时期的现象与某一固定时期对比变动情况时，就应采用定基指数数列加以分析。

10.4.3　可变权数指数数列和不变权数指数数列

在前面介绍的指数编制过程中，我们知道指数中的同度量因素不仅起到同度量的作用，同时起到了权数的作用，所以同度量因素也称权数。

在指数数列中，若各时期指数的权数是不同的，则称为可变权数指数数列；若各时期指数的权数是相同的，则称为不变权数指数数列。

根据指数编制的一般原则，数量指标指数的同度量因素应固定在基期，质量指标指数的同度量因素应固定在报告期。因此在编制数量指标环比指数数列时，要求依次以前期为基期，这样同度量因素所属时期随基期变动而变动，故属于可变权数指数数列。在编制数量指标定基指数数列时，同度量因素固定在被比较的基期水平上，属于不变权数指数数列。在编制质量指标指数数列时，由于要求同度量因素固定在报告期，所以不论是环比指数数列，还是定基指数数列，同度量因素所属时期总是随报告期变动而变动，故都属于可变权数指数数列。

在我国的统计实践中，工业产品数量的变动情况，是通过采用不变价格计算的工业总产值的变动来反映的，而采用的是不变权数来编制工业产品产量指数数列。

设不变价格为 P_n，则：

环比产量指数数列：

$$\frac{\sum q_1p_n}{\sum q_0p_n}, \frac{\sum q_2p_n}{\sum q_1p_n}, \frac{\sum q_3p_n}{\sum q_2p_n}, \frac{\sum q_4p_n}{\sum q_3p_n}, \cdots$$

定基产量指数数列：

$$\frac{\sum q_1p_n}{\sum q_0p_n}, \frac{\sum q_2p_n}{\sum q_0p_n}, \frac{\sum q_3p_n}{\sum q_0p_n}, \frac{\sum q_4p_n}{\sum q_0p_n}, \cdots$$

【例 10-9】

某市 1995—2000 年工业产品产量以 1990 年不变价格计算的工业总产值指数数列如表 10-8 所示。

表 10-8　某市 1995—2000 年工业总产值指数数列

年　份	以 80 年代不变价格计算的工业总产值（亿元）	工业总产值指数（%）	
		环　比	定　基
1995	125	100	100
1996	136	108.8	108.8

续表

年 份	以 80 年代不变价格计算的工业总产值（亿元）	工业总产值指数（%）	
		环 比	定 基
1997	150	110.3	120.0
1998	166	110.7	132.8
1999	181	109.0	144.8
2000	198	109.4	158.4

这样便于观察该市 1995—2000 年工业生产增长变动情况。

从理论上讲，用不变价格编制的产值指数属不变权数指数，但是，在实际统计工作中，编制的产值指数所采用的不变价格并不是永久不变的。由于时间久远，经济发展、产品品种与质量的不断变化，如果采用永久的不变价格，将影响权数编制的代表性和正确性。

1949 年以来，我国曾采用过 6 次不变价格（1950 年、1952 年、1957 年、1970 年、1980 年、1990 年）。当编制采用不是同一个不变价格的较长时期的总产值指数数列时，就要采用价格换算系数的方法来消除价格变动的影响。其公式如下：

$$\text{价格换算系数}=\frac{\text{交替年按所不变价格计算的工业总产值}}{\text{交替年按旧不变价格计算的工业总产值}}$$

【例 10-10】

1991 年为 80 年代不变价格过渡到 90 年代不变价格的交替年。在【例 10-9】中，该市 1991 年按 80 年代不变价格计算的工业总产值为 86 亿元，按 90 年代不变价格计算的工业总产值为 94 亿元，则

$$\text{价格换算系数}=\frac{\sum q_{1991}p_{90}}{\sum q_{1991}p_{80}}=\frac{94}{86}\approx 1.093$$

利用价格换算系数就可进行按两种不变价格计算工业总产值对比。

在【例 10-9】中，该市 1985 年按 80 年代不变价格计算的工业总产值为 62 亿元，现在要求计算该市 2000 年与 1985 年的工业总产值指数，即计算：

$$\frac{\sum q_{2000}p_{90}}{\sum q_{1985}p_{80}}$$

可用两种计算方法：

（1）换算分母 $\sum q_{1985}p_{80}\Rightarrow\sum q_{1985}p_{90}$

则 $\sum q_{1985}p_{90}=\sum q_{1985}p_{80}\times\frac{\sum q_{1991}p_{90}}{\sum q_{1991}p_{80}}=62\times 1.093\approx 67.77$ （亿元）

$$\frac{\sum q_{2000}p_{90}}{\sum q_{1985}p_{80}}\Rightarrow\frac{\sum q_{2000}p_{90}}{\sum q_{1985}p_{90}}=\frac{198}{67.77}\approx 2.921\,7=292.17(\%)$$

也可将各年产值直接代入计算公式：

$$\frac{\sum q_{2000}p_{90}}{\sum q_{1985}p_{90}}=\frac{\sum q_{2000}p_{90}}{\sum q_{1985}p_{80}\times\dfrac{\sum q_{1991}p_{90}}{\sum q_{1991}p_{80}}}=\frac{\sum q_{2000}p_{90}}{\sum q_{1985}p_{80}}\times\frac{\sum q_{1991}p_{80}}{\sum q_{1985}p_{90}}$$

$$=\frac{198}{62}\times\frac{86}{94}\approx 2.921\,7=292.17(\%)$$

（2）换算分子 $\sum q_{2000}p_{90}\Rightarrow\sum q_{2000}p_{80}$

则 $\sum q_{2000}p_{80}=\sum q_{2000}p_{90}\div\dfrac{\sum q_{1991}p_{90}}{\sum q_{1991}p_{80}}=198\div 1.093\approx 181.15$（亿元）

$$\frac{\sum q_{2000}p_{90}}{\sum q_{1985}p_{80}}\Rightarrow\frac{\sum q_{2000}p_{90}}{\sum q_{1985}p_{80}}=\frac{181.15}{62}\approx 2.921\,7=292.17(\%)$$

也可将各年总产值直接代入计算公式：

$$\frac{\sum q_{1991}p_{80}}{\sum q_{1985}p_{80}}=\frac{\sum q_{2000}p_{90}\div\dfrac{\sum q_{1991}p_{90}}{\sum q_{1991}p_{80}}}{\sum q_{1985}p_{80}}=\frac{\sum q_{2000}p_{90}}{\sum q_{1985}p_{80}}\times\frac{\sum q_{1991}p_{80}}{\sum q_{1991}p_{90}}$$

$$=\frac{198}{62}\times\frac{86}{94}\approx 2.9217=292.17(\%)$$

两种方法的计算结果一致，均表明该市工业生产的变动，2000 年比 1985 年增长了 192.17%。

本章小结

1．广义而言，凡是反映社会经济现象数量差异和变动程度的相对数，都可称为指数。狭义的或严格意义的指数，是指测定复杂的、不可同度量的社会现象综合变动的相对数。指数在社会经济统计中除用于测定诸如价格、产量等综合变动外，还用于总量变动的因素分析和对多指标复杂事物的综合测评。

2．指数按研究范围不同分为个体指数和总指数，以及介于其中的类指数；按指标的性质不同分为数量指标指数和质量指标指数。总指数有综合指数和平均数指数两种形式。

在资料完全相同的情况下，平均数指数可视为综合指数的变形，计算结果相同。它们的主要区别是：综合指数通常用全面资料计算；先综合，后对比；公式中分子分母之差可以说明变动因素影响的差额。平均数指数用抽样资料计算；先对比，后综合；分子分母之差不能说明变动因素影响的总量差额。在编制方法上，综合指数的关键是确定同度量因素；平均数指数的关键是确定权数。

3．依据互相联系的一组指数以数量平衡形式构成的指数体系，可以对总量变动进行因素分析。

4．居民消费价格指数和股价指数等是几种最常见的重要的经济指数。从编制方法中可以看到，编制指数在资料采集、公式选择、权数和基期的确定等方面需要处理一系列技术性问题；从指数的应用中可以看到，指数在社会经济问题研究中的重要意义。

复习思考题

一、名词解释

广义指数　狭义指数　个体指数　总指数　数量指数　质量指数　综合指数　加权算术平均指数　加权调和平均指数　指数体系

二、简答题

（1）什么是统计指数？编制统计指数有何重要作用？

（2）统计指数有哪些种类？

（3）什么是数量指标指数和质量指标指数？编制其指数时应遵循的一般原则是什么？

（4）什么是同度量因素？它在指数编制中有什么作用？

（5）什么是平均数指数？它的应用条件和编制原则是什么？

（6）简要说明我国零售物价总指数的编制方法。

（7）什么是指数体系？它有什么作用？

（8）什么是因素分析？因素分析包括哪两方面内容？

（9）编制指数数列有什么重要定义？什么是环比指数数列和定基指数数列？什么是可变权数数列和不变权数数列？

三、判断题（把“√”或“×”填在题后的括号里）

（1）广义指数就是指各种相对数。（　　）

（2）劳动生产率指数和单位成本指数都是数量指标指数。（　　）

（3）为使价格指数的计算符合现实经济意义，在编制价格总指数时，同度量因素应是基期的商品销售量。（　　）

（4）平均指数这种编制总指数的方法，既可用于全面调查的资料，又可用于非全面调查的资料。（　　）

（5）数量指标指数可以变形为加权调和平均指数形式。（　　）

（6）统计指数是综合反映社会经济现象总变动方向及变动幅度的相对数。（　　）

（7）利用派式指数公式计算总指数的优点在于考虑到现实的经济意义。（　　）

四、单选题

（1）用综合指数法编制总指数的关键问题之一是（　　）。

A．确定被比对象　　B．确定同度量因素及其固定时期

C．确定对比基期　　D．计算个体指数

（2）统计指数划分为个体指数和总指数的依据，是按指数（　　）。

A．反映的对象范围不同　　B．同度量因素不同

C．计算时是否进行加权　　D．指数化的指标不相同

（3）以 p 代表质量指标，q 代表数量指标，下标0表示基期，1表示报告期，则质量指

标综合指数公式是（　　）。

A．$\frac{\sum p_1q_1}{\sum p_0q_0}$　　B．$\frac{\sum p_0q_1}{\sum p_1q_1}$　　C．$\frac{\sum p_1q_1}{\sum p_0q_1}$　　D．$\frac{\sum p_1q_0}{\sum p_1q_1}$

（4）某商店商品销售额报告期和基期相同，商品价格报告期比基期提高了 5%，那么报告期商品销售量比基期（　　）。

A．提高了 10%　　B．减少了 4.8%　　C．增长了 5.2%　　D．减少了 10%

（5）若将加权算术平均指数变形为综合指数，其分母应为（　　）。

A．$p_0\ q_0$　　B．$p_1\ q_1$　　C．p_1q_0　　D．p_0q_1

（6）为了反映两个同类企业劳动生产率的提高情况，则需要编制（　　）。

A．数量指标综合指数　　B．可变构成指数

C．结构影响指数　　D．固定构成指数

（7）某商品价格发生变化，现在的 100 元只等于原来的 90 元，则价格指数为（　　）。

A．10%　　B．90%　　C．110%　　D．120%

（8）综合指数包括（　　）。

A．个体指数和总指数　　B．定基指数和环比指数

C．平均数指数和平均指标指数　　D．数量指数和质量指数

（9）由三个指数所组成的指数体系中，两个因素指数的同度量因素通常（　　）。

A．都固定在基期　　B．都固定在报告期

C．一个固定在基期，另一个固定在报告期　　D．采用基期和报告期交叉

（10）单位成本报告期比基期下降 8%，产量增加 8%，在这种条件下，生产总费用（　　）。

A．增加了　　B．减少了　　C．没有变化　　D．难以确定

五、多选题

（1）同度量因素的作用有（　　）。

A．平均作用　　B．权数作用　　C．比较作用

D．稳定作用　　E．同度量作用

（2）编制综合指数的一般原则是（　　）。

A．质量指标指数以报告期数量指标作为同度量因素

B．数量指标指数以报告期质量指标作为同度量因素

C．质量指标指数以基期数量指标作为同度量因素

D．数量指标指数以基期质量指标作为同度量因素

E．随便确定

（3）若用 p 表示价格，q 表示商品销售量，则公式 $\sum p_1q_1-\sum p_0q_1$ 的意义是（　　）。

A．综合反映价格变动和销售量变动的绝对额

B．综合反映多种商品价格变动而增减的销售额

C．综合反映由于价格变动而使消费者增减的货币支出额

D．综合反映多种商品销售量变动而增减的销售额

E．综合反映商品销售额本身变动而增减的绝对额

（4）下列关于综合指数的表述正确的是（　　）。

A．综合反映多种现象的平均变动程度

B．两个总量指标对比的动态相对数

C．固定一个或一个以上因素，反映另一个因素的变动

D．分子与分母是两个或两个以上因素乘积之和

E．分子或分母中有一项假定指标

（5）下列指数中，属于质量指标指数的有（　　）。

A．农产品产量总指数　　B．农产品收购价格总指数

C．某种工业产品成本总指数　　D．全部商品批发价格指数

E．职工工资个体指数

（6）编制总指数时，必须注意的是（　　）。

A．综合指数法一般使用全面资料

B．平均指数法可以使用非全面资料

C．平均指数法等同于综合指数法

D．平均指数法在一定条件下可以是综合指数法的变形

E．综合指数法是平均指数法的变形

（7）下面能反映平均指标变动的指数是（　　）。

A．可变构成指数　　B．固定构成指数　　C．结构影响指数

D．算术平均指数　　E．调和平均指数

（8）若用某企业职工人数和劳动生产率的分组资料来进行分析，则该企业总的劳动生产率的变动主要受到（　　）。

A．企业全部职工人数变动的影响

B．企业劳动生产率变动的影响

C．企业各类职工人数占全部职工人数比重的变动影响

D．企业各类工人劳动生产率的变动影响

E．各组职工人数和相应劳动生产率两因素的影响

（9）指数的作用是（　　）。

A．综合反映现象的变动方向和变动程度

B．对复杂现象进行因素分析

C．对多指标复杂社会经济现象进行综合测评

D．反映现象的长期趋势和季节变动

E．揭示现象总体分布结构

（10）平均数（　　）。

A．是个体指数的加权平均数

B．是计算总指数的一种形式

C．就计算方法而言是先综合后对比

D．资料选择时，既可用全面资料，也可用非全面资料

E．可作为综合指数的变形形式来使用

六、计算题

1．某商业企业经营三种商品，其基期和报告期的有关资料如表 10-9 所示。

表 10-9　某企业三种商品的基期和报告期资料

商品名称	计量单位	销 售 量		价 格（元）	
		基　期	报 告 期	基　期	报 告 期
甲	件	100	125	1 500	1 500
乙	吨	50	50	3 000	1 150
丙	米	300	270	980	1 200

试分析销售量综合变动和价格综合变动及其对商品销售总额的影响。

2．某企业生产资料如表 10-10 所示。

试计算：①三种产品的产量总指数及由于产量提高而增加的总成本；②单位产品成本总指数及由于单位产品成本变动而影响的总成本。

表 10-10　某企业生产资料

产品名称	总成本（万元）		产量增长率（%）
	报 告 期	基　期	
甲	240	200	25
乙	485	450	10
丙	480	350	40
合　计	1 205	1 000	—

3．某企业销售资料如表 10-11 所示。

表 10-11　某企业销售资料

产品名称	销售额（万元）		价格降低率（%）
	基　期	报 告 期	
甲	750	780	5
乙	500	520	3
合　计	1 250	1 300	—

试计算：①两种产品销售价格平均降低程度及由于价格降低而减少的销售额；②两种产品销售量总指数及由于产品销售量变动而增减的销售额。

4．某厂各种可比产品总成本，2017 年为 30 万元，比 2016 年增加 5 万元，单位产品成本 2017 年比 2016 年平均降低 3%。

试计算：①产品总成本指数；②产品产量指数；③由于单位产品成本降低而节约的绝对额。

5．某公司所属两个企业工人劳动生产率及工人人数资料如表 10-12 所示。

表 10-12　甲、乙两个企业的劳动生产率及工人人数

企业名称	劳动生产率（元/人）		工人人数（人）	
	2016 年	2017 年	2016 年	2017 年
甲	11 000	18 000	800	700
乙	19 000	35 000	900	1 200
合 计	—	—	1 700	1 900

试从相对数和绝对数两个方面：①反映全公司工人劳动生产率的变动情况；②分析由于各企业工人劳动生产率和各企业工人人数变动对全公司工人劳动生产率变动的影响程度。

6．某企业工人工资资料如表 10-13 所示。

表 10-13　某企业工人工资

工人类别	月平均工资（元）		工人人数（人）	
	基　期	报 告 期	基　期	报 告 期
技术工人	1 140	1 350	100	100
辅助工人	960	1 200	120	150
合计	—	—	220	250

试计算：①说明该公司职工总平均工资变动程度及增（减）的绝对额；②总平均工资变动中各因素影响的程度及绝对额。

7．某工业企业的资料如表 10-14 所示。

表 10-14　某工业企业资料情况

产品名称	计量单位	产　量		单位原材料消耗量(公斤)		原材料价格(元/公斤)	
		基　期	报告期	基 期	报告期	基　期	报告期
甲	套	80	90	110	105	100	10.5
乙	件	100	120	25	28	15.2	10.8
丙	台	50	55	210	200	18.0	17.0

试分析：原材料费用总额受产品产量、单位产品原材料消耗量和原材料价格变动的影响程度。

第 11 章　Excel 在统计分析中的运用

11.1　Excel 数据分析程序的安装

如果在“工具”菜单中没有“数据分析”命令，则必须在 Microsoft Excel 中安装“分析工具库”。方法是：进入 Windows 2000 下的 Microsoft Excel（7.0 版本），单击“工具”菜单中的“加载宏”，在弹出的“加载宏”对话框中勾选“分析工具库”，如图 11-1 所示，单击“确定”按钮，即完成了 Excel 数据分析程序的安装。在 Excel 的“工具”菜单里将出现“数据分析”的命令，如图 11-2 所示。

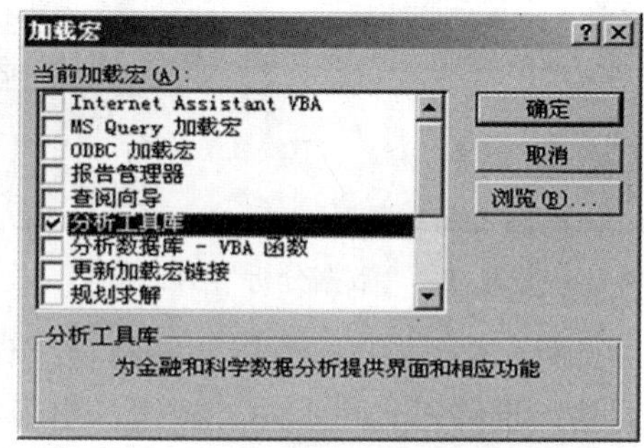

图 11-1　“加载宏”对话框

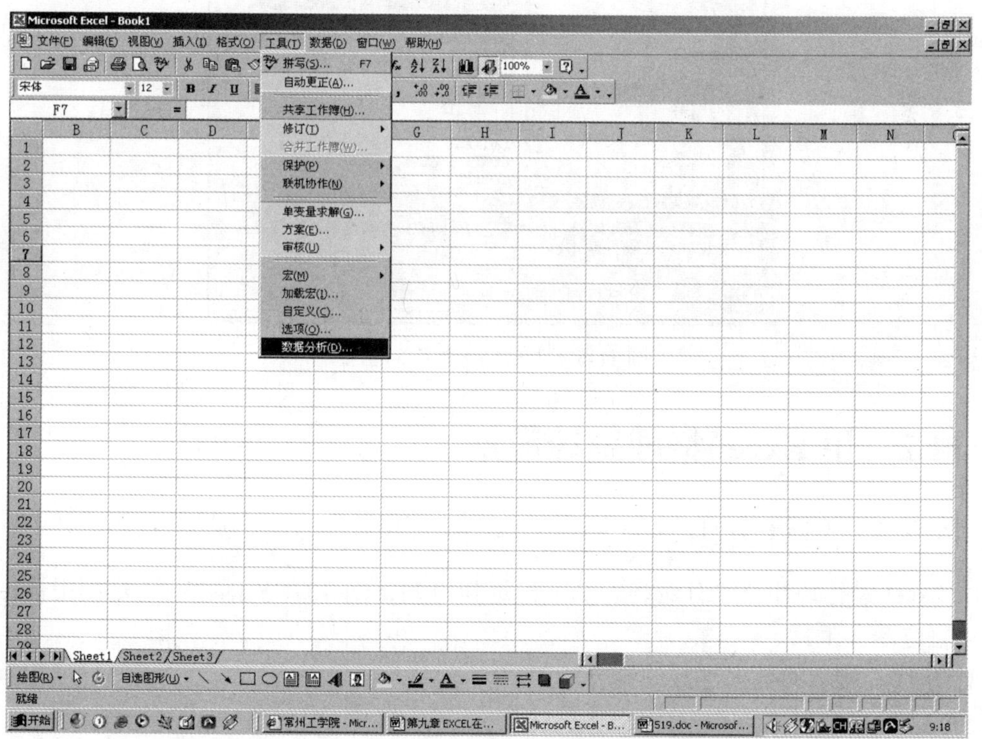

图 11-2　“工具”菜单的“数据分析”命令

完成 Excel 数据分析程序安装后，单击“工具”菜单中的“数据分析”，即弹出 Excel 的“数据分析”对话框，从中选择某一个统计分析工具，单击“确定”按钮，就能进入该统计分析工具的运行状态。

如果现在想进行相关系数分析，请单击“工具”菜单中的“数据分析”，弹出如图 11-3 所示的对话框。

选择“相关系数”，单击“确定”按钮，即可在“相关系数”对话框中进行相关系数的分析，如图 11-4 所示。

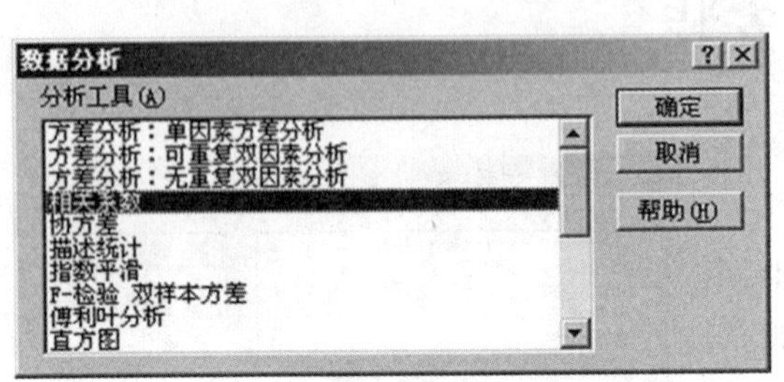

图 11-3 “数据分析”对话框

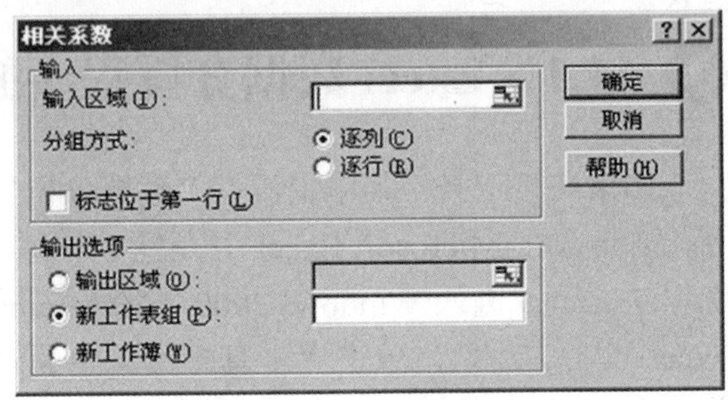

图 11-4 “相关系数”对话框

此外，Excel 数据分析还能结合统计函数“f_x”进行简单或复杂的编辑运算。单击任一单元格，选择工具栏上的 f_x 按钮，出现如图 11-5 所示的对话框，在其中可进行编辑。

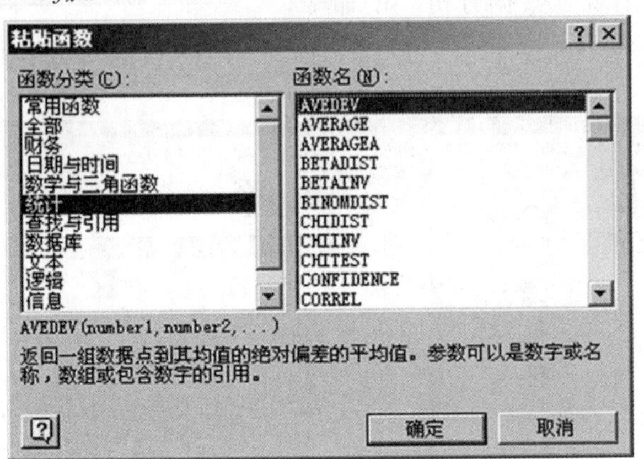

图 11-5 “粘贴函数”对话框

11.2 用 Excel 整理统计数据

11.2.1 统计分组

用 Excel 进行统计分组有两种方法：一是利用 FREQUENCY 函数；二是利用数据分析中的“直方图”工具。

对图 11-6 所示的数据进行统计分析。

	A	B	C	D	E	F	G	H	I	J
1	780	830	860	870	880	930	1010	1010	1030	1050
2	1050	1070	1080	1080	1100	1100	1130	1140	1150	1160
3	1170	1170	1180	1180	1190	1200	1210	1230	1230	1250
4	1250	1250	1260	1260	1270	1270	1310	1320	1350	1360
5	1370	1380	1380	1410	1420	1420	1460	1510	1580	1680

图 11-6　已知数据

1. 用 FREQUENCY 函数编制频数表

第一步：确定每组的上限值，确定上限值是编制频数表的关键，确定了上限值实际就确定了每组的组距和组限。本例输入的上限值分别为 900，1 100，1 300，1 500，1 700，并且把这些上限值输入到 A7:A11。

第二步：选取结果存放的单元格区域 B7:B11。

第三步：在编辑栏输入公式“=frequency（A1:J5，A7:A11）”，按 Ctrl+Shift+Enter 组合键，即可获得各组相应的频数，结果如图 11-7 所示。

7	900	5		
8	1100	11		
9	1300	20		
10	1500	11		
11	1700	3		

图 11-7　频数表

2. 采用数据分析工具制作频数分布表

第一步：在“工具”菜单中单击“数据分析”选项，从打开对话框的“分析工具”列表框中选择“直方图”，打开“直方图”对话框，如图 11-8 所示。

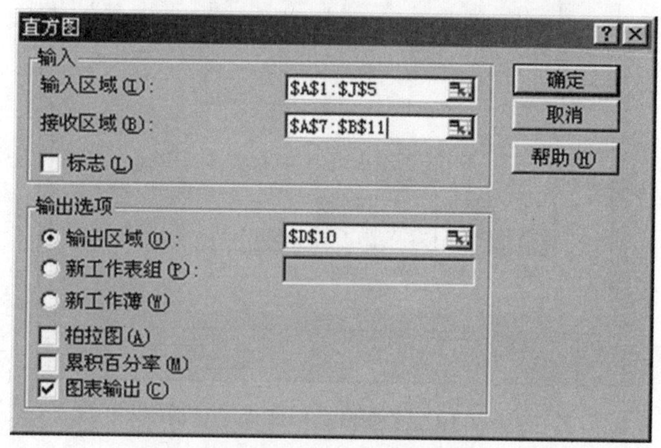

图 11-8　“直方图”对话框

第二步：在“输入区域”输入“$A$1:$J$5”，在“接收区域”输入“$A$7:$A$11”。接收区域指的是分组标志所在的区域，假定我们把分组标志输入 A7:A11 单元格，注意这里只能输入每组的上限值，即 900，1 100，1 300，1 500，17 00。

第三步：选择输出选项，可选择“输出区域”“新工作表组”或“新工作簿”。在这里选择“输出区域”，可以直接选择一个区域，也可以直接输入一个单元格（表示输出区域的左上角）。这里推荐只输入一个单元格（本例为 D10），因为事先不知道具体的输出区域有多大。

第四步：选择“图表输出”，可以得到直方图；选择“累计百分率”，系统将在直方图上添加累计频率折线；选择“柏拉图”，可得到按降序排列的直方图。

第五步：单击“确定”按钮，可得输出结果，如图 11-9 所示。

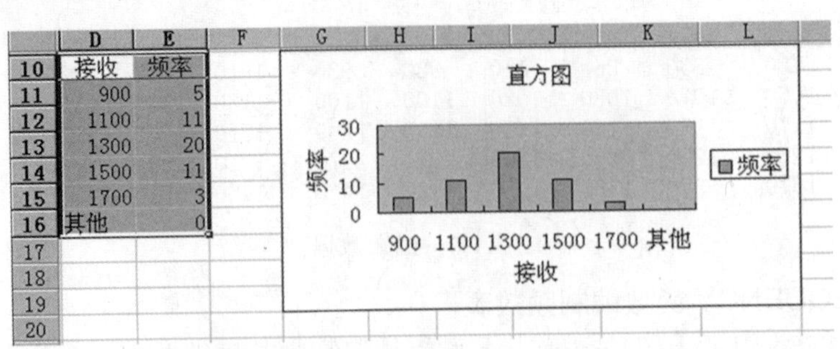

图 11-9　频数分布和直方图

注意：图 11-9 实际上是一个“草图”，还需要做如下修改：

① 单击任一直条，然后右击，在弹出的快捷菜单中选择“数据系列格式”，弹出“数据系列格式”对话框，从中选择“选项”标签，调整“间距宽度”为 0，如图 11-10 所示。

② 在图域的非直条处右击，清除（灰色）背景色。

③ 将 D16 中的“其他”清除，直方图中的“其他”直条消失。

④ 在图例上右击清除图例“频率”，在图表标题上右击清除图表标题“直方图”。

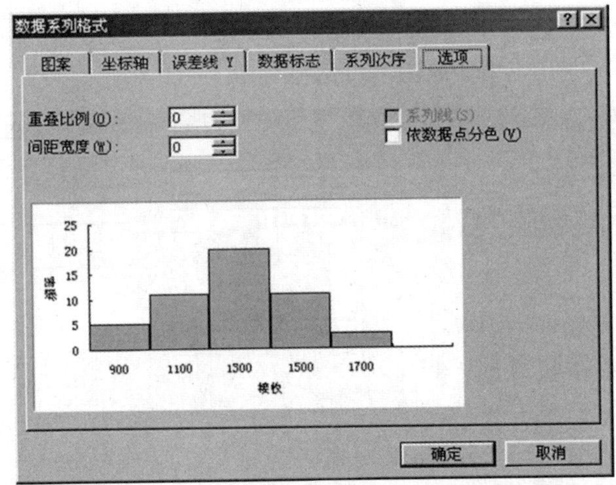

图 11-10　“数据系列格式”对话框

⑤ 在绘图区域右击，从快捷菜单中选中“图表选项”，在“分类轴”下框内输入“工厂日产量直方图”，在“数值轴”下框内输入“频率”，如图 11-11 所示。

⑥ 调整后的直方图如图 11-12 所示。

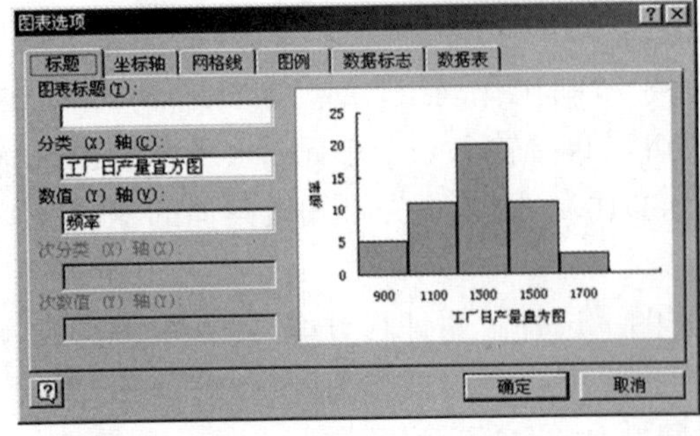

图 11-11　“图表选项”对话框

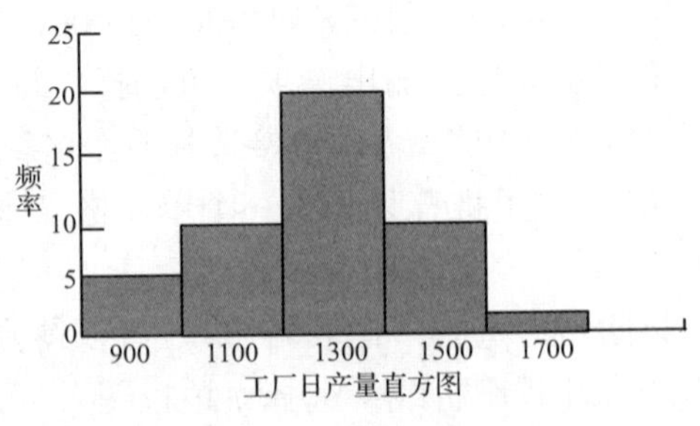

图 11-12　调整后的直方图

▶▶ 11.2.2　做统计图

Excel 提供的统计图有多种，包括柱形图、条形图、折线图、饼图、散点图、面积图、环形图、雷达图、曲面图、气泡图、股价图、圆柱图和圆锥图等，各种图的做法大同小异。表 11-1 是某城市居民关注广告类型的次数分布。

表 11-1　某城市居民关注广告类型的次数分布

广告类型	人数（人）	比　例	频率（%）
商品广告	112	0.560	56.0
服务广告	51	0.255	25.5
金融广告	9	0.045	4.5
房地产广告	16	0.080	8.0
招生招聘广告	10	0.050	5.0
其他广告	2	0.010	1.0
合　　计	200	1	100.0

1．饼图

利用表 11-1 的数据绘制饼图，数据输入后如图 11-13 所示。

Microsoft Excel - Book2

文件(F) 编辑(E) 视图(V) 插入(I) 格式(O) 工具(T) 数据(D) 窗口(W) 帮助(H)

G10　=

	A	B	C	D	E
1	广告类型	人数（人）	比例	频率（%）	
2	商品广告	112	0.560	56.0	
3	服务广告	51	0.255	25.5	
4	金融广告	9	0.045	4.5	
5	房地产广告	16	0.080	8.0	
6	招生招聘广告	10	0.050	5.0	
7	其他广告	2	0.010	1.0	
8	合计	200	1	100.0	
9					

Sheet1 / Sheet2 / Sheet3　　就绪　　NUM

图 11-13　Excel 中的某城市居民关注广告类型的统计

第一步：选中某一个单元格，单击“插入”菜单，选择“图表选项”，弹出“图表类型”对话框，如图 11-14 所示。

第二步：在“图表类型”中选择“饼图”，然后在“子图表类型”中选择一种类型。这里我们选择“分离型三维饼图”，然后单击“下一步”按钮，打开“图表源数据”对话框，如图 11-15 所示。

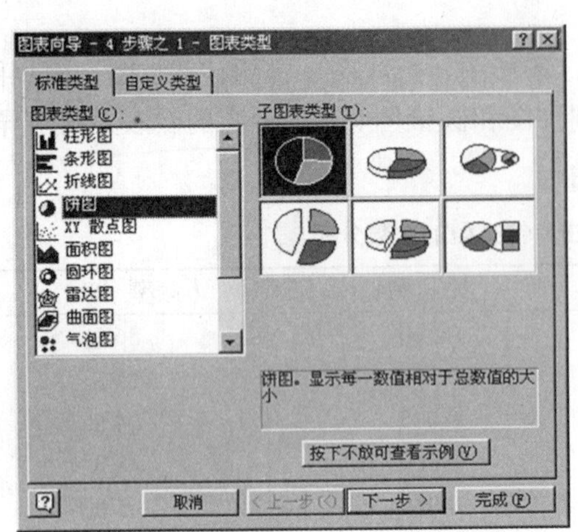

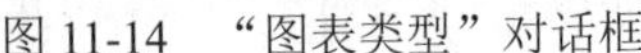
图 11-14　“图表类型”对话框

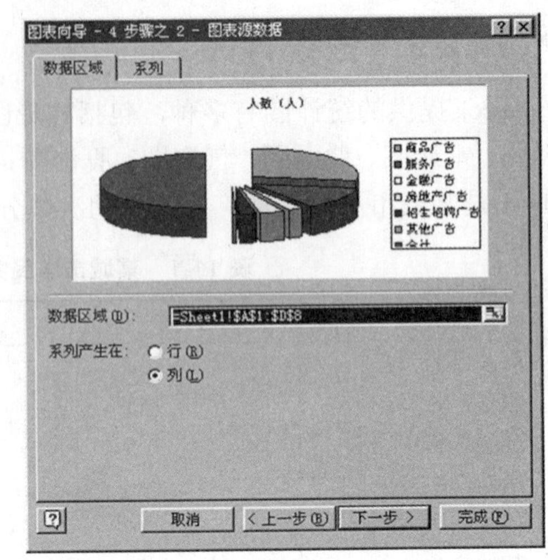

图 11-15　“图表源数据”对话框

第三步：在“图表源数据”对话框中输入数据所在区域，本例选择系列产生在“列”，单击“完成”按钮，即可得到如图 11-16 所示的饼图。

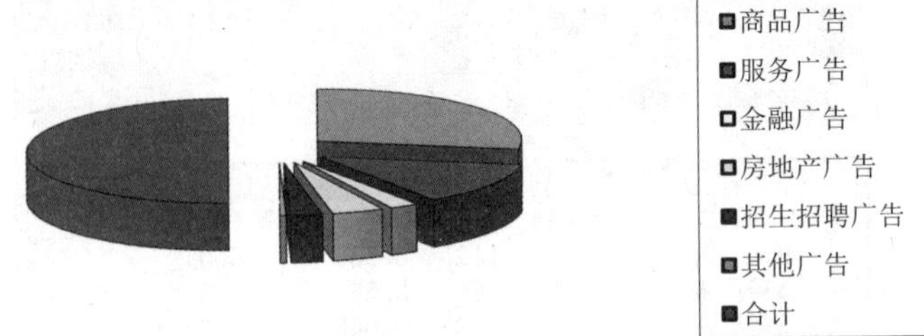

图 11-16　饼图

2．条形图

做条形图的步骤如下：

第一步：选中某一个单元格，单击“插入”菜单，选择“图表选项”，弹出“图表类型”对话框，如图 11-17 所示。

第二步：在“图表类型”中选择“条形图”，然后在“子图表类型”中选择一种类型，这里我们选择第五种。然后单击“下一步”按钮，打开“图表源数据”对话框，如图 11-18 所示。

第三步：在“图表源数据”对话框中填入数据所在区域，本例为选择系列产生在“列”，单击“完成”按钮，即可得到如图 11-19 所示的条形图。

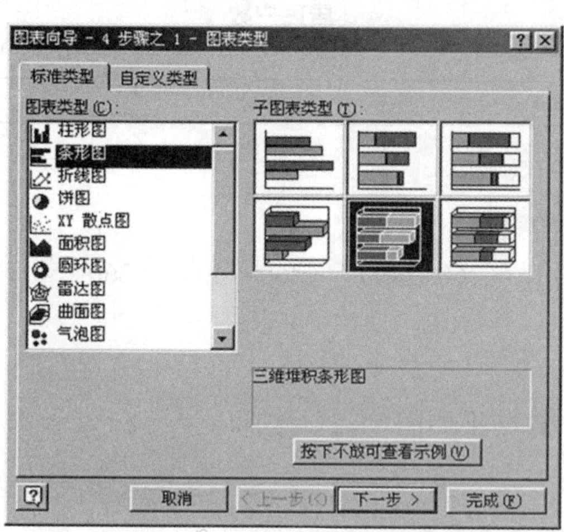

图 11-17　“图表类型”对话框

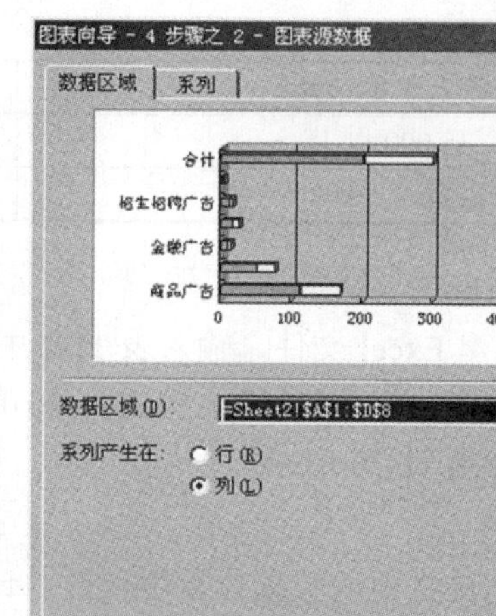

图 11-18　“图表源数据”对话框

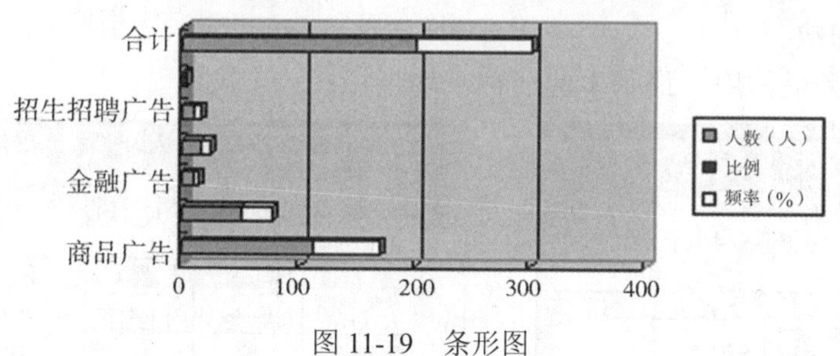

图 11-19　条形图

11.3　用 Excel 计算描述统计量

11.3.1　用函数计算描述统计量

常用的描述统计量有众数、中位数、算术平均数、调和平均数、标准差、标准差系数等。一般来说，在 Excel 中求这些统计量，未分组资料可用函数计算，已分组资料可用公式计算。

1. 众数

某城市居民家庭收入情况如表 11-2 所示，求众数。

表 11-2　某城市居民家庭收入情况

年收入水平（元）	居民户数 f
10 000 以下	92
10 000～15 000	180
15 000～20 000	240
20 000～25 000	260
25 000～30 000	140
30 000～35 000	53

续表

年收入水平（元）	居民户数 f
35 000 以上	35
合　计	1 000

计算步骤如下：

第一步：创建 Excel 文件，输入表 11-2 中的数据。

第二步：在 B11 单元格中输入公式"=20 000+((260–240)/((260–240)+(260–140)))*5 000"，结果如图 11-20 所示。

2．中位数

下面仍以表 11-2 中的数据计算中位数。计算结果如图 11-21 所示。

计算步骤如下：

第一步：确定中位数组，即第三组。

第二步：利用上限公式，在 B11 单元格中输入公式"=20 000–(500–488)/240*5 000"。

3．算术平均数

算术平均数是最常用、最基本的一种平均指标。

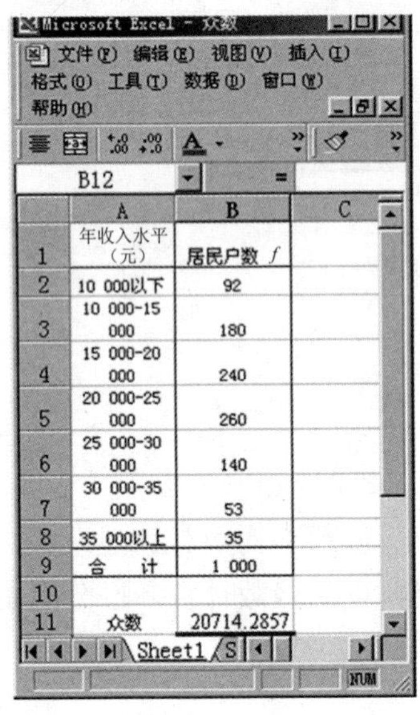

	A	B	C
1	年收入水平（元）	居民户数 f	
2	10 000以下	92	
3	10 000-15 000	180	
4	15 000-20 000	240	
5	20 000-25 000	260	
6	25 000-30 000	140	
7	30 000-35 000	53	
8	35 000以上	35	
9	合　计	1 000	
10			
11	众数	20714.2857	

图 11-20　用 Excel 计算众数

	A	B	C	D
1	年收入水平（元）	居民户数 f	向上累积	向下累积
2	10 000以下	92	92	1000
3	10 000-15 000	180	272	908
4	15 000-20 000	240	512	728
5	20 000-25 000	260	772	488
6	25 000-30 000	140	912	228
7	30 000-35 000	53	965	88
8	35 000以上	35	1000	35
9	合　计	1 000		
10				
11	中位数	19750		

图 11-21　用 Excel 计算中位数

表 11-3 是某公司 50 名员工的月工资情况。试求该公司员工月工资的一般水平。计算结果如图 11-22 所示。

表 11-3　某公司员工月工资基本情况

工资 x（元）	员工数 f（人）
800	5
1 000	10
1 200	20
1 500	7

续表

工资 x（元）	员工数 f（人）
2 000	5
2 500	3
合计	50

计算步骤如下：

第一步：创建 Excel 文件，输入表 11-3 的数据。

第二步：在 C2 单元格中输入公式“=A2*B2”，拖曳鼠标将公式复制到 C3:C7。

第三步：在 C8 单元格中输入公式“=SUM（C2:C7）”。

第四步：在 C10 单元格中输入公式“=C8/B8”，即求得算术平均数。

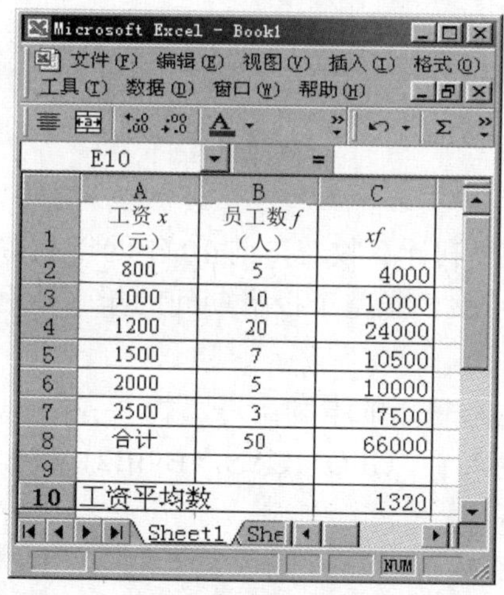

Microsoft Excel - Book1

	A	B	C
1	工资 x（元）	员工数 f（人）	xf
2	800	5	4000
3	1000	10	10000
4	1200	20	24000
5	1500	7	10500
6	2000	5	10000
7	2500	3	7500
8	合计	50	66000
9			
10	工资平均数		1320

图 11-22　用 Excel 计算算术平均数

4．调和平均数

调和平均数是根据标志值的倒数计算的，它是标志值倒数的算术平均数的倒数。

某工厂本月购进某种材料四批，每批价格及金额如表 11-4 所示，求该材料的平均价格。计算结果如图 11-23 所示。

表 11-4　某工厂购物情况

	价格 x（元/千克）	采购金额 m（元）
第一批	35	10 000
第二批	40	20 000
第三批	45	15 000
第四批	50	5 000
合　计	—	50 000

计算步骤如下：

第一步：将数据输入 Excel 文件。

第二步：在 D2 单元格输入公式“= C2/B2”，拖曳鼠标将公式复制到 D3:D5。

第三步：在 D6 单元格输入公式“= SUM（D2:D5）”。

第四步：在B8单元格输入公式“= C6/D6”，即求得平均价格。

Microsoft Excel - Book1

文件(F) 编辑(E) 视图(V) 插入(I) 格式(O) 工具(T) 数据(D) 窗口(W) 帮助(H)

G10 =

	A	B	C	D
1		价格 x(元/千克)	采购金额 m(元)	m/x
2	第一批	35	10000	285.7143
3	第二批	40	20000	500
4	第三批	45	15000	333.3333
5	第四批	50	5000	100
6	合 计	-	50000	1219.048
7				
8	平均价格	41.015625		
9				
10				

Sheet1 / Sheet2 / Sheet3

就绪 NUM

图11-23 用Excel计算调和平均数

5. 几何平均数

某笔为期20年的投资按复利计算收益，前10年的年利率为10%，中间5年的年利率为8%，最后5年的年利率为6%。求整个投资期间的年平均利率。

计算步骤如下：

第一步：在Excel中，输入每年的本利。

第二步：在D2单元格输入“= GEOMEAN（B2:B21）–1”，即可求得年均利率。计算结果如图11-24所示。

E12 =

	A	B	C	D	E
1	年份	本利			
2	1	1.1			
3	2	1.1	20年后年均利率	0.084873	
4	3	1.1			
5	4	1.1			
6	5	1.1			
7	6	1.1			
8	7	1.1			
9	8	1.1			
10	9	1.1			
11	10	1.1			
12	11	1.08			
13	12	1.08			
14	13	1.08			
15	14	1.08			
16	15	1.08			
17	16	1.06			
18	17	1.06			
19	18	1.06			
20	19	1.06			
21	20	1.06			

图11-24 用Excel计算几何平均数

6. 标准差

标准差是统计中最常用、最重要的变异指标，其意义与平均差相同，适用于定距数据和定比数据。

根据表11-3的数据求员工月工资标准差，计算结果如图11-25所示。

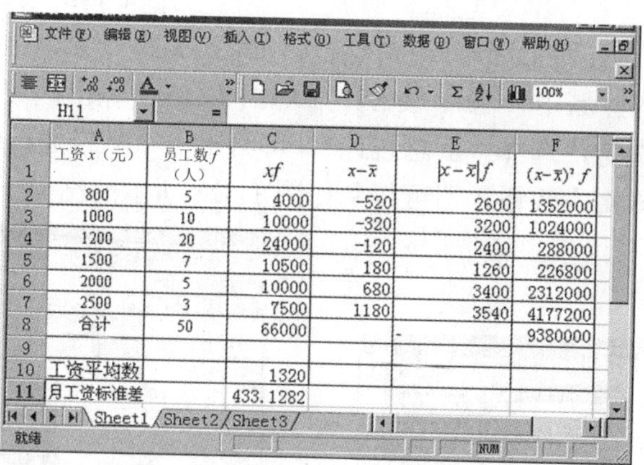

	A	B	C	D	E	F
1	工资 x（元）	员工数 f（人）	xf	$x-\bar{x}$	$\lvert x-\bar{x}\rvert f$	$(x-\bar{x})^2 f$
2	800	5	4000	-520	2600	1352000
3	1000	10	10000	-320	3200	1024000
4	1200	20	24000	-120	2400	288000
5	1500	7	10500	180	1260	226800
6	2000	5	10000	680	3400	2312000
7	2500	3	7500	1180	3540	4177200
8	合计	50	66000			9380000
9						
10	工资平均数		1320			
11	月工资标准差		433.1282			

图 11-25　用 Excel 计算标准差

计算步骤如下。

第一步：利用图 11-22 中的数据，在 D2 单元格输入公式“=A2–$C$10”。注意 C10 一定要用绝对引用。

第二步：在 E2 单元格中输入公式“=ABS（D2）*B2”，拖曳鼠标将公式复制到 E3:E7。

第三步：在 F2 单元格中输入公式“=D2*D2*B2”，拖曳鼠标将公式复制到 F3:F7。

第四步：在 F8 单元格中输入公式“=SUM（F2:F7）”。

第五步：在 C10 单元格中输入公式“=SQRT（F8/B8）”，即求得标准差。

7．标准差系数

标准差系数是数据的标准差与其对应的均值之比。

根据表 11-3 的数据求员工月工资标准差系数，计算结果如图 11-26 所示。

计算步骤：在标准差的计算结果上，在 C12 单元格中输入公式“=C11/C10”即可。

	A	B	C	D	E	F
1	工资 x（元）	员工数 f（人）	xf	$x-\bar{x}$	$\lvert x-\bar{x}\rvert f$	$(x-\bar{x})^2 f$
2	800	5	4000	-520	2600	1352000
3	1000	10	10000	-320	3200	1024000
4	1200	20	24000	-120	2400	288000
5	1500	7	10500	180	1260	226800
6	2000	5	10000	680	3400	2312000
7	2500	3	7500	1180	3540	4177200
8	合计	50	66000			9380000
9						
10	工资平均数		1320			
11	月工资标准差		433.1282			
12	标准差系数		0.328127			

图 11-26　用 Excel 计算标准差系数

11.3.2　用数据分析工具描述统计量

根据表 11-3 中的数据，利用数据分析工具描述统计量。

首先把数据输入单元格，按下面步骤操作。

第一步：在“工具”菜单中选择“数据分析”选项，从其对话框中选择“描述统计”，单击“确定”按钮后打开“描述统计”对话框，如图 11-27 所示。

第二步：在“输入区域中”输入“\$A\$1:\$A\$51”，在“输出区域”中输入“\$C\$1”，其他复选框可根据需要选定，选择“汇总统计”，可给出一系列描述统计量。

第三步：单击“确定”按钮，即可得到如图 11-28 所示的结果。

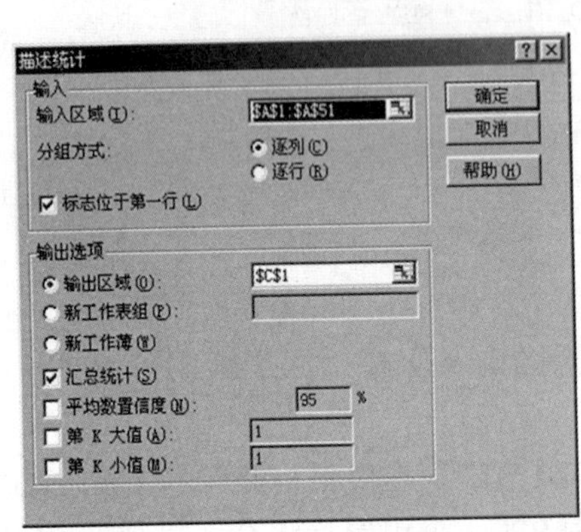

图 11-27　“描述统计”对话框

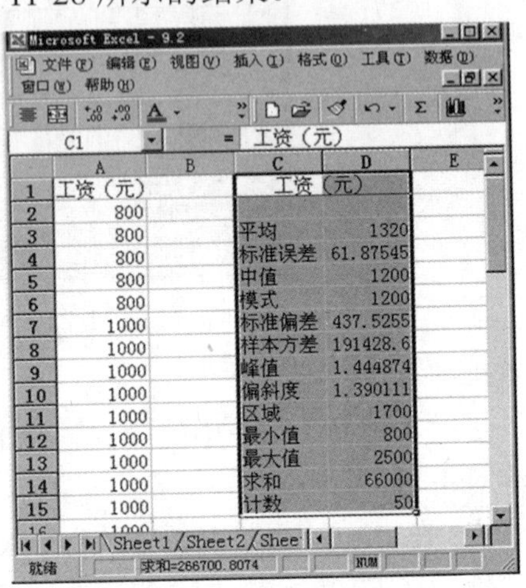

	A	B	C	D
1	工资（元）		工资（元）	
2	800			
3	800		平均	1320
4	800		标准误差	61.87545
5	800		中值	1200
6	800		模式	1200
7	1000		标准偏差	437.5255
8	1000		样本方差	191428.6
9	1000		峰值	1.444874
10	1000		偏斜度	1.390111
11	1000		区域	1700
12	1000		最小值	800
13	1000		最大值	2500
14	1000		求和	66000
15	1000		计数	50

图 11-28　描述统计输出结果

11.4　用 Excel 进行区间估计

用 Excel 求区间估计通常需要根据区间估计的要求逐步进行。我们回忆一下，进行区间估计首先要计算样本均值，即点估计值。该值是要估计区间的中心；接着计算样本标准差，在此基础上结合样本量构造抽样误差，再结合置信度构造极限误差，样本均值分别加上、减去极限误差即得到区间估计上下限。下面结合一个例子具体说明操作步骤。

某加工企业生产一种零件，对某天加工的零件每隔一段时间进行抽样，共取出 10 个，测得其重量（*e*）如下：

样本数据：11.10,10.90,11.00,10.94,10.97,10.91,11.21,11.16,11.04,10.98。假定零件重量服从正态分布，试以 95%的置信水平估计该企业生产的零件平均重量的置信区间，结果如图 11-29 所示。

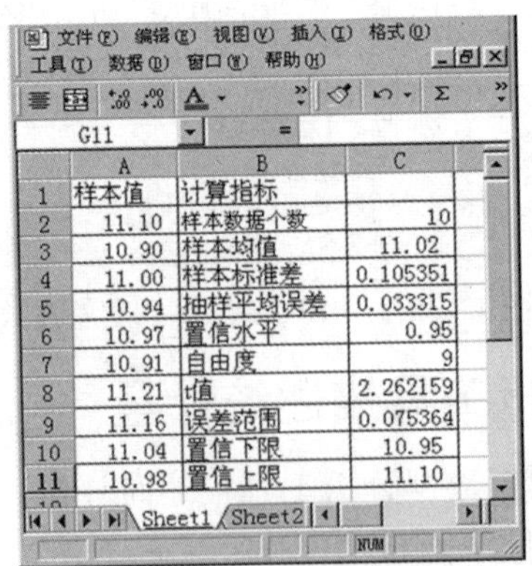

	A	B	C
1	样本值	计算指标	
2	11.10	样本数据个数	10
3	10.90	样本均值	11.02
4	11.00	样本标准差	0.105351
5	10.94	抽样平均误差	0.033315
6	10.97	置信水平	0.95
7	10.91	自由度	9
8	11.21	t值	2.262159
9	11.16	误差范围	0.075364
10	11.04	置信下限	10.95
11	10.98	置信上限	11.10

图 11-29　区间估计结果

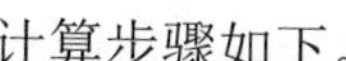

计算步骤如下。

第一步：把数据输入到 A2:A11 单元格。

第二步：在 C2 单元格输入公式“=COUNT（A2:A11）”。

第三步：在 C3 单元格输入公式“=AVERAGE（A2:A11）”。

第四步：在 C4 单元格输入公式“=STDEV（A2:A11）”。

第五步：在 C5 单元格输入公式“=C4/SQRT（C2）”。

第六步：在 C6 单元格输入数据“0.95”。

第七步：在 C7 单元格输入公式“=C2–1”。

第八步：在 C8 单元格输入公式“=TINV（1–C6,C7）”。

第九步：在 C9 单元格输入公式“=C8*C5”。

第十步：在 C10 单元格输入公式“=C3–C9”。

第十一步：在 C11 单元格输入公式“=C3+C9”。

所以，置信区间是[10.95,11.10]。

11.5　用 Excel 进行相关分析与回归分析

现在以某地区的 8 个工业企业 2016 年的有关月产量与生产费用的资料为例进行相关分析和回归分析。

11.5.1　相关分析

1．散点图

散点图也称相关图，它是把相关表中两个变量的对应值在平面直角坐标系中用点描绘出来，表示相关点的分布情况。

根据表 11-5 中的数据，画出散点图。

表 11-5　某地区 2004 年月产量与生产费用情况

企业编号	月产量 x（千吨）	生产费用 y（万元）
1	1.2	62
2	2.0	86
3	3.1	80
4	3.8	110
5	5.0	115
6	6.1	132
7	7.2	135
8	8.0	160

操作步骤如下。

第一步：将数据输入 Excel 文件。

第二步：单击“插入”菜单，选择“图表”，或者单击工具栏中的图表向导按钮，弹出“图表类型”对话框。在“标准类型”中选择“XY 散点图”，如图 11-30 所示。

第三步：单击“下一步”按钮，选择“数据区域”，本题为$B$1:$C$9，如图 11-31 所示。

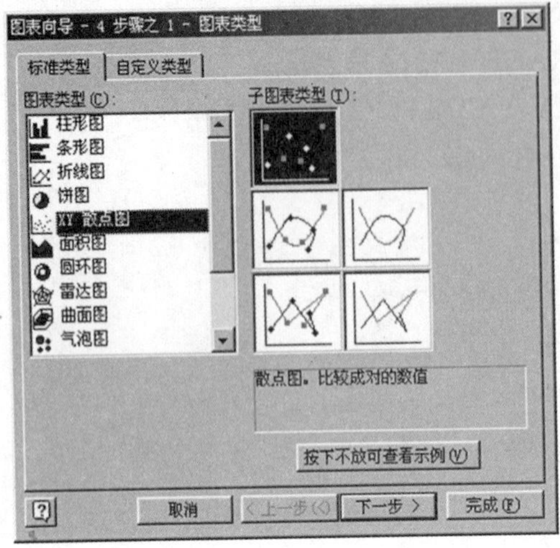

图 11-30 “图表类型”对话框

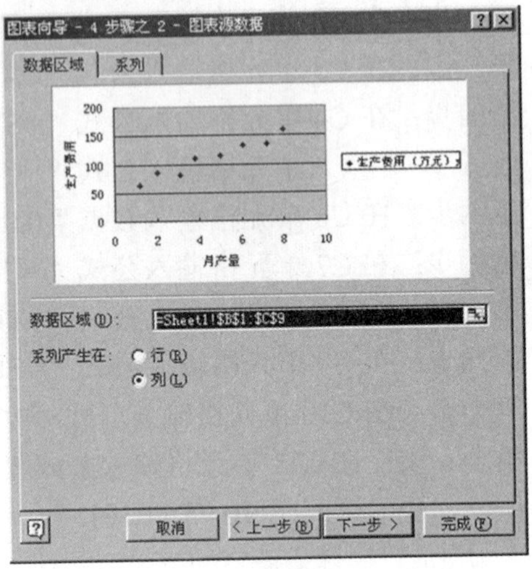

图 11-31 “图表源数据”对话框

第四步：单击“下一步”按钮，将 *X* 轴、*Y* 轴的名称写上，如图 11-32 所示。

第五步：单击“下一步”按钮，选择“作为其中的对象插入”，如图 11-33 所示。

单击“完成”按钮，最后结果如图 11-34 所示。

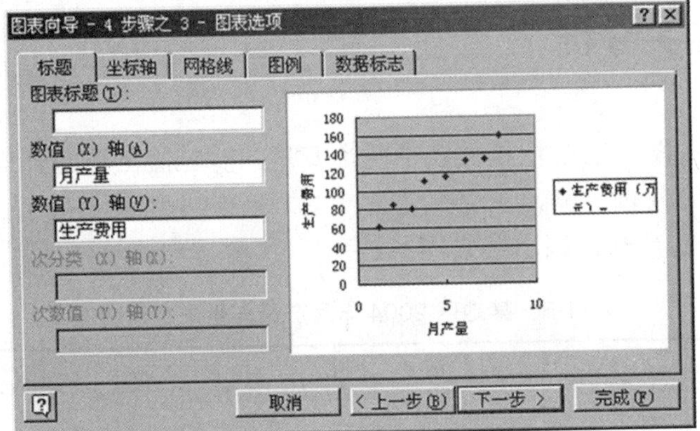

图 11-32 “图表选项”对话框

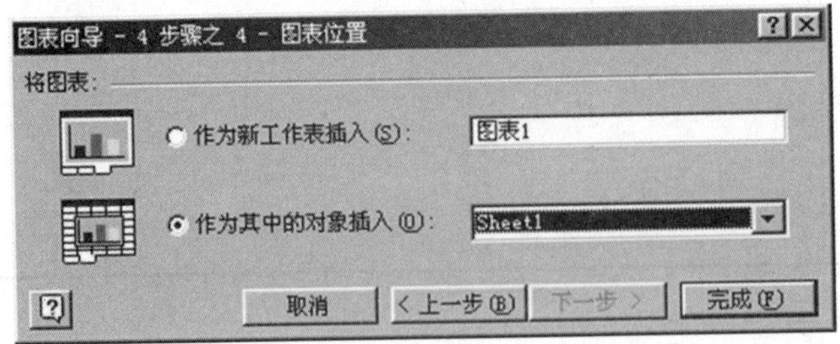

图 11-33 “图表位置”对话框

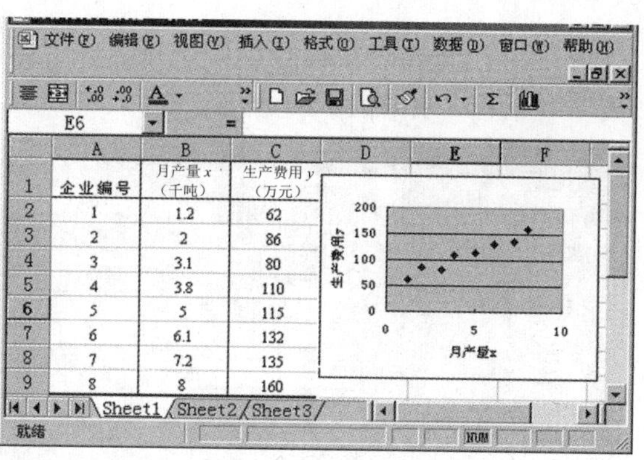

图 11-34　散点图

2. 相关系数的计算

用 Excel 进行相关分析有两种方法：一种是利用相关系数函数，另一种是利用相关分析宏。

（1）利用相关系数函数。

在 Excel 中，提供了两个计算两个变量之间相关系数的方法——CORREL 函数和 PERSON 函数，这两个函数是等价的，这里我们介绍用 CORREL 函数计算相关系数。

第一步：单击任意一个空白单元格，单击“插入”菜单，选择“函数”选项，打开“粘贴函数”对话框。在“函数分类”中选择“统计”，在“函数名”中选择 CORREL，如图 11-35 所示。单击“确定”后出现 CORREL 对话框。

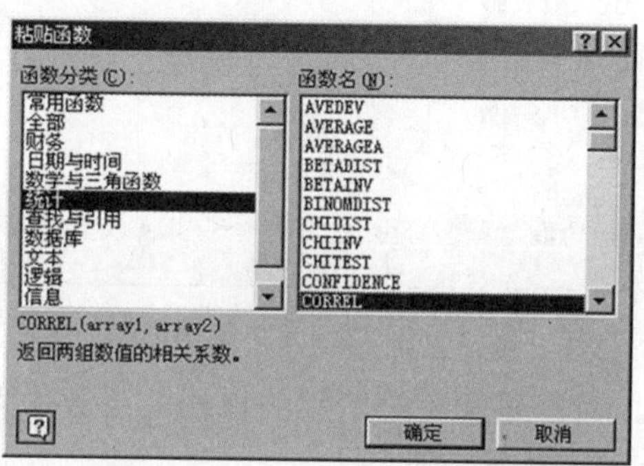

图 11-35　“粘贴函数”对话框

第二步：在 Array1 中输入“B2:B9”，在 Array2 中输入“C2:C9”，即可在对话框下方显示出结果约为 0.969 7，结果如图 11-36 所示。

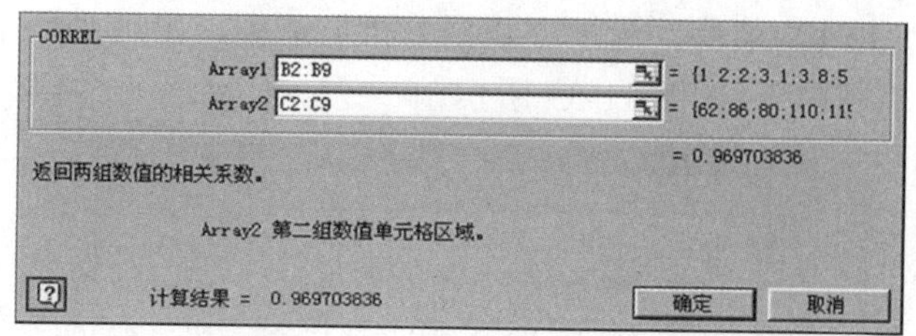

图 11-36　“CORREL”对话框

（2）用相关系数宏计算相关系数。

第一步：单击“工具”菜单，选择“数据分析”选项，在“数据分析”选项中选择相关系数，弹出“相关系数”对话框，如图 11-37 所示。

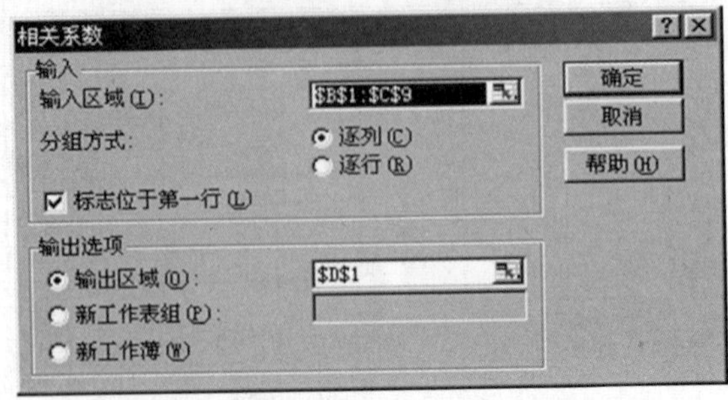

图 11-37　“相关系数”对话框

第二步：在“输入区域”输入“$B$1:$C$9”，“分组方式”选择“逐列”，选择“标志位于第一行”，在“输出区域”中输入“$D$1”，单击“确定”，输出结果如图 11-38 所示。

	A	B	C	D	E	F
1	企业编号	月产量（千吨）x	生产费用（万元）y		月产量（千吨）x	生产费用（万元）y
2	1	1.2	62	月产量（千吨）x	1	
3	2	2	86	生产费用（万元）y	0.969703836	1
4	3	3.1	80			
5	4	3.8	110			
6	5	5	115			
7	6	6.1	132			
8	7	7.2	135			
9	8	8	160			

图 11-38　相关分析输出结果

在上面的输出结果中，月产量和生产费用的自相关系数均为 1，产量和生产费用的关系约为 0.969 7，和函数计算的完全相同。

11.5.2　一元线性回归分析

一元线性回归分析方法的具体步骤如下。

第一步：单击“工具”菜单，选择“数据分析”选项，出现“数据分析”对话框，在“分析工具”中选择“回归”，如图 11-39 所示。

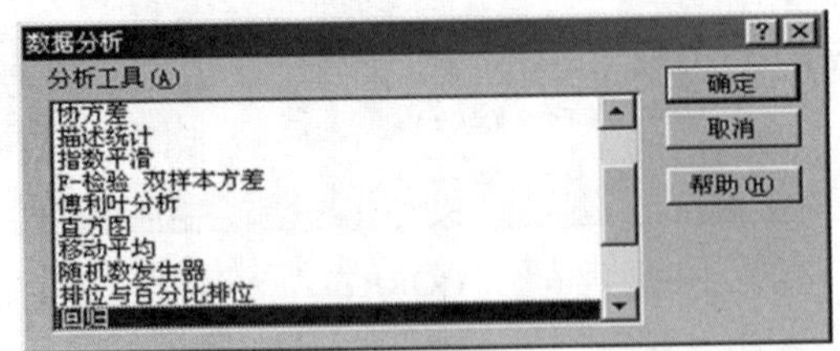

图 11-39　“数据分析”对话框

第二步：单击“确定”按钮，弹出“回归”对话框。在“Y 值输入区域”输入“$C$1:$C$9”，在“X 值输入区域”中输入“$B$1:$B$9”，在“输出选项”中选择“新工作表组”，如图 11-40 所示。

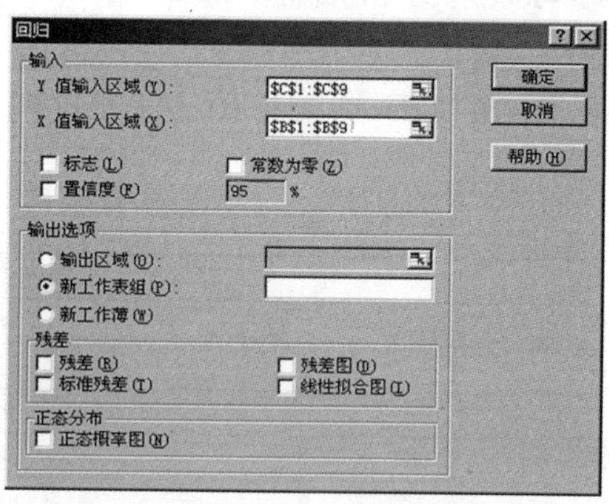

图 11-40　“回归”对话框

第三步：单击“确定”按钮，回归分析结果如图 11-41 所示。

回归统计	
Multiple R	0.969704
R Square	0.940326
Adjusted R Square	0.93038
标准误差(估计标准误Sy)	8.587069
观测值	8

方差分析

	df	SS	MS	F	Significance F
回归分析	1	6971.573	6971.573	94.54551	6.79E-05
残差	6	442.4265	73.73775		
总计	7	7414			

	Coefficien	标准误差	t Stat	P-value	Lower 95%	Upper 95%	下限 95.0	上限 95.0
Intercept	51.32323	6.755231	7.597554	0.000271	34.79377	67.8527	34.79377	67.8527
月产量 x（千吨）	12.89599	1.326277	9.723451	6.79E-05	9.650706	16.14128	9.650706	16.14128

图 11-41　Excel 回归分析结果

在结果中，第一部分是回归统计；第二部分是方差分析；第三部分是回归系数表，其中 Intercept 指截距，即一元线性方程中的 a。根据图 11-41 可以求得，一元线性方程为 y=51.32+12.89x。

11.6 用 Excel 进行时间数列分析

11.6.1 计算时间数列分析指标

1. 测定增长量和平均增长量

根据表 11-6 中的数据，计算逐期增长量、累积增长量和平均增长量。计算结果如图 11-42 所示。

表 11-6 国内生产总值

年 份	国内生产总值 y
1995	58 478.1
1996	67 884.6
1997	74 462.6
1998	78 345.2
1999	82 067.5
2000	89 442.2
2001	97 314.8
2002	104 790.6
2003	116 694.0
2004	136 515.0

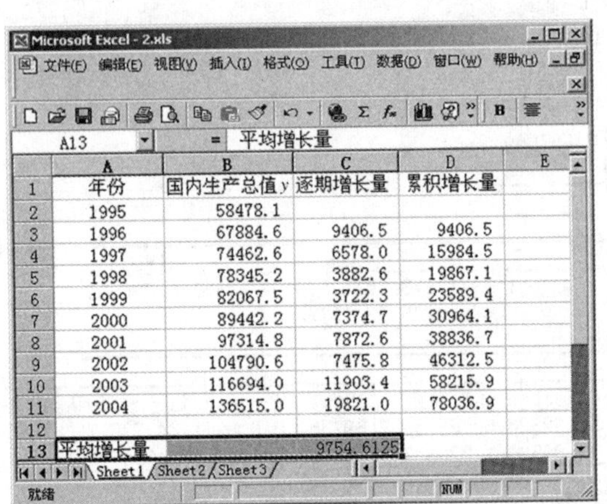

	A	B	C	D	E
1	年份	国内生产总值y	逐期增长量	累积增长量	
2	1995	58478.1			
3	1996	67884.6	9406.5	9406.5	
4	1997	74462.6	6578.0	15984.5	
5	1998	78345.2	3882.6	19867.1	
6	1999	82067.5	3722.3	23589.4	
7	2000	89442.2	7374.7	30964.1	
8	2001	97314.8	7872.6	38836.7	
9	2002	104790.6	7475.8	46312.5	
10	2003	116694.0	11903.4	58215.9	
11	2004	136515.0	19821.0	78036.9	
12					
13	平均增长量		9754.6125		

图 11-42 用 Excel 计算增长量和平均增长量

计算步骤如下。

第一步：在 A 列输入“年份”，在 B 列输入“国内生产总值”。

第二步：计算逐期增长量：在 C3 单元格输入公式“=B3–B2”，并用鼠标拖动填充句柄将公式复制到 C4:C11 区域。

第三步：计算累积增长量：在 D3 单元格输入公式“=B3–$B$2”，并用鼠标拖动填充句柄将公式复制到 D4:D11 区域。

第四步：计算平均增长量：在 C13 中输入公式“=（B11–B2）/ 8”，单击回车键，即可得到平均增长量。

2．测定发展速度和平均发展速度

仍以表 11-6 中的国内生产总值为例，说明如何计算定基发展速度、环比发展速度和平均发展速度。计算结果如图 11-43 所示。

Microsoft Excel - 3.xls

	A	B	C	D	E
1	年份	国内生产总值y	定基发展速度	环比发展速度	
2	1995	58478.1			
3	1996	67884.6	1.2	1.2	
4	1997	74462.6	1.3	1.1	
5	1998	78345.2	1.3	1.1	
6	1999	82067.5	1.4	1.0	
7	2000	89442.2	1.5	1.1	
8	2001	97314.8	1.7	1.1	
9	2002	104790.6	1.8	1.1	
10	2003	116694.0	2.0	1.1	
11	2004	136515.0	2.3	1.2	
12					
13	平均发展速度		1.1		

图 11-43　用 Excel 计算定基发展速度、环比发展速度和平均发展速度

计算步骤如下。

第一步：在 A 列输入“年份”，在 B 列输入“国内生产总值”。

第二步：计算定基发展速度：在 C3 单元格输入公式“=B3/$B$2”，并用鼠标拖动填充句柄将公式复制到 C4:C11 区域。

第三步：计算环比发展速度：在 D3 单元格输入公式“= B3/B2”，并用鼠标拖动填充句柄将公式复制到 D4:D11 区域。

第四步：计算平均发展速度：在 C13 单元格中输入公式“=GEOMEAN（D3:D11）”，单击回车键，即可得到平均增长量。或者选中 C13 单元格，单击“插入”菜单，选择“函数”选项，在如图 11-44 所示的对话框中选择 GEOMEAN（返回集合平均值）函数，在数值区域中输入“D3:D11”即可。

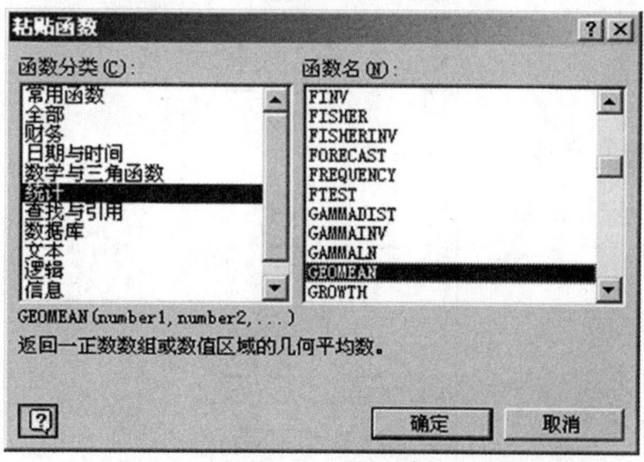

图 11-44　“粘贴函数”对话框

11.6.2 测定长期趋势

1. 移动平均法

利用表 11-6 中的数据来说明如何用移动平均法计算长期趋势，计算结果如图 11-45 所示。

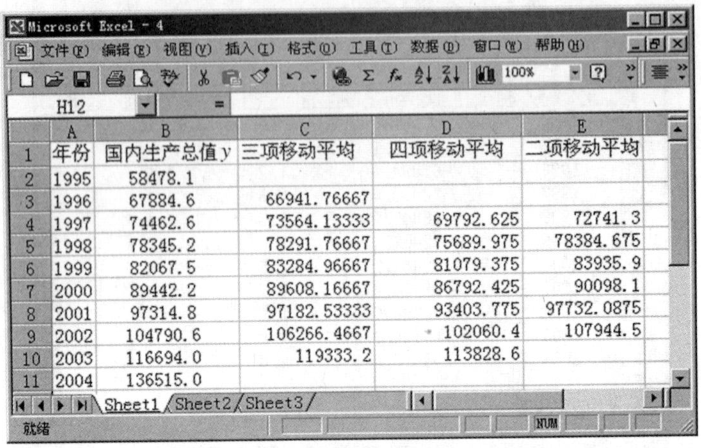

Microsoft Excel - 4

文件(F) 编辑(E) 视图(V) 插入(I) 格式(O) 工具(T) 数据(D) 窗口(W) 帮助(H)

H12 =

	A	B	C	D	E
1	年份	国内生产总值 y	三项移动平均	四项移动平均	二项移动平均
2	1995	58478.1			
3	1996	67884.6	66941.76667		
4	1997	74462.6	73564.13333	69792.625	72741.3
5	1998	78345.2	78291.76667	75689.975	78384.675
6	1999	82067.5	83284.96667	81079.375	83935.9
7	2000	89442.2	89608.16667	86792.425	90098.1
8	2001	97314.8	97182.53333	93403.775	97732.0875
9	2002	104790.6	106266.4667	102060.4	107944.5
10	2003	116694.0	119333.2	113828.6	
11	2004	136515.0			

Sheet1 / Sheet2 / Sheet3 /

就绪 NUM

图 11-45 用移动平均法计算长期趋势

计算步骤如下。

第一步：在 A 列输入“年份”，在 B 列输入“国内生产总值”。

第二步：计算三项移动平均：在 C3 单元格中输入“=（B2+B3+B4）/ 3”，并用鼠标拖动填充句柄将公式复制到 C4:C10 区域。

第三步：计算四项移动平均：在 D4 单元格中输入“=SUM（B2:B5）/ 4”，并用鼠标拖动填充句柄将公式复制到 D5:D10 区域。

2. 直线趋势方程

根据表 11-6 中国内生产总值的数据求直线趋势方程。

可以用如下方程组来求直线趋势方程 $y=a+bt$：

$$
\begin{cases}
\sum_{i=1}^{n} y = na + b\sum_{i=1}^{n} t \\
\sum_{i=1}^{n} ty = a\sum_{i=1}^{n} t + b\sum_{i=1}^{n} t^2
\end{cases}
$$

求得直线趋势方程的系数：

$$
\begin{cases}
a = \dfrac{\sum_{i=1}^{n} y - b\sum_{i=1}^{n} t}{n} \\
b = \dfrac{n\sum_{i=1}^{n} ty - \sum_{i=1}^{n} t\sum_{i=1}^{n} y}{n\sum_{i=1}^{n} t^2 - (\sum_{i=1}^{n} t)^2}
\end{cases}
$$

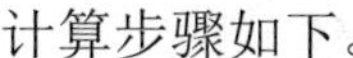

计算步骤如下。

第一步：将数据输入。

第二步：给时间值 t 分别赋予 1～10。

第三步：计算 t^2。在 D2 单元格输入公式“=B2*B2”。

第四步：计算 ty。在 E2 单元格输入公式“=B2*C2”。

第五步：计算直线趋势方程的系数。

先计算 b，在 B15 单元格中输入公式“=（10*E12–B12*C12）/（10*D12–B12*B12）”。再计算 a，在 B14 单元格中输入公式“=（C12–B15*B12）/10”，即所求直线趋势方程为 $y = 48\,602.08 + 7\,635.88\,t$，如图 11-46 所示。

Microsoft Excel - 9.5.2

文件(F) 编辑(E) 视图(V) 插入(I) 格式(O) 工具(T) 数据(D) 窗口(W) 帮助(H)

G15 =

	A	B	C	D	E
1	年份	时间值 t	国内生产总值 y	t^2	ty
2	1995	1	58478.1	1	58478.1
3	1996	2	67884.6	4	135769.2
4	1997	3	74462.6	9	223387.8
5	1998	4	78345.2	16	313380.8
6	1999	5	82067.5	25	410337.5
7	2000	6	89442.2	36	536653.2
8	2001	7	97314.8	49	681203.6
9	2002	8	104790.6	64	838324.8
10	2003	9	116694.0	81	1050246
11	2004	10	136515.0	100	1365150
12	总计：	55	905994.6	385	5612931
13					
14	a	48602.08			
15	b	7635.887			

Sheet1 / Sheet2 / Sheet3

就绪 CAPS NUM

图 11-46 直线趋势方程计算结果

如果在设置 t 时，能使 $\sum t=0$ 将大大简化计算。在上面的例子中，如果将 t 设置为–9，–7，–5，–3，–1，1，3，5，7，9，步骤 1～4 与上题一样。在计算方程系数时：先计算 a，在 B14 单元格中输入公式“= C12/10”。再计算 b，在 B15 单元格中输入公式“=E12/D12”，即所求方程为 $y = 84\,751.65 + 5\,412.8\,t$。

计算结果如图 11-47 所示。

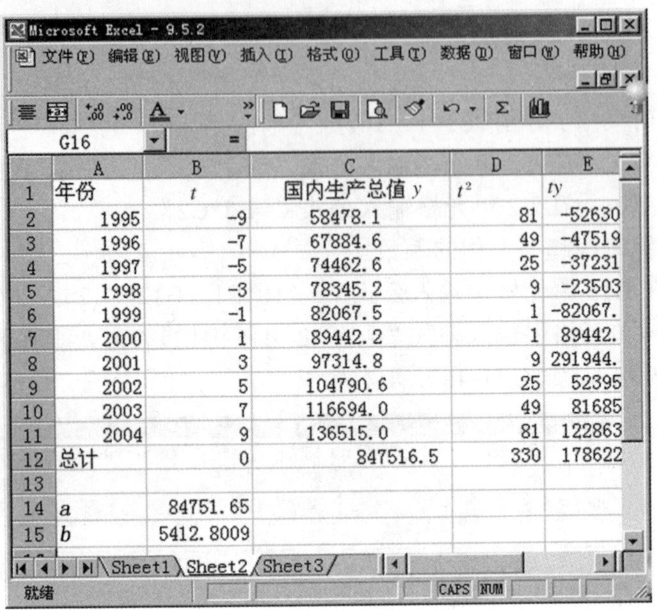

	A	B	C	D	E
1	年份	t	国内生产总值 y	t^2	ty
2	1995	-9	58478.1	81	-52630
3	1996	-7	67884.6	49	-47519
4	1997	-5	74462.6	25	-37231
5	1998	-3	78345.2	9	-23503
6	1999	-1	82067.5	1	-82067.
7	2000	1	89442.2	1	89442.
8	2001	3	97314.8	9	291944.
9	2002	5	104790.6	25	52395
10	2003	7	116694.0	49	81685
11	2004	9	136515.0	81	122863
12	总计	0	847516.5	330	178622
13					
14	a	84751.65			
15	b	5412.8009			

图 11-47　直线趋势方程计算结果（$\sum t=0$）

▶▶ 11.6.3　季节变动

表 11-7 是某服装公司销售额资料。

表 11-7　某服装公司销售额资料

月　份	各年销售额				
	1996 年	1997 年	1998 年	1999 年	2000 年
	(1)	(2)	(3)	(4)	(5)
1	1.1	1.1	1.4	1.4	1.3
2	1.2	1.5	2.1	2.1	2.2
3	1.9	2.2	3.1	3.1	3.3
4	3.6	3.9	5.2	5.0	4.9
5	4.2	6.4	6.8	6.6	7.0
6	4.2	16.4	18.8	19.5	20.0
7	24.0	28.0	31.0	31.5	31.8
8	9.5	12.0	14.0	14.5	15.3
9	3.8	3.9	4.8	4.9	5.1
10	1.8	1.8	2.4	2.5	2.6
11	1.2	1.3	1.2	1.4	1.4
12	0.9	1.0	1.1	1.2	1.1

1．按月平均法

当时间数列的长期趋势不存在或不明显时，可采用按月（季）平均法。

利用表 11-7 中的数据计算季节比率。

计算步骤如下。

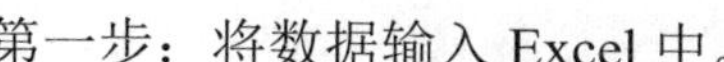

第一步：将数据输入 Excel 中。

第二步：求出每年的年总计。在 B16 单元格中输入公式“=SUM（B4:B15）”，并将公式复制到 C16:F16。

第三步：求出每年同月销售额总计。在 G4 单元格中输入公式“=SUM（B4:F4）”，并将公式复制到 G5:G16。

第四步：求出每年同月销售额平均值。在 H4 单元格中输入公式“=AVERAGE（B4:F4）”，并将公式复制到 H5:H15。

第五步：求得总的月销售额平均数。在 H16 单元格中输入公式“=AVERAGE（B4:F15）”或“=AVERAGE（H4:H15）”或“=G16/60”。

第六步：求季节比率。在 I4 单元格中输入公式“=H4/$H$16”，并将公式复制到 I5:I15。

第七步：在 I16 单元格中输入公式“=SUM（I4:I15）”。

计算出季节比率之和为 12，无须调整，最后结果如图 11-48 所示。

	A	B	C	D	E	F	G	H	I
1							5年同月	5年同月	季节
2		各年销售额					销售额	销售额	比例
3	月份	1996	1997	1998	1999	2000	合计	平均	
4	1月	1.1	1.1	1.4	1.4	1.3	6.3	1.26	0.180645
5	2月	1.2	1.5	2.1	2.1	2.2	9.1	1.82	0.260932
6	3月	1.9	2.2	3.1	3.1	3.3	13.6	2.72	0.389964
7	4月	3.6	3.9	5.2	5	4.9	22.6	4.52	0.648029
8	5月	4.2	6.4	6.8	6.6	7	31	6.2	0.888889
9	6月	4.2	16.4	18.8	19.5	20	78.9	15.78	2.262366
10	7月	24	28	31	31.5	31.8	146.3	29.26	4.194982
11	8月	9.5	12	14	14.5	15.3	65.3	13.06	1.872401
12	9月	3.8	3.9	4.8	4.9	5.1	22.5	4.5	0.645161
13	10月	1.8	1.8	2.4	2.5	2.6	11.1	2.22	0.31828
14	11月	1.2	1.3	1.2	1.4	1.4	6.5	1.3	0.18638
15	12月	0.9	1	1.1	1.2	1.1	5.3	1.06	0.151971
16	年总计	57.4	79.5	91.9	93.7	96	418.5	6.975	12

图 11-48　按月平均法计算长期趋势

2．趋势剔除法

当时间数列存在明显的长期趋势时，需要先剔除长期趋势的影响，然后再计算季节比率。

利用表 11-7 中的数据，说明如何用移动平均趋势剔除法测定季节变动，如图 11-49 所示。

计算步骤如下。

第一步：按图中格式在 A 列输入“年份”，在 B 列输入“季别”，在 C 列输入“销售收入”。

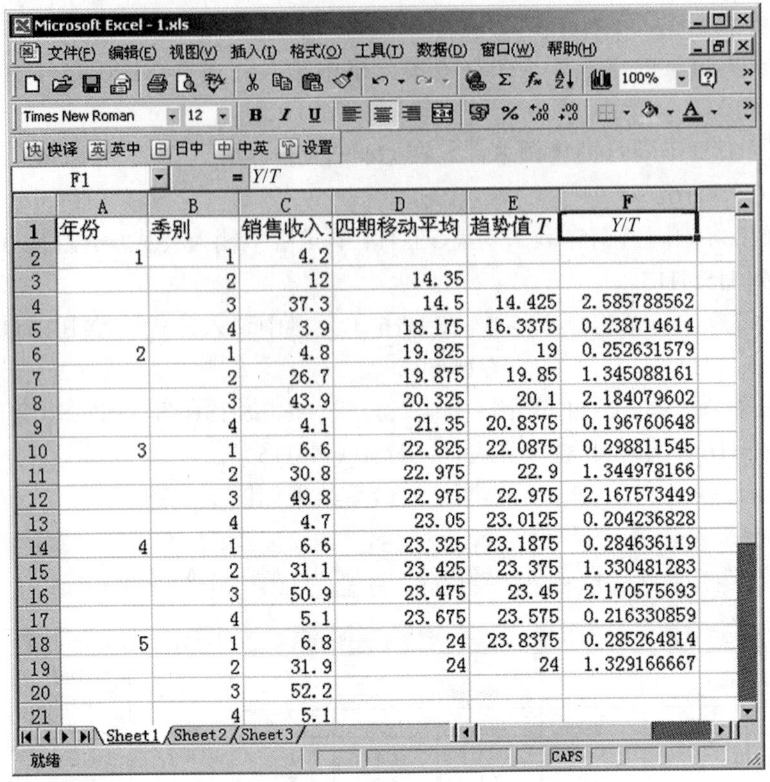

	A	B	C	D	E	F
1	年份	季别	销售收入	四期移动平均	趋势值 T	Y/T
2	1	1	4.2			
3		2	12	14.35		
4		3	37.3	14.5	14.425	2.585788562
5		4	3.9	18.175	16.3375	0.238714614
6	2	1	4.8	19.825	19	0.252631579
7		2	26.7	19.875	19.85	1.345088161
8		3	43.9	20.325	20.1	2.184079602
9		4	4.1	21.35	20.8375	0.196760648
10	3	1	6.6	22.825	22.0875	0.298811545
11		2	30.8	22.975	22.9	1.344978166
12		3	49.8	22.975	22.975	2.167573449
13		4	4.7	23.05	23.0125	0.204236828
14	4	1	6.6	23.325	23.1875	0.284636119
15		2	31.1	23.425	23.375	1.330481283
16		3	50.9	23.475	23.45	2.170575693
17		4	5.1	23.675	23.575	0.216330859
18	5	1	6.8	24	23.8375	0.285264814
19		2	31.9	24	24	1.329166667
20		3	52.2			
21		4	5.1			

图 11-49　用剔除趋势法测定季节变动

第二步：计算四期移动平均：在 D3 中输入“=SUM（C2:C5）/4”，并用鼠标拖曳将公式复制到 D4:D19 区域。

第三步：计算趋势值（二项移动平均）T：在 E4 单元格中输入“=（D3+D4）/2”，并拖曳鼠标将公式复制到 E5:E19 区域。

第四步：剔除长期趋势，即计算 Y/T：在 F4 单元格中输入“=C4/E4”，并拖曳鼠标将公式复制到 F5:F19 区域。

第五步：重新排列 F5:F19 中的数据，使同季的数字位于一列，共排成四列。

第六步：计算各年同季平均数：在 B29 单元格中输入公式“=AVERAGE（B24:B28）”，在 C29 中输入公式“=AVERAGE（C24:C28）”，在 D29 中输入公式“=AVERAGE（D24:D28）”，在 E29 中输入公式“=AVERAGE（E24:E28）”。

第七步：计算调整系数：在 B31 单元格中输入公式“=4/SUM（B29：E29）”。

第八步：计算季节比率：在 B30 中输入公式“=B29*$B$31”，并拖曳鼠标将公式复制到 B30:E30 区域，就可以得到季节比率的值，如图 11-50 所示。

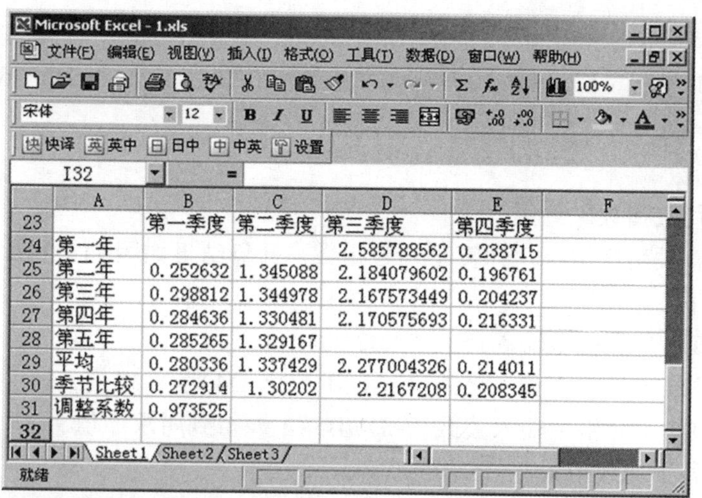

	A	B	C	D	E	F
23		第一季度	第二季度	第三季度	第四季度	
24	第一年			2.585788562	0.238715	
25	第二年	0.252632	1.345088	2.184079602	0.196761	
26	第三年	0.298812	1.344978	2.167573449	0.204237	
27	第四年	0.284636	1.330481	2.170575693	0.216331	
28	第五年	0.285265	1.329167			
29	平均	0.280336	1.337429	2.277004326	0.214011	
30	季节比较	0.272914	1.30202	2.2167208	0.208345	
31	调整系数	0.973525				
32						

图 11-50　用 Excel 计算季节比率

11.7　用 Excel 进行指数分析

11.7.1　计算总指数

指数分析法是研究社会经济现象数量变动情况的一种统计分析方法。指数有综合指数和平均指数之分，本节介绍如何用 Excel 进行指数分析。

1. 综合指数

图 11-51 中是某企业三种产品的生产情况，以基期价格 p_0 作为同度量因素，计算生产指数，结果如图 11-51 所示。

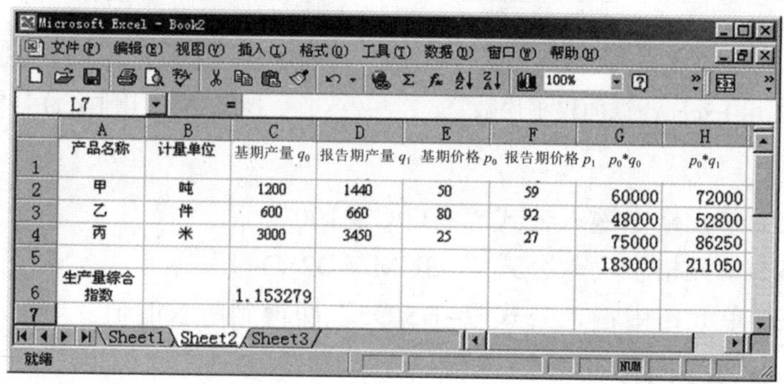

	A	B	C	D	E	F	G	H
1	产品名称	计量单位	基期产量 q_0	报告期产量 q_1	基期价格 p_0	报告期价格 p_1	p_0*q_0	p_0*q_1
2	甲	吨	1200	1440	50	59	60000	72000
3	乙	件	600	660	80	92	48000	52800
4	丙	米	3000	3450	25	27	75000	86250
5							183000	211050
6	生产量综合指数		1.153279					
7								

图 11-51　用 Excel 计算总指数结果

计算步骤如下。

第一步：计算各个 $p_0\,q_0$，在 G2 中输入“=E2*C2”，并拖曳鼠标将公式复制到 G3:G4 区域。

第二步：计算各个 $p_0\,q_1$：在 H2 中输入“=E2*D2”，并拖曳鼠标将公式复制到 H3:H4 区域。

第三步：计算 $\sum p_0\,q_0$ 和 $\sum p_0\,q_1$：选定 G2:G4 区域，单击工具栏上的 $\sum$ 按钮，在 H5

单元格中将出现该列的求和值。

第四步：计算生产量综合指数 $Iq = p_0q_1/p_0q_0$：在 C6 中输入“=H5/G5”便可得到生产量综合指数。

2. 平均数指数

（1）加权平均数指数。

已知某企业有关生产情况，计算平均数指数，计算结果如图 11-52 所示。

计算步骤如下。

第一步：在 D2 单元格中输入公式“=B2*C2/100”。

第二步：在 D5 单元格中输入公式“=SUM（D2:D4）”。

第三步：在 B7 单元格中输入公式“=D5/B5”，即得到所求的值。

（2）加权调和平均数指数。

已知某企业三种产品的生产情况，求产品价格总的变化情况，求得的结果如图 11-53 所示。

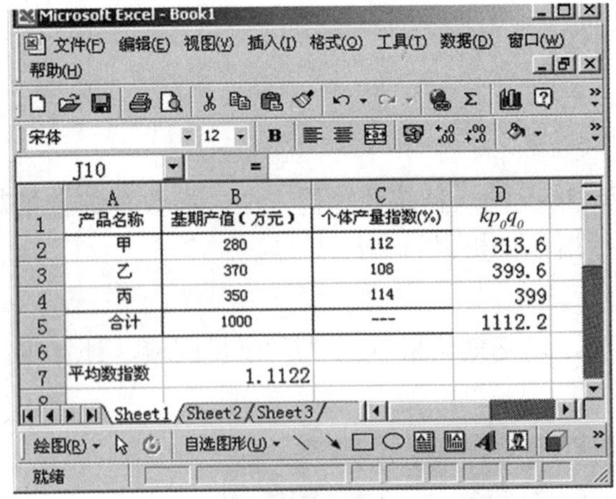

图 11-52 用 Excel 计算加权平均数

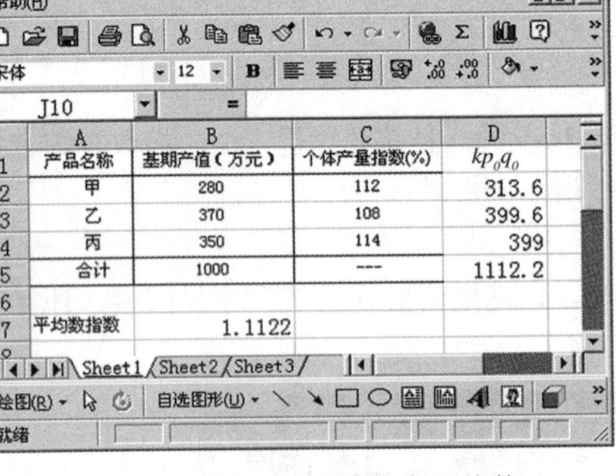

图 11-53 用 Excel 计算加权调和平均数

计算步骤如下。

第一步：在 D2 单元格中输入公式“=B2/C2*100”。

第二步：在 D5 单元格中输入公式“=SUM（D2:D4）”。

第三步：在 B7 单元格中输入公式“=B5/D5”即得到所求的值。

▶▶ 11.7.2 因素分析

利用表 11-8 中的数据进行因素分析。

表 11-8 某商场三种商品销售资料

商品名称	计量单位	销售量 q		价格 p（元）	
		基期 q_0	报告期 q_1	基期 p_0	报告期 p_1
甲	套	300	380	280	260
乙	件	450	510	140	150
丙	米	1 200	1 500	70	78

计算步骤如下。

第一步：计算各个 p_0q_0 ：在 G3 单元格中输入公式"=E3*C3"，并将公式复制到 G4:G5。

第二步：计算各个 p_0q_1：在 H3 单元格中输入公式"=E3*D3"，并将公式复制到 H4:H5。

第三步：计算各个 p_1q_1：在 I3 单元格中输入公式"=F3*D3"，并将公式复制到 I4:I5。

第四步：计算 $\sum p_0q_0$，$\sum p_0q_1$，$\sum p_1q_1$：在 G6 单元格中单击工具栏上的 $\sum$ 按钮，并将公式复制到 H6:I6。

第五步：计算总成本指数：在 B7 单元格中输入"=I6/G6"，即求得总成本指数。

第六步：计算产量指数：在 B8 单元格中输入"=H6/G6"，即求得产量指数。

第七步：计算单位成本指数：在 B9 单元格中输入"=I6/H6"，即求得单位成本指数。

最后结果如图 11-54 所示。

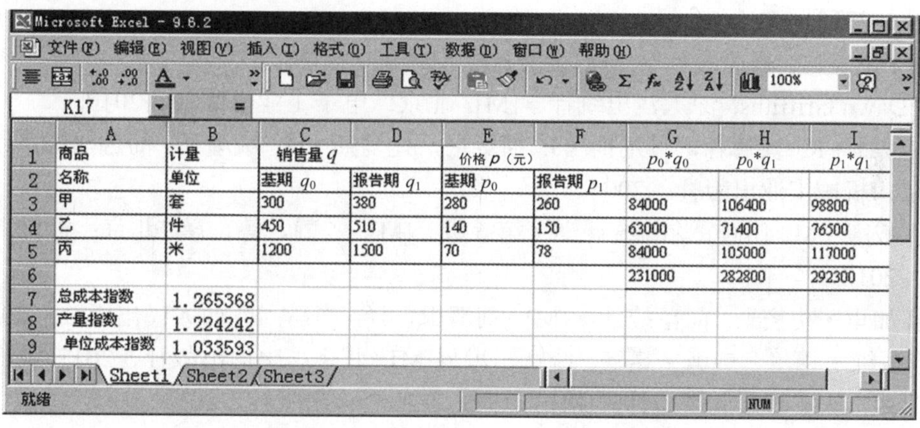

	A	B	C	D	E	F	G	H	I
1	商品	计量	销售量 q		价格 p（元）		p_0*q_0	p_0*q_1	p_1*q_1
2	名称	单位	基期 q_0	报告期 q_1	基期 p_0	报告期 p_1			
3	甲	套	300	380	280	260	84000	106400	98800
4	乙	件	450	510	140	150	63000	71400	76500
5	丙	米	1200	1500	70	78	84000	105000	117000
6							231000	282800	292300
7	总成本指数	1.265368							
8	产量指数	1.224242							
9	单位成本指数	1.033593							

图 11-54　用 Excel 进行因素分析结果

参考文献

[1] 贾俊平等. 统计学（第 7 版）[M]. 北京：中国人民大学出版社，2018.

[2] 吴喜之. 复杂数据统计方法——基于 R 的应用（第 3 版）[M]. 北京：中国人民大学出版社，2015.

[3] [日]小岛宽之. 极简统计学[M]. 北京：台海出版社，2017.

[4] [美]Dawn Griffiths. 深入浅出统计学[M]. 北京：电子工业出版社，2017.

[5] [美]戴维 • R. 安德森，丹尼斯 • J. 斯威尼，托马斯 • A. 威廉斯. 商务与经济统计[M]. 北京：机械工业出版社，2004.

[6] [美] 威廉 • M. 门登霍尔. 统计学（第 6 版）[M]. 关静，等，译. 北京：机械工业出版社，2018.

[7] [美] 加里 • 史密斯. 简单统计学[M]. 刘清山，译. 南昌：江西人民出版社，2018.

[8] [美]戴维 • 穆尔，威廉 • 诺茨. 统计学世界[M]. 北京：中信出版社，2017.

[9] 李慧泉. 从零开始读懂统计学[M]. 上海：立信会计出版社，2016.

[10] 薛薇. 基于 R 的统计分析与数据挖掘[M]. 北京：中国人民大学出版社，2014.

[11] 李洁明. 统计学原理（第 7 版）[M]. 上海：复旦大学出版社，2017.

[12] 孙允午. 统计学[M]. 上海：上海财经大学出版社，2006.

[13] 栗方忠. 统计学原理[M]. 大连：东北财经大学出版社，2001.

[14] 李卉妍等. 统计学[M]. 北京：电子工业出版社，2007.

[15] 冯国双. 白话统计[M]. 北京：电子工业出版社，2018.

反侵权盗版声明

举报电话：（010）88254396；（010）88258888

传　　真：（010）88254397

E-mail：　dbqq@phei.com.cn

通信地址：北京市万寿路 173 信箱

　　　　　电子工业出版社总编办公室

邮　　编：100036